Diogenes Taschenbuch 20124

Inhalt

E boürg

Treatment

Die Manine

Die Manine[1] erscheinen im März. Man weiß nicht, wo sie herkommen. Es sind in der Tat kleine Daunenflocken, wie aus feiner Watte, die in der Luft herumschweben. Sie können aussehen wie durchsichtige Kugeln, die aufsteigen und niedersinken. Dabei ist die Luft ruhig. Es herrscht kein Wind. Genau das ist es, was an ihnen bezaubert: ihre Bewegung aus sich selbst heraus, dieser unaufhörliche Tanz, so, als hätten sie ein eigenes Leben.

Indem sie über die ärmlichen Häuser der Vororte hinwegfliegen, gelangen sie in den Ort und lassen sich dort in den Gärten, den Bäumen und Höfen nieder, wo die Frauen bereits die leichtere Kleidung zum Auslüften aufgehängt haben. Dann setzen die Manine ihre Reise wieder fort und gelangen bis zum Bahnhof. Sie bewegen sich in der reglosen Luft, die über den toten Gleisen lagert. Und zum Schluß sieht man sie auch auf den Dächern des Ortes. Langsam sinken sie in den Luftraum über den Straßen herunter und tanzen in den Rechtecken der geöffneten Fenster.

Die Blicke derjenigen, die sich an den Tischen der Cafés unterhalten oder den Hauptcorso hinuntergehen, verhalten und heften sich auf diesen leuchtenden feinen Staub, der zwischen den Häusern herunterfällt.

»Fangt die Manine!« – schreien die Schüler und strecken die Hände aus, um diese geheimnisvollen Bällchen zu erhaschen. Alle springen danach, auch ein Alter. Irgend jemand versucht, sie mit seinem Hut zu fangen, als wären es Schmetterlinge ...

Inzwischen ist die Wolke der Manine bis zum Meer gelangt. Sie umhüllt die tausend Fenster des geschlossenen Grand Hotel in seiner Stuckpracht – und überfliegt die erste kleine Gruppe von deutschen Touristen, die sich auf dem Strand neben einem schwarzen Wohnwagen niedergelassen haben und sich ab und zu ins Meer stürzen wie Walrosse und dabei erregte gutturale Laute ausstoßen.

Die Wolke erreicht die Mole, an deren Spitze ein Mann mit ausgestrecktem Arm darauf wartet, daß sich eine Manina auf

---

[1] Riminesischer Dialektausdruck, wörtlich ›Händchen‹. Gemeint sind die Samen der Pappeln.

seiner Handfläche niederläßt. Wenn die Manine erscheinen, ist
das für alle ein Fest, denn der Frühling ist da.

Die Fogarazze

Die Fogarazze sind Freudenfeuer, um die Ankunft des Frühlings zu feiern. In der Nacht des 19. März füllen sich die Berge
und Ebenen mit Feuern. Jedes Dorf und jedes einzeln stehende
Haus bereitet Scheiterhaufen vor. Alles, was brennbar ist, wird
gesammelt. Alte Decken, Obstkisten, kaputte Möbel, alte öl-
verschmierte Arbeitskleidung, Balken, Stühle ohne Strohsitz.
Die Kinder würden auch noch einige heile Stühle herbeitragen
und werden darum von den Großmüttern verfolgt, die schimpfend angerannt kommen, um sie zu retten, wenn sie bereits auf
der Spitze des Stapels liegen. Diejenigen, die die kleinste Fogarazza haben, zünden sie an, wenn es anfängt dunkel zu werden. Überall brennen Fogarazze, in den Höfen und am
Strand. Sogar im Hafen hat es eine: eine Tonne, die mit Stroh
und Lumpen gefüllt ist und wie ein riesig großes Irrlicht auf
dem Dunkel des Wassers schwimmt. Ein ganz kleines Feuer
brennt auf dem Platz vor der Kirche. Don Baravelli betrachtet
es mit verschränkten Armen, schweigend und in Gedanken.
Um neun Uhr abends füllen sich die Straßen und der Corso mit
Menschen, die sich die größte Fogarazza ansehen wollen: die
auf der Piazza. Sie ist so hoch wie die Dächer der Häuser. Es
beginnt zu knallen. Es sind die Pottasche-Böller. Titta, ein vier-
schrötiger Junge von etwa 13 Jahren, mit einem kräftigen Hintern, der in kurze Hosen gezwängt ist, hat für diese Schüsse
seine spezielle Vorrichtung: einen Kupplungsbolzen, den er auf
dem Bahnhof gestohlen hat. Er schüttet Pottasche hinein und
wirft ihn den Frauen zwischen die Beine, die erschreckt auf-
schreien. Eine, die noch zorniger geworden ist als die anderen,
läuft hinter ihm her mit einem Schuh in der Hand. Die Flammen beleuchten die Wohnhäuser und färben die Gesichter der
Menschen rot, die sich auf den Balkonen und an den Fenstern
drängen. Die Luft ist erfüllt vom Knistern des Holzes, das
vom Feuer verzehrt wird. Wie dicke, verschlungene Taue steigen Rauchsäulen zwischen den Häusern auf. In kurzer Zeit

sind die Scheiterhaufen vom Feuer verzehrt. Sie sinken zusammen; die Buben nehmen einen Anlauf und springen über die brennenden Häufchen. Einer fällt hinein, erhebt sich wieder und schleift hinter sich brennende funkensprühende Äste her. Auch einige Mädchen springen. Die Volpina[1] will nicht springen. Zwei junge Burschen zerren sie zum Feuer hin. Sie wollen sie hineinwerfen, sie schreit. Die alten Frauen, die auf Stühlen vor dem Haus sitzen, lachen. Die Feuerchen sind viel kleiner geworden. Sie bestehen nur noch aus Glut. Einer stößt eine Mistgabel in die brennenden Scheite, und eine Funkenwolke erhebt sich in die Luft. Die Menschen auf den Vorplätzen drängen eilig ins Haus. Die Frauen bedecken sich die Haare, denn sie fürchten sich vor den Funken.

In diesem Augenblick erscheint auf seinem klapprigen, ölverschmierten Motorrad Scurèza di Corpolò. Scurèza ist ein ›Spinner‹, er kommt vom Lande und ist verrückt wegen seines Motorrads. Es macht ihm Spaß, mit einem Höllenlärm in den Ort hereinzubrausen und mitten in der Nacht einmal mit Gebrumm über den Corso zu röhren, oder um die Piazza herum Runden zu drehen, in langsamem, gleichmäßigem Rhythmus. Jeden Morgen, wenn er die Eier vom Land auf den Markt bringt, veranstaltet er Wettrennen mit dem Zug und fordert den Zugführer mit lautem Gebrüll auf, doch zu versuchen, ihn einzuholen.

Die Ankunft von Scurèza di Corpolò vor der großen Fogarazza erschreckt die Frauen und verärgert die Männer.

Das Motorrad stürzt sich auf die Häufchen aus Feuer und Asche und zieht eine Wolke von Funken hinter sich her. Jetzt kommt noch das Vergnügen, die Fogarazze zu löschen. Die Piazza, die Höfe und Straßen füllen sich mit beißenden Rauchschwaden. Vor einem Haus löscht ein achtjähriger kleiner Junge sein Feuerchen, indem er draufpinkelt.

Um drei Uhr nachts sind alle Feuer gelöscht. Nur schwarze Aschenhaufen sind zurückgeblieben, und die alten Frauen sammeln sie ein, denn im Haushalt kann man Asche verwenden.

---

[1] Füchsin

II

In der Schule

In einer Ecke des mittelalterlichen Schulhofs haben sich die Schüler der Quarta des Gymnasiums für eine Erinnerungsphotographie aufgestellt. Es ist eine Klasse von Lausbuben, etwa ein Dutzend Jungen, zwischen dreizehn und sechzehn Jahren, die vom Direktor Zeus bezeichnet werden als ›Galgenvögel‹, ›Zuchthausanwärter‹ und ›gut genug für Erdarbeit‹. Einige kommen aus bäuerlichen Familien und bringen Eidechsen, Kröten und Mäuse mit in die Klasse. Andere sind Söhne von Arbeitern oder Kleinbürgern, so wie Titta, dessen Vater Bauführer ist, ein eigenes kleines Haus und einige Grundstücke auf dem Lande hat. Der Älteste von allen ist Stacchiotti, genannt ›Langschwanz‹, denn im Wettstreit, wer den längsten Pimmel habe, übertraf er alle Konkurrenten; wenn sein Pimmel in Ruhestellung ist, gelingt es ihm sogar, einen Knoten hinein zu machen. Den Pimmel von Stacchiotti kennen alle, auch die beiden Schulkameradinnen. Es sind zwei Backfische, geeignet für jede Art von Martyrium. Die eine ist besessen und die andere wirkt bereits wie eine Nonne. Mit freundlicher Stimme ruft Stacchiotti jeweils von seiner Bank im Hintergrund des Klassenzimmers die beiden unaufhörlich beim Namen. Und wenn sie sich schließlich umdrehen, sehen sie, daß Stacchiotti mit seinem Pimmel spielt.

Der ausgelassenste von allen ist auch heute wieder, wie gewöhnlich, Titta. Er täuscht einen epileptischen Anfall vor und kann somit der Einladung des Photographen nicht Folge leisten, der gerade das Photo machen will und ruft: »Ruhig! Bleibt ruhig stehen!« Nur eine Kopfnuß von Direktor Zeus, die den Kopf Tittas hinundherschwingen läßt wie eine Glocke, erreicht es, daß er unbeweglich stehen bleibt.

In der Gruppe für die Photographie finden sich auch die Professoren: der Professor für Chemie, Bongiovanni, genannt ›Giacomone‹, weil er dem Bösewicht aus Chaplin-Filmen ähnelt. Er kommt auf dem Rad zur Schule und hat, wie ein Bauer, drei Pullover übereinander an, nicht zueinander passende Schuhe und ist immer halb erkältet, weil er keinen Mantel trägt. Zerstreut und auch ein bißchen versoffen, trinkt er in der Klasse und ißt Karotten. Signorina Leonardis, die Englischlehrerin, deren Titten und Arsch allgemeines Aufsehen erregen, verwirrt

die Schüler zutiefst dadurch, daß man sie in diesen Frühlingstagen mit Bluse und leichterem Rock in die Klasse kommen sieht.
Titta sagt, daß Fräulein Leonardis einen schöneren Arsch habe
als die Bronze-Viktoria des Unbekannten Soldaten auf der
Piazza Garibaldi, wohin die Buben sehr oft gehen, um dort im
Gebüsch einen zu geigen und sehnsuchtsvoll die bronzenen
Rundungen der Viktoria anzustarren. Dann ist da auch Don
Baravelli, der Religion unterrichtet. Er gibt seinen Unterricht
mit geschlossenen Augen, denn er zieht es vor, nicht zu sehen,
was in der Klasse alles vorgeht. Überrascht von der Ruhe der
Schüler, hat er seine Augen einmal geöffnet. Das Klassenzimmer
hatte sich geleert. Nur die beiden Mädchen waren noch da. Don
Baravelli ist auch Pfarrer der Domkirche, wo er am Sonntag die
Predigten hält. Außer um den Unterricht am Gymnasium
kümmert sich Don Baravelli auch um den Grundbesitz der
Kirche und ist ein geschätzter Makler, denn er versteht etwas
vom Vieh, von Pflanzen, von Saatgut und von Wetterkunde.
Titta sagt, daß er es sich auch ›von hinten‹ machen lasse.
Der Professor für Griechisch ist aus Lecce in Apulien. Wegen
seiner hohen Fistelstimme bekam er den Spitznamen ›Fighetta‹[1]. Er ist verliebt in die Welt Homers und Pindars und
gerät in Ekstase, wenn er mit perfekter Aussprache griechische
Poesie liest. Sich mit einer Betonung zu vertun, ist so, als gäbe
man ihm eine Ohrfeige. Titta sagt, daß auch er es sich ›von
hinten‹ machen lasse. Fighetta bildet sich ein, daß die Schülerschaft genauso hingerissen sei, wenn sie der Musikalität der
griechischen Sprache lausche, und besteht geduldig darauf, Titta
die genaue Aussprache des Buchstabens ›Z‹ beizubringen, der
im Griechischen ein zarter und vibrierender Ton ist, wie das
Summen einer Biene. Da ihm die Aussprache schwerfällt, stellt
sich Titta so, als würde er sich mit großem Eifer einsetzen; das
Geräusch, das aus seinem Munde kommt, ist hartnäckig und
unverschämt das eines Furzes.
Professor Fighetta hat nie geheiratet und lebt allein mit einer
Haushälterin. Sie ist ein hübsches junges Bauernmädchen, und er
sieht in ihr die Inkarnation der Venus. Und schließlich ist da
noch der Direktor, genannt ›Zeus‹, weil er einen großen roten
Bart hat. Er hinkt und hat eine tiefe Stimme. Als hinterhälti-

[1] Fötzchen

ger Schläger stellt er sich unbeweglich, indem er einen Punkt im leeren Raum betrachtet. Dann, mit einem Schlag, mit der Wendigkeit eines Stiers, stürzt er sich auf die Schüler und teilt nach links und rechts Faustschläge aus. Bei Leichenzügen und Prozessionen geht er immer vorneweg und hat sein Haupt entblößt, selbst wenn es regnet. Er ist überzeugt, daß er eine sehr schöne Stimme für Hymnen hat. In der Klasse benützt er auch eine lange Angelrute, mit welcher er von weitem und mit großer Präzision zuschlägt. Titta sagt, er sei ein ›Steinkacker‹.

Draußen, vor den zwei großen Fenstern des Schulzimmers, sind die Dächer, die Schwalben, der Himmel, eine Taube, die auf dem Fensterbrett pickt, da sind die Stimmen, die aus der Straße heraufdringen, Stimmen freier Menschen, die nicht in einer Schulbank gefangen sind. Man hört die Schläge des Campanile auf der Piazza. Es ist halb elf. Wer ist in diesem Augenblick am Meer?

Die Volpina

Um diese Zeit ist das Meer verlassen. Es herrscht große Stille. Die Luft ist unwirklich, alles ist still, unbeweglich und ohne Gewicht. Da ertönt der Lärm eines Motorrads, das mit Vollgas in diese irreale Landschaft einbricht. Es ist Scurèza di Corpolò. Vornüber gebeugt, verwachsen mit seinem Motorrad, das überaus schnell die verlassene Mole entlangfährt und mit aufkreischender Bremse einen halben Meter vor ihrem Ende zum Stehen kommt. Das ist eines von den vielen Bravourstücken Scurèzas. Auch wenn niemand in der Gegend ist, der ihm applaudieren würde, ist Scurèza zufrieden. Jetzt wendet er sein Motorrad und fährt die Mole zurück, indem er um die großen Poller, die dort stehen, Slalom fährt. Dann rast er auf die Straße zu, die vom Hafen zur Stadt führt. So macht es Scurèza di Corpolò den ganzen Tag.

Wer sonst ist um diese Zeit noch am Strand? Es ist Volpina, die ihre Katze sucht. Sie läuft mit schnellen Schritten und ruft mit ihrer etwas rauhen Stimme: »Fu Manchu! Fu Manchu!« Die Volpina, mit hellen, phosphoreszierenden Augen, wie sie Katzen haben, wird unaufhörlich von ihrer wilden, katzenhaften Weiblichkeit verzehrt. Sie trägt immer dasselbe enganliegende Baumwollkleid. Wie eine Ratte schleicht sie an den Wänden entlang und scheint stets vor irgend jemandem oder irgend etwas auf der Flucht zu sein, tatsächlich ist sie aber auf der Suche, auf der Suche nach Liebe. Mit der Volpina haben alle im Ort schon geschlafen. Freizügig und unersättlich nimmt sie Liebe, wo immer sie kann. Man sagt, sie hätte mit ihrem Vater geschlafen, man sagt, daß sie den Maultieren ›einen runterholen‹ würde, man sagt, sie habe sich in einer Nacht von allen Soldaten einer Kaserne schrubben lassen. Niemand weiß, wie alt sie ist. Manchmal sieht sie aus wie 15, aber sie könnte auch 30 Jahre alt sein. Sie ist die Tochter von zwei armen Leuten, die in einer Hütte am Strand leben. Wenn es stürmt, spülen die Wellen die Hütte mit der ganzen Familie darin ins Meer, und die Bewohner des Ortes laufen mit Seilen herbei, um sie zu retten. Der Priester sagt, alle Plagen, die die Familie der Volpina treffen, seien eine Strafe Gottes für das schamlose Benehmen des Mädchens. Einmal haben sie die Eltern zu Don Baravelli gebracht, damit er sie segne, um den Teufel auszutreiben, den sie im Leib hat. Die Volpina hatte einen großen schwarzen Schal um den Kopf gebunden und schien zu bereuen. In der Kirche weinte und weinte sie. Dann hat sie sich aber noch in der gleichen Nacht die ganze Fußballmannschaft von Saludecio im Schlafwagen auf dem toten Gleis vorgenommen. Die Volpina spricht nie. Sie hat ein rauhes Lachen. Man erzählt sich, daß die Küsse der Volpina wie Blitzschläge seien und daß einige Tage lang eine Art Jucken auf den Lippen bleibe, wie von Nadelstichen.

»Fu Manchu! Fu Manchu!« – ruft die Volpina wieder über den weiten, verlassenen Strand hin. Dort, wo der sandige Küstenstreifen noch wilder ist, wird ein großer Neubau errichtet. Die Maurer arbeiten auf Wippen, die im Gleichgewicht sind auf dem hohen Gerüst, das direkt am Strand errichtet worden ist. Sie erkennen die Volpina. Sie machen ihr einladende Gesten, heraufzukommen. Geschickt kauert sie sich auf den kleinen Lastenaufzug für die Ziegel, den zwei Arbeiter im Handbetrieb heraufziehen. Während sie heraufgezogen wird, sieht sie auf das Meer hinaus und lacht den beiden Maurern zu, die vom Boden aus sich gegenseitig auf die braunen Schenkel der Volpina aufmerksam machen. Alle diese Maurer haben schon mit der Volpina geschlafen.

Es ist Mittag. Die Maurer da oben essen Brot und Gemüse. Einer unter ihnen, er ist sonnenverbrannt und ausgedörrt wie eine Olive, sagt: »Mein Vater machte Ziegelsteine, mein Großvater machte Ziegelsteine, ich mache Ziegelsteine. Tausend, zweitausend, Berge von Ziegeln. Mein Gott, wieviel Ziegel? Und ich selbst habe kein Haus!«

Der Papa von Titta, den Hut auf dem Kopf und eine Zigarre zwischen den Fingern, hat diesen aufrichtigen und bekümmerten Seufzer gehört. Aber was soll er sagen? Sicher, auch er ist Maurer gewesen und war ein armer Kerl. Aber jetzt ist er Maurermeister mit eigenem Geschäft und der Chef. »Nun, man muß eben Geduld haben, mein Lieber . . . Die Dinge erwirbt man nicht im Handumdrehen. Da muß man arbeiten.« Rauchend entfernt er sich.

Der Corso

Der Corso ist die Hauptstraße des Städtchens. Auf der einen Seite steht der Arco d'Augusto, auf der anderen der Ponte di Tiberio. Hinter diesen beiden römischen Denkmälern beginnt sofort das Dunkel des flachen Landes.

Von sechs Uhr nachmittags bis neun Uhr abends gehen alle auf dem Corso spazieren. Er ist so eine Art öffentlicher Laufsteg. Zwei Menschenschlangen, die in Gegenrichtung aneinander vorbeiziehen, sich die gleichen Schaufenster ansehen, vor dem gleichen Café ›Commercio‹ vorübergehen, und das alles mit langsamem Schritt, wie in einer Prozession, sich dabei viele Male gegenseitig begrüßend.

Die Mädchen defilieren Arm in Arm vorbei und tun so, als ob sie die Scherze der jungen Burschen, die ihnen folgen und den Hof machen, nicht hörten. Die Bewegungen der vorbeigehenden ›Signore‹ sind gemessener. Sie bleiben vor den Schaufenstern stehen, wo zwischen geisterhaften Schaufensterpuppen und Kaskaden von Stoff die großen Photographien der Götter des amerikanischen Films ausgestellt sind. Ab und zu kommt auch ein Bauer mit einer Kappe vorbei, verwirrt und unsicher wie ein Ochse. Auch der Gerarca[1] in Uniform, äußerst elegant,

---

[1] Wörtl. ›Hierarch‹, hier Ortsgruppenleiter der faschistischen Partei.

groß und mager, mit einer Leichenbittermiene, kommt vorbei. Er trägt eine Reitpeitsche bei sich. Herausfordernd grüßte er die Frauen, selbst wenn sie am Arm ihres Mannes oder des Verlobten gehen. Direktor Zeus hinkt vorbei; mit dem drohenden Blick eines Polizisten, der Diebe entdeckt hat, schielt er zu Titta und den anderen Schülern hinüber. Da ist auch der Schwerbeschädigte aus dem Großen Krieg. Er hat keine Beine mehr und sitzt in seinem Rollstuhl, den er mit großem Geschick manövriert. Dabei läßt er seine silberne Gaumenplatte metallisch klicken.

Titta und seine Freunde geben sich betont gelassen, aber sie genießen den Ritus des Spaziergangs und können sich dem Reiz der parfümumwallten Frauen nicht entziehen. Mehr als alle andern verwirrt sie die Gradisca. Sie spaziert langsam und majestätisch mit ihren beiden Schwestern. Alle drei arbeiten in einem Friseursalon. Titta und seine Freunde starren fassungslos auf die ausladenden Bewegungen ihrer Hinterbacken, die an die Schubkolben einer Lokomotive erinnern. Um seine Verwirrung zu übertönen, begleitet Titta die Bewegungen dieser schönen Fleischberge mit starkem, rhythmischem Blasen, das Fauchen einer Lokomotive nachahmend. Vorbei kommt auch – man kanns nicht ändern – Scurèza di Corpolò auf seinem Motorrad, begleitet von einem Chor von Verwünschungen und unanständigen Wörtern. Auch die Waisenkinder, angeführt von einer Nonne, ziehen vorbei. Unbeweglich wie ein Mannequin, die Zigarette zwischen den Lippen, ist da auch Cigino Melandri, der Schönling des Ortes. In einen luxuriösen Schal gehüllt, läßt er sich bewundern. Wie viele Frauen hat Cigino Melandri schon gepudert? Seiner eigenen Aussage nach kommen die Frauen sogar von auswärts und aus dem Ausland, um ihn zu sehen. Alle wollen ihn heiraten. Cigino Melandri zeigt die Briefe und auch die Zigarettenpäckchen, die ihm die Deutschen schicken. Heute abend hat er ein ›dringendes Telegramm‹ vorzuweisen: es kommt aus Zürich, und es heißt da: »Komm sofort her. Stop. Ich halte es nicht mehr aus. Stop.« Cigino Melandri rühmt sich, schon viermal den Tripper gehabt zu haben und beim Billard auch den Onkel von Titta schlagen zu können.

Diesen Abend herrscht den ganzen Corso entlang große Aufregung: die Kutsche mit neuen Huren für die nächsten zwei Wochen fährt vorbei. Sie sind stark geschminkt, rauchen aus Zigarettenspitzen und haben die Beine übergeschlagen. Dora, die ›Madame‹, stolz und finster blickend, auf dem Bock, neben dem Kutscher Madonna. Der Kutscher (man nennt ihn Madonna, um damit auszudrücken, was für ein schlechter Christ er ist, kurz, ein Miststück) schämt sich ein bißchen da oben, aber er kann nicht widerstehen, denn die Dora zahlt besser als alle andern. Auch er hat die Brauen finster zusammengezogen, so, als wolle er verständlich machen, daß er mit dieser Ladung nichts zu tun habe. Die vorbeigehenden Damen wenden hochmütig den Kopf nach der anderen Seite, aber hinter den Fenstern des Cafés ›Commercio‹ drängen sich die Gäste, um lüstern die Kutsche zu beobachten, die den Corso entlangfährt und eine Heckwelle der Begehrlichkeit in der Menge hinter sich zurückläßt. Auf beiden Seiten der Straße bewunderndes und verächtliches Gemurmel. Nach neun Uhr leert sich der Corso und liegt verlassen da. Ein letztes Mal fährt Scurèza di Corpolò mit voller Geschwindigkeit und aufgeblendeten Scheinwerfern vorbei, dann ist niemand mehr da. Alle sind in ihren Wohnungen und essen.

Tittas Familie

Titta sitzt mit der Mutter, dem Vater, dem Großvater, dem Onkel und dem kleineren Bruder bei Tisch. Sie werden bedient vom Dienstmädchen, einer frechen Landpomeranze, mit einem großen Hinterteil, das der Großvater ab und zu unverschämterweise tätschelt. Das Mädchen schreit, die Eifersucht von Tittas Vater wird erregt, und Titta bekommt ungerechterweise Ohrfeigen.
Die Atmosphäre beim Essen ist immer dieselbe: äußerst farbige Flüche, mit denen der Vater es versteht, irgendeine Idee zum Ausdruck zu bringen. Schläge ins Gesicht und Gabelstiche in die Hand desjenigen, der sich als erster des Brotlaibes zu bemächtigen sucht. Beständiges Gejammer der Mutter, die droht, eines schönen Tages Salzsäure in die Suppe zu schütten, um die ganze Familie auszurotten. Heimliche Fürze des Großvaters, hysterische Rebellion des Dienstmädchens, das die vielen Hände auf seinem Hintern nicht mehr aushalten kann. Bei Tisch sitzt außerdem ein dicklicher junger Mann, etwa 30

Jahre alt, der ruhig weiterißt, als ob nichts um ihn herum geschehen würde. Es ist der Bruder von Tittas Mutter. Er hat in seinem Leben noch nie gearbeitet und wird auch nie arbeiten. Nur mit Mühe duldet ihn Tittas Papa, aber von Tittas Mama wird er aufs heftigste verteidigt. Man nennt ihn ›Pataca‹[1]. Er hat die schönste Faschisten-Uniform von allen und ist ein großer Billardspieler. Manchmal fixiert ihn Tittas Vater schweigend, voll Verachtung und Abscheu. Wie ist es nur möglich, daß so etwas wie dieser lebt? Mit einem letzten Schrei springt die Mutter auf und sagt, daß sie sich jetzt im Klo umbringen wolle. Tittas Vater – nachdem er gedroht hat, sich sofort umzubringen, noch vor ihr, und versucht hat, sich selbst mit beiden Händen die Kinnlade auszurenken – packt das Tischtuch, und Schüsseln, Teller, Suppentopf, Flaschen, Gläser zerschellen am Boden unter dem ausgelassenen Gelächter von Titta und seinem jüngeren Bruder. So geht das jeden Abend. Auch mittags. Dann stimmt Titta die alte Leier an, er wolle Geld, um ins Kino zu gehen. In der Küche singt das Dienstmädchen ›Ramona‹. Endlich kommt die Mama wieder aus dem Klo, mit der Miene eines Opfertiers.

Das Kino ›Fulgor‹

Und nach dem Essen? – Das kommt darauf an. Am Samstag und Sonntag gehts ins Kino. Das Kino heißt ›Fulgor‹. Es ist ein großer Saal mit ›Volksplätzen‹ und ›Sonderplätzen‹, die voneinander durch ein Brettergeländer getrennt sind, das von einem Platzanweiser überwacht wird. Er ist ein großer Kerl, genannt Usciaza (was soviel bedeutet wie ›großer Pfannkuchen‹, ein großer und dicker Mensch). Usciaza ist sehr tüchtig darin, sich wie ein Walfisch jedesmal auf Titta und seine Begleiter zu werfen, wenn die Jungen versuchen – und das tun sie immer –, über die Absperrung zu klettern, um auf die Sonderplätze zu gelangen. Der Besitzer des Kinos ist ein Herr, etwa 50 Jahre alt, mit schwarzem Schnurrbart, der davon überzeugt ist, Ronald Colman zu gleichen. Er steht neben der Kasse mit einem bittersüßen Lächeln, genau wie Ronald Colman es hatte,

---

[1] Große, aber wertlose Münze oder Medaille; Fettfleck. Gebraucht im Sinne von ›Nichtsnutz‹.

und bleibt dort absolut unbeweglich stehen, um die Ähnlichkeit zu unterstreichen.

Im Kino ›Fulgor‹ gibt es eine Galerie, und auf die Galerie gehen: der Arzt, der Direktor Zeus, der Gerarca. Auch alle Damen des gehobenen Bürgertums. Einmal ging auch Titta mit Spiga und Ghandi, seinen beiden Schulfreunden, auf die Galerie, um von oben auf die Zuschauer der Sonderplätze herunterzupinkeln.

Um diese Zeit sind alle im Kino, um sich mit offenem Mund die Großaufnahmen der berühmten Schauspieler und Schauspielerinnen anzusehen, die wie große Buddhas das Parkett überragen und beherrschen. In dieser mit süßbitterem Duft geschwängerten Luft und beim Rauch der Zigaretten, der, wenn er in das Lichtbündel des Projektors aufsteigt, hell erstrahlt, gibt es einige, die, erschüttert von der Handlung oder von der Musik des Films, weinen. Andere schlafen schnarchend und wachen plötzlich mit verdrehten Augen wieder auf. Wieder andere strecken die Hände aus, um Titten oder Hintern zu betatschen. Einige haben sich auch den Regenmantel über die Knie gelegt, um sich darunter einen runterholen zu lassen. Einige sprechen die Schauspieler direkt an und rufen ihnen zu, aufzupassen, daß man nicht von hinten auf sie schieße. Ab und zu erbricht sich auch einer. Alle sind hier vereint, um sich erschüttern zu lassen, um zu lachen, zu leiden, sich zu betatschen, wie in einem großen, feuchten, warmen Bauch. Aus diesem Grunde ist das Hinausgehen traurig. Sie gehen und drängen sich noch im Gäßchen zusammen, mit gesenktem Kopf. Irgendeiner trällert das Motiv, das er eben gehört hat, ein anderer stößt lang anhaltend auf; es klingt wie der Schrei eines Maulesels . . .

Die Nacht

Jetzt liegt die Stadt verlassen da. Nur im Café ›Commercio‹ sind noch einige Leute. Das ist die Stunde der philosophischen Gespräche, die Stunde der absurdesten Wetten, die Stunde der letzten Billard-Partie von Cigino Melandri oder von Tittas Onkel, dem Pataca. Es ist auch die Stunde der unglaublichen Erzählungen vom Biscein, dem verlogensten Menschen der Welt. Es ist die Stunde, in welcher Tittas Großvater das letzte

Spiel spielt und während des Kartengebens einschläft. An diesem Abend ist auch Tic-Tac, ein Handelsreisender, da. Er ist etwa 40 Jahre alt und bekannt wegen seiner Späße. Am Abend vorher hatte er das Café mit heraushängendem Glied betreten. Auf den empörten Aufschrei der Kellnerin und das Gelächter einiger Gäste hin, die ihn auf die Sache aufmerksam machten, zog Tic-Tac ein Rasiermesser aus der Tasche, schnitt sich mit einem kurzen Hieb das Anhängsel ab, das ihm aus der Hose hing und warf es der Katze hin. Die Kellnerin wurde ohnmächtig, und die anderen sahen ihn entsetzt an. Tic-Tac aber hob grinsend das Stück Fleisch auf und zeigte es allen: es war die Zitze einer Kuh. Heute abend hat Tic-Tac einen Chinesen aufs Korn genommen. Es ist einer von denen, die im Frühling in den Ort kommen, um Krawatten zu verkaufen. Er fragt ihn, ob in China der Schnee auch weiß sei, ob die Chinesenkinder auch nach neun Monaten geboren würden oder, da sie ja so klein seien, in kürzerer Zeit ausgetragen würden. Und ob die Chinesen dieselbe Anatomie wie die Weißen hätten. Höflich antwortet der Mann auf alle Fragen. Aber Tic-Tac bedrängt ihn weiter: er sagt, die Chinesen hätten keinen Nabel. Die Diskussion wird immer heftiger, und der beleidigte Chinese setzt den Händen Tic-Tacs immer weniger Widerstand entgegen, welche versuchen, ihm die Hose aufzuknöpfen. Nach der Hose folgt das Hemd und nach dem Hemd die Unterhose. Nun steht der Chinese nackt vor Tic-Tac und seinen Freunden und zeigt triumphierend seinen Nabel.

Es ist zwei Uhr nachts. Wer ist da noch unterwegs? Nur Cichini, genannt ›Colonia‹[1], der Mann, der die Senkgruben leert.

Heute abend hat er einen besonderen Auftrag. Er ist von der Gräfin Covignano gerufen worden, die einen wertvollen Ring verloren hat. Man weiß nicht, wie es kam, aber er fiel ihr in die Abortschüssel. Es geht jetzt darum, daß Colonia in die Senkgrube steigt und bis zum Hals in den Morast eintaucht. Da unten tastet er mit den Füßen und den Händen in den Fäkalien herum, die ihn umwabbeln, um den verlorenen Ring zu suchen.

Oben im Fenster, das von einem weichen Licht erleuchtet wird, in welchem man die antike Kassettendecke des Zimmers sieht,

---

[1] Kölnisch Wasser

21

die Silhouette der Gräfin im Morgenrock, sie haucht: »Ich bitte Sie, Cichini, finden sie ihn! ... Ich hänge so sehr daran! Es ist ein Familienandenken!« Im Hof, der von den Strahlen einer Karbidlampe erleuchtet wird – es ist wie ein Bild aus Dantes Divina Commedia –, tastet Cichini, eingetaucht in die scheußliche Senkgrube, abwesend und konzentriert, mit den beiden Händen nach allen Kotwürsten des Hauses, die in der widerlichen Brühe schwimmen. Und er zerbröckelt sie, eine nach der andern. »Cichini, ist er da?« – wiederholt immer wieder mit einem Seufzer die Gräfin Covignano. »Nein«, sagt respektvoll Cichini nach einer Pause. Und im Dunkeln fährt er in seiner Arbeit fort.

Titta und die Liebe

In dieser Jahreszeit steckt Titta voller Sehnsüchte und Verwirrungen. Drei- oder viermal am Tag holt er sich einen runter. Er hat den Futterstoff der Taschen durchstoßen, um die Hände freier zu haben. Nahe dem Fluß Marecchia ist ein Schilfdickicht, wo im Frühling der Sand heiß ist. Dorthin gehen Titta und Bobo – ein dicker und weicher Junge mit schielendem Blick – um zusammen zu onanieren. Sie zählen die Namen von Frauen auf und versuchen dabei immer, die appetitlichste vorzuschlagen. Der Rhythmus der Hände wird dabei immer konvulsiver. – »Ginger Rogers!« sagt Titta. – »Der Arsch der Gradisca!« wirft Bobo ein. – »Die Titten der Leonardis! – Die aus dem Zirkus!« – »Welche?« fragt Bobo mit erstickter Stimme. – »Die mit den Arschbacken im Netz«, erklärt Titta schnell und keuchend. – »Die Nardini!« ruft Bobo. Aber bei diesem Namen regt sich Titta auf. Die Nardini darf in diese Sauereien nicht hineingemischt werden, denn die Nardini ist eine aus dem Lyzeum. Sie ist sehr schön, und Titta ist in sie verliebt. Er hat Gedichte für sie geschrieben, aber leider wird die Liebe nicht erwidert.
»Mae West!« röchelt Bobo, dem Orgasmus schon nahe, und gleich darauf, während es ihm kommt, wimmert er: »Jesus, weine nicht, ich tus nicht mehr!« Bobo sagt das, weil der Pfarrer ihm in der Beichte immer wieder sagt, daß Jesus ganz verzweifelt weint, wenn man sich ›an dieser Stelle‹ berührt.
Einmal hat Bobo versucht, ihn Titta in den Hintern zu stecken.

Sie trieben es heftig im Schilf, bis eine Stute auftauchte mit ihren schönen glatten Flanken und ihren fleischigen Kurven. Das pulverte sie erneut zu einer Wichstour auf, die dem ›Arsch der Stute‹ gewidmet war.

Was sind das nun für Frauen, in welche Titta verliebt ist? Abgesehen von der Nardini, für die er eine ganz romantische und platonische Liebe hegt, gefallen Titta alle: die Lehrerin Leonardis mit ihren Blusen, die sich über den üppigen Brüsten spannen, bringt ihn zum Schwitzen. Er wird rot und stammelt, wenn sie ihm Fragen stellt. Das Dienstmädchen zu Hause, das sich sogar gezwungen sieht, ihn mit dem heißen Bügeleisen zu bedrohen; die Tabaccaia[1], die die Augen einer großen Fickerin hat wie Kay Francis und die Stimme von Zarah Leander.

Titta geht drei- oder viermal am Tag hinein, um sich eine Zigarette zu kaufen, nur um ihre tiefe schwere Stimme zu hören, wenn sie ihn fragt: »Was wünschen Sie? ›Esportazione‹?« Titta sagt, wenn er sie ›Esportazione‹ sagen höre, genüge das, um es ihm kommen zu lassen.

Heute ist das Fest des heiligen Antonius, des Schutzpatrons der Tiere. Rund um die kleine Kirche der Pauliner ist ein großes Gedränge von Pferden, Hühnern, Kaninchen, Maultieren, Schafen, Hunden und Katzen, die man hergebracht hat, um sie segnen zu lassen. Aber vor allem sind hier die ›Schnurrbärtigen‹, die Bäuerinnen, die mit dem Fahrrad vom rundum liegenden Land gekommen sind. Titta und seine Freunde lauern auf den Moment, in welchem – wenn die Zeremonie beendet ist – die Bäuerinnen wieder ihre Fahrräder besteigen. Was für ein Moment! Wenn sich der Sattel des Fahrrades, spitz wie die Schnauze eines Tieres, unter die Röcke schiebt, dann, müßt ihr wissen, blitzen plötzlich die mächtigen Rundungen der ›Schnurrbärtigen‹ auf. Es ist wie ein Feuerwerk von Hintern, das da rundum unter den sehnsüchtigen Blicken der weit aufgerissenen Augen Tittas und seiner Freunde abgebrannt wird. Wie soll man so viel Begierde Luft machen? Die Volpina aufsuchen? Titta ist jetzt noch geblendet in Erinnerung an jenen ersten Zungenkuß. Er wußte nicht, daß man sich so küßt. Sie war es gewesen, die ihn gerufen hatte, um sich eines Abends in den Außenbezirken ihr Fahrrad aufpumpen zu lassen. Und während Titta mit der Pumpe hantierte, fuhr ihm die Volpina mit ihren Händen in

[1] Inhaberin eines staatlich konzessionierten Tabak- und Salzladens.

die Haare. Sie drehte seinen Kopf herum, legte ihre großen Lippen auf seinen Mund, saugte wild an ihm und leckte ihm das Gesicht. Es war der einzige Abend, an welchem Titta bei Tisch verträumt war und nicht an den üblichen groben Scherzen teilnahm.

Eine andere große Aufregung hatte er eines Nachmittags im Kino ›Fulgor‹ erlebt, als er die Gradisca ganz allein eintreten sah. Titta, dem das Herz im Halse schlug, lief hin, kaufte sich ein Billett für die Galerie, die um diese Zeit leer und verlassen war. Nur sie, die Gradisca, war da. Sie saß in einem Sessel in der Mitte, rauchte mit ihren großen, weichen Lippen eine Zigarette und starrte unbeweglich vor sich hin, auf die Bilder des Films. Ein Film mit Gary Cooper, einem Schauspieler, der sie verrückt machte. Titta hatte mehr als 40 Minuten gebraucht, bevor er sich in den Sessel neben ihr setzte. Er hatte wohl zehnmal den Platz gewechselt, um sich ihr stufenweise zu nähern. Der Film war beinahe zu Ende, als es ihm gelang, seine Hand auf den dicken Schenkel der Frau zu legen, der in den Strumpf gepreßt war wie eine Mortadella. Die Gradisca rauchte langsam weiter, so, als würde sie nichts bemerken. Titta faßte mehr Mut, und seine Hand wanderte vorsichtig dem Schlüpfer zu. Schließlich senkte die Gradisca ihre fächerartigen Wimpern, schaute Tittas Hand an, drehte sich dann langsam zu dem Jungen hin, der feuerrot und verschwitzt war, und fragte mit gutmütiger Neugier: »Was suchst du denn?« Titta war wie gelähmt. Er zog langsam die Hand zurück, und noch bevor das Licht wieder anging, war er schon draußen. Es regnete. Voller Wut fing Titta an, dem Himmel zu fluchen und sich selbst einen Idioten zu schimpfen.

Dann war da einmal das große Abenteuer mit der Tabaccaia mit den Augen einer Süchtigen und einem Busen, der so ausladend war wie ein Balkon. Das Gewicht dieser Titten gab immer Stoff für lange Diskussionen zwischen Titta und seinen Freunden. Der eine sagte, sie würden acht Kilo pro Stück wiegen, der andere neun und wieder ein anderer vierzig. Stacchiotti, genannt ›Langschwanz‹, war eines Tages in den Tabakladen gegangen und hatte die Besitzerin direkt gefragt, wieviel wohl ihre Titten wiegen könnten.

Am Abend seines großen Abenteuers war Titta unter dem großen Rolladen durchgekrochen. Die Tabaccaia wollte gerade schließen. Die Aufregung würgte Titta, als er die übliche Zigarette verlangte, dann sprang er hinzu, um der Tabakverkäuferin zu helfen, einen Sack Salz anderswohin zu tragen. »Sei vernünftig, das schaffst du nicht«, hatte sie zu ihm gesagt. »Ich schaffe das nicht? Ich kann 80 Kilo heben. Einmal habe ich sogar meinen Papa hochgehoben«, hatte sich Titta gerühmt. Die ›Schönbusige‹ hatte daraufhin geantwortet, daß sie das nicht glauben würde. Und Titta hatte, mit vor Aufregung erstickter Stimme, vorgeschlagen: »Wollen Sie sehen, daß ich auch Sie hochheben kann?« Die Tabakverkäuferin zog den Rolladen ganz herunter und mit einem Ausdruck, der zwischen Herausforderung und Einwilligung lag, sagte sie: »Wollen wir mal sehen.« Titta hob sie hoch – einmal – zweimal – dreimal. Das ›Busenwunder‹ stieß kleine Schreie der Bewunderung und der Angst aus. Mit seltsam rauher Stimme provozierte sie ihn weiter: »Aber jetzt wette ich, machst du es nicht mehr.« Wie ein Maulesel schwitzend und keuchend, fuhr Titta daraufhin fort, sie etwa zehnmal hochzuheben und wieder herunterzulassen. Als es soweit war, hatte die Tabakverkäuferin ihm eine ihrer enormen nackten Brüste, die sie aus dem Büstenhalter geholt hatte, auf das Gesicht gelegt und wie rasend geflüstert: »Lutsche, lutsche.« Titta glaubte zu ersticken, hustete und atmete nicht mehr: »Was soll ich machen?« fragte er. »Mach mich wahnsinnig«, sagte sie, »lutsche, lutsche!« Dann sagte sie verärgert und zornig: »Du verstehst ja überhaupt nichts, du Kindskopf«, und hatte ihre riesige Titte wieder in den Büstenhalter gesteckt. Dann knöpfte sie sich schnell das Hemd wieder zu und drängte den Jungen weg: »Los, verschwinde, ich muß schließen. Was wolltest du noch? Eine Zigarette? – Da, nimm. Die schenk ich dir.« Und plötzlich befand sich Titta draußen auf der Straße im Dunkeln, mit der Zigarette in der Hand. Er konnte noch gar nicht Atem schöpfen. Mit zitternden Knien ging er an den Wänden entlang, die Zigarette in der Hand, als wäre es eine Kerze.

Der 21. April
(Jahrestag der Gründung Roms)

Schmetternde Trompeten, gebieterische Aufrufe, Namen in schneidendem Ton gebrüllt, Trommelwirbel, Befehle – kurze Kommandos, Fanfaren, flatternde Fahnen, gezückte Dolche, Bajonette, Gewehre – Modell 91, ›Figli della Lupa‹[1], Balilla[2], Avanguardisti, Giovani Italiane[3], Faschisten.

Alle in Uniform: die Lehrer, der Direktor, die Gradisca, die Tabaccaia – alle.

Heute ist der 21. April, der Jahrestag der Gründung Roms. Der Gerarca von Forlì kommt als Ehrengast zu den gymnastischen Vorführungen auf dem Sportplatz. Der Bahnhof ist ein wahrer Wald von Wimpeln, Standarten und Fahnen. Die Kapelle der Carabinieri ist da, die Feuerwehr, die Kriegsbeschädigten, Veteranen des Krieges von 1915–18 mit ihren Helmen aus Metall, die Schwestern des Krankenhauses und Don Baravelli. Nur Tittas Papa fehlt, der bereits früh am Morgen fluchend aufs Land hinaus gefahren ist, damit er diesen Kindskopf von Sohn nicht zu sehen braucht, als Avanguardista verkleidet, und auch den anderen Faulenzer, seinen Schwager, der sich sein Schwarzhemd aufgebügelt hat. Der ganze Ort ist seit drei Tagen beflaggt, und an den Mauern kleben Plakate und Aufrufe mit der Photographie des Federale[4] von Forlì.

In eine Dampfwolke gehüllt, läuft der Zug ein, der den Bonzen bringt. Noch mal Trompetengeschmetter, noch mal kurze Kommandos – Stille! – Titta erstarrt im ›Stillgestanden‹, die Schale der eben erst geschälten Orange eingeklemmt zwischen Bajonett und Gewehrlauf. Unter dem Dach des Bahnhofs erklingt jetzt eine kriegerische Melodie, während sich, vom Fenster des Waggons eingerahmt, erstarrt im ›Römischen Gruß‹, die Umrisse des Federale von Forlì zeigen. Er ist völlig kahl, schielt und trägt einen gezwirbelten Schnurrbart, dessen Spitzen sich oben mit den kohlrabenschwarzen Augenbrauen vereinigen. »Kameraden« – »Sieg« – »Vorsehung« – »der ge-

---

[1] ›Söhne der Wölfin‹, Organisation der Kinder unter 8 Jahren.
[2] Verband der 9- bis 13jährigen Buben.
[3] ›Junge Italienerinnen‹, Organisation der 15- bis 17jährigen Frauen.
[4] Entspricht dem deutschen ›Gauleiter‹.

rade Weg« – »unvergänglich« – »ein Pakt mit der Geschichte«
– »das unsterbliche Rom.«

Jetzt reden auch die anderen. Es folgt die Rede von Zeus, von
Don Baravelli, und auch der Schwerversehrte mit der silbernen
Gaumenplatte kreischt etwas. Blumengebinde, Stiefel, die Vor-
stellung des kleinsten ›Figlio della Lupa‹ des Ortes, den die
Tabaccaia auf dem Arm trägt.

Dann kommt der Gerarca im Laufschritt aus dem Bahnhof
und alle folgen ihm dicht dahinter, bis auf die Piazza und bis
zum Sportplatz, als ein Geleitzug, der sich keuchend immer
mehr auflöst.

Jetzt folgt die Gymnastikvorführung. Auf der großen grünen
Wiese machen die ›Giovani Italiane‹ mit tänzerischen Schritten ihre Übungen, deren Rhythmus von den Kommandos des
Sportlehrers bestimmt wird. Er steht auf einem hölzernen Podest am Ende des Sportplatzes. Wie graziös sind doch die
Bewegungen der Nardini! Titta beobachtet sie fasziniert und
murmelt zwischen den Zähnen das letzte Gedicht, das er geschrieben hat.

Starker Applaus erhebt sich von den Tribünen her, auf denen
sich das Publikum drängt. Nun ist Tittas Klasse daran, mit
martialischem Schritt, in Sporthemd und Sporthose, betritt sie
das Feld. »Eins – zwei – drei – und vier, – rechts um«, donnert
die Stimme des Turnlehrers aus dem Lautsprecher. Aber Titta
macht einen Fehler. Er wendet sich in die entgegengesetzte
Richtung und ist auf einmal von seiner Gruppe abgetrennt,
was bei den Zuschauern auf der Tribüne ein riesiges Gelächter
auslöst. Was für ein übler Eindruck! Und das vor der Nardini!
Er könnte heulen.

Nach den Gymnastikvorführungen noch weitere Reden bis
zum Abend. Und am Abend allgemeine Besoffenheit, Schläge-
reien ... noch betrunkener als gewöhnlich, hat sich Giudizio
auf der Piazza angeschickt, ebenfalls eine Rede zu halten:
»Kameraden, man hat uns Brot und Arbeit versprochen, aber
ich sage euch: na, in Ordnung wegen des Brotes, aber statt der
Arbeit – könnte man die nicht durch ein Gläschen Wein erset-
zen?«

Dann, gegen zehn Uhr, passierte die Episode mit dem Grammophon. Die Sache war so gekommen: ein Defekt der Lichtlei-
tung hatte den Ort in Dunkel getaucht. Die Straßen und be-

sonders der Corso waren noch überfüllt mit Leuten, die spazierengingen. Das Café war voll mit Faschisten in Uniform. Dieses unerwartete Eintauchen in tiefste Dunkelheit hatte alle in gute Laune versetzt. Man hörte im Dunkeln Lachen, Scherzen und auch aus den Fenstern erklang Gelächter. Plötzlich, man wußte nicht, von wo es kam, hoch von den Dächern herab, hörte man den Ton einer Violine. Was spielte der ... war das denn möglich?! Alle hörten mit entsetztem Schweigen zu. – Es gab keinen Zweifel: dieses mißtönende, unpassende Klagelied war das Motiv der ›Internationale‹. In der Dunkelheit werden die Türen geschlossen, eiligst die Rolläden heruntergelassen, und man hört, wie die Fensterläden zugeschlagen werden. In wenigen Augenblicken entvölkert sich der Corso. Nur die von der Miliz bleiben da, laufen wie die Verrückten vor und zurück, brüllen Befehle, Schimpfworte und schreckliche Drohungen.

Giudizio war der erste, der auf den Punkt hinwies, von wo das Violinspiel kam: es war da oben, auf dem Campanile, ein Trichtergrammophon, das man auf die Brüstung gestellt hatte. Und es lief immer weiter; mit seinen grellen Tönen spielte es das Motiv, welches alle erschreckte und die Faschisten vor Wut verrückt machte. Es waren etwa 50 Revolverschüsse nötig, bevor man es zum Schweigen brachte.

Und jetzt, nachdem man diese Töne nicht mehr hörte, wollten die Faschisten auch das Andenken daran verwischen. Wütend marschierten sie und sangen aus vollem Halse: ›Zu den Waffen, wir sind Faschisten‹, ›Es pfeift der Stein‹, ›Giovinezza!‹

Um Mitternacht war Tittas Vater noch nicht nach Hause zurückgekehrt. Zu dritt waren sie auf sein Landgütchen gekommen und hatten ihn in die ›Casa del Fascio‹ gebracht, weil der politische Sekretär ihn etwas fragen wollte: wußte er nichts von diesem Grammophon? Nein? Dann eine andere kleine Frage: war es wahr, daß er zwei oder drei Tage vorher in aller Öffentlichkeit folgenden Satz gesagt hatte: »Wenn Mussolini so weitermacht (Pause), dann weiß ich nicht ...« War das wahr? Und was wollte er sagen mit diesem »dann weiß ich nicht ...«? Eine Drohung? Mißtrauen gegen den Faschismus? Subversive Propaganda? In das Vernehmungszimmer war jetzt auch der Kriegsverletzte in seinem Rollstuhl gekommen und starrte ihn mit seinem einzigen Auge an. In der Hand hatte er eine Flasche und ein Glas. Mit seiner fürchterlichen metallischen Stimme hatte er gesagt: »Willst du nicht anstoßen auf die Siege des Faschismus?« Und hatte ein großes Glas mit Rizinusöl gefüllt. Vier davon mußte Tittas Vater austrinken. Vier Gläser dieses scheußlichen Abführmittels. Sie hielten ihn fest, den Kopf gegen die Rückenlehne des Sessels gedrückt, und der Mistkerl Negrini, der Exboxer, drückte ihm seine Daumen in die Kiefergelenke, um ihn zu zwingen, den Mund zu öffnen.

Um drei Uhr morgens, nachdem er sich von oben bis unten beschissen und auch noch die Straßen mit Dreck beschmutzt hat, kommt Tittas Vater nach Hause. Alle sind wach und in Tränen, außer dem Schwager, der in seiner Kammer schläft. Die Frau zieht ihn aus und wäscht ihn in einer großen Wanne mit warmem Wasser. »Du willst ja nie hören«, sagt die Frau immer wieder und hat dabei einen großen Kloß im Hals. In der Küchentür ist jetzt auch Titta in Unterhosen erschienen. Er muß lachen. »Donnerwetter, Papa, was für ein Gestank!« sagt er. Sein Vater spricht nicht, er flucht nicht einmal. Nur am Ende, als er völlig nackt aus der Wanne steigt, sieht er wütend zur Tür des Schlafzimmers seines Schwagers und sagt: »Wenn ich erfahre, wer den Spitzel gespielt hat, schlage ich ihm den Kopf ab«, und schließlich macht er sich Luft mit einem furchterregenden Fluch.

Das Grand Hotel

Das Grand Hotel am Lungomare: seine maurischen Kuppeln, bedeckt mit grüngoldenen Schuppenziegeln, die hochaufragenden Fahnenstangen, an denen die Flaggen aller Länder im Meerwind flattern – die Verkörperung von Luxus, Prunk und Reichtum. Hollywood und Damaskus, Bagdad und Metropolis. Abenteuer – Liebe – Spionage – Orient-Expreß: alles.

Einmal mit einem Koffer voller Etiketten eintreten können! Einmal eine Nacht in einem dieser Zimmer schlafen und am Morgen von einem hübschen Zimmermädchen geweckt werden, das dir »Bonjour« sagt und ein silbernes Tablett aufs Bett stellt ... Am Abend unten im Restaurant, mit seinen großen farbigen Glaskästen voller Schlangen und bunter Vögel, speisen, während das kleine Orchester ›I love you‹ spielt wie in den Broadway Follies 1936 ... Aber Titta und seinen Freunden ist es nur erlaubt, von all dem zu träumen. An den Winterabenden, wenn das Grand Hotel geschlossen ist, die Kuppeln droben in den Nebelbänken verschwinden und vom Meer her die eisigen Wassertröpfchen kommen, die auf dem Gesicht wie Nadeln stechen, verlieren sich die drei Jungen in unendlicher Sehnsucht. Sie pfeifen die schmachtendsten Motive aus den amerikanischen Filmen, tanzen in der Dunkelheit, jeder für sich allein auf der großen nassen Terrasse. Bis schließlich Spiga mit dem Zeigefinger aus dem Innern seines Mantels heraus drei Pistolenschüsse abgibt und Titta, entsprechend einer stillen Abmachung, gezwungen ist, so zu tun, als sei er tödlich getroffen, und auf dem nassen Pflaster zusammensinkt.

Wer sind nun die glücklichen Personen im Städtchen, die wenigstens einmal, ein einziges Mal, das Grand Hotel betreten durften?

Anfang Sommer vergangenen Jahres war Titta bis zur Schwelle des Haupteinganges vorgedrungen und hatte Sofas, so groß wie Ruderboote, phantastische Teppiche, die sogar die Treppen bedeckten, und den großen Kronleuchter gesehen, der aus schwindelerregender Höhe herabhing. Alles war leer und verlassen, bis auf die Rauchspiralen einer Zigarette, die hinter der Lehne eines Sofas emporstiegen; man sah aber nur eine Hand. Dann, weiter drüben, hinter einer enormen Theke, überladen mit vergoldeten Zieraten wie ein prunkvoller neapolitanischer Leichenwagen, hatte jemand einen Pfiff von sich gegeben: es war der Portier; sehr elegant, schwarz gekleidet, mit goldgeränderter Brille. Er bedeutete Titta äußerst streng, sofort den Raum zu verlassen.

Man erzählt sich, daß auch die Gradisca einmal hier gewesen sei. Es war Winter, und das Grand Hotel war ausnahmsweise geöffnet, um einen Prinzen des Königshauses aufzunehmen. Ein luxuriöses Auto hatte abends um neun Uhr vor dem Haus der Gradisca angehalten. Man holte sie ab, weil die Stadt die Absicht hatte, die einsame Nacht des Prinzen durch die Gesellschaft einer schönen Frau erfreulicher zu gestalten. Die Wahl war auf sie gefallen. Und jetzt, im Wagen, legte ihr der Beauftragte der Stadt folgendes ans Herz: »Gigina (der wirkliche Name der Gradisca war also Gigina) ... mach einen guten

Eindruck. Der Prinz ist sehr schön. Und ganz nebenbei, wenn du siehst, daß er zufrieden ist, dann sag ihm, daß wir die Arbeiten am Lungomare fertigstellen müssen. Nur er kann uns helfen. Sei höflich, sprich Italienisch und nicht Dialekt, er ist ein Prinz und nicht irgendein Nichtsnutz.« Man erzählt sich, daß die schöne Gigina von all diesen Empfehlungen so beeindruckt war, daß sie, nachdem sie mit dem Prinzen allein im Zimmer war und sich ausgezogen hatte, sich ihm anbot mit den Worten: »Herr Prinz, bedienen Sie sich[1].« Und seit damals ist ihr der Spitzname geblieben.

Auch Biscein war einmal im Grand Hotel – behauptet er. Aber wie soll man Biscein glauben, dem größten Lügner und Märchenerzähler der Welt! Er hat schon alles gemacht: er hat in Sizilien einen Löwen gejagt; als er einmal im Winter seinen Hut aufheben wollte, der ihm vom Campanile hinuntergefallen war, pinkelte er von oben in den Hut, und als der Pissestrahl gefroren war, hat er ihn daran hochgezogen wie an einem Stiel ... Und hier die Erzählung von seinem Besuch im Grand Hotel: es war in jenem Jahr, als ein Emir mit seinen 100 Gespielinnen eintraf. Sie hatten für zehn Tage das ganze Grand Hotel gemietet. »Eines Abends war ich auf dem Lungomare und betrachtete das Grand Hotel, da sah ich, wie hinter den Fenstern all diese schönen Frauen auf mich blickten. Plötzlich sah ich, wie aus all den hundert Fenstern der Zimmer irgend etwas herunterkam, das so weiß war wie Milch. Ich fragte mich: was für Zeug ist das? Es waren die Leintücher, damit ich daran in die Zimmer steigen konnte. Dabei muß man wissen, daß der Emir – und die Araber allgemein – sehr eifersüchtige Leute sind. Und in der Tat hat dieser Emir, der übrigens Abdulla hieß, jeden Abend all seine hundert Konkubinen in den Zimmern eingeschlossen. Ich fragte mich: soll ich gehen oder nicht? Dann entschloß ich mich schließlich zu gehen, und kletterte wie eine Katze an einem Leintuch hoch.

Ich puderte die erste. Sie lag nackt auf dem Bett, ihr Leib war weiß und weich wie Butter. Das Gesicht war nicht zu sehen, da es unter einem Schleier versteckt war ... Sie hebt den Schleier und ich sehe zwei Augen schön wie der nächtliche Mond. Nachdem ich die Frau geschrubbt habe, verabschiede ich mich. Ich

[1] ›Bedienen Sie sich‹ heißt italienisch ›gradisca‹.

lasse mich blitzschnell am Leintuch hinunter, kaum wieder auf festem Boden, klettere ich schon am nächsten Leintuch hoch, das aus einem anderen Fenster hängt. Kurz gesagt, schöne und weniger schöne, in dieser Nacht hab ich 28 geschafft.«

Auch Cichini, genannt Colonia, war schon im Grand Hotel. Auch er wurde dahin gerufen. Und auch bei ihm handelte es sich um eine Prinzessin. Aber der Grund für diese Aufforderung war der gleiche wie immer: es ging darum, in der Senkgrube einen wertvollen Ohrring wiederzufinden, der in die Kloschüssel gefallen war. Im dunklen Hof des Grand Hotel verrichtete Cichini die ganze Nacht in der Senkgrube seine Arbeit. Nicht weit von ihm stand ein Kellner, ein weißes Taschentuch vor der Nase, und zeigte ihm mit zwei Fingern den anderen Ohrring, um ihm so eine Idee von dem Gegenstand zu geben, den es wiederzufinden galt.

Wenn sie ihn ärgern wollen, fragen sie ihn: »Wie wars denn im Grand Hotel, Cichini?« Aber Cichini regt sich nicht auf.

Der Sommer

Im Sommer, im August, wabert alles wie in einer Welt unter Wasser. Die Uferpromenade zittert unter dem hellen Himmel. Der gigantische Bau des Grand Hotel schwankt, und auch die Mole vibriert in der blendenden Helle. Die Körper der Badenden zittern in der großen ›Fleischschau‹ des Strandes.

Heute ist es 30 Grad im Schatten, und der Asphalt auf der Uferpromenade ist weich geworden, man sinkt darin ein.

Das Meerwasser ist warm und dampft. Nicht ein Streifen Schatten ist auf der Piazza, und der Springbrunnen ist ausgetrocknet.

Im Café ›Commercio‹ schlafen die Kellner im Stehen. Die Fenster dem Corso entlang sind geschlossen, um die Hitze draußen auf der Straße zu halten. Im Halbdunkel der Wohnungen bewegen sich die Menschen in Unterhosen. Mit hängender Zunge und geschlossenen Augen liegen die Hunde herum. Kein Vogel, keine Stimme, kein Rascheln von Blättern ist zu hören. Wo nur gibt es ein wenig Schatten, etwas Kühle? Im Dom – im Kino ›Fulgor‹, öde und mit leerer Leinwand, in den Gefängnissen der alten Festung, im Blattwerk des großen

Baumes im Hof. In der Tat haben es sich darin Leute bequem gemacht, wie in einem großen grünen Kasten. Sie schlafen, während alles andere in der Sonne glüht und zittert: die Ziegel auf den Dächern, die römische Stadtmauer in der Vorstadt, der Sportplatz, der Campanile, das Flußbett voller Steine und ohne einen Tropfen Wasser. Auch der Strand ist jetzt verlassen.

Erst nach Sonnenuntergang belebt sich der Ort wieder. Heute abend in ganz ausgefallener Weise. Alle gehen ans Meer; auch Leute, die vom Land hereinkommen.

Man geht in Gruppen und beeilt sich. Von der Straße aus ruft jemand denen, die sich verspätet haben, zu, herunterzukommen. Fast alle Personen, die wir kennen, sind da; darunter auch andere, die wir noch nie gesehen haben, auch Ausländer sind dabei: Deutsche und Engländer.

Die ganze Menschenmasse bleibt nicht auf der Strandpromenade stehen, sondern setzt ihren Weg fort; man geht hinunter zum Strand. Viele steigen in Ruderboote, und ganze Familien rudern fort vom Ufer. Andere wieder gehen zum Hafen, drängen sich auf Barkassen, Segelbooten und kleinen Barken. Auch Scurèza di Corpolò ist da. Er besteht darauf, sein Motorrad mit auf ein Schiff zu nehmen.

Im Lichte des roten Sonnenunterganges wirkt das alles wie ein Exodus. Stimmen, Rufe. Alle Fahrzeuge fahren auf das offene Meer hinaus. Wohin fahren sie? Was ist passiert? Von kleinen Terrassen, von den Fenstern und von der großen Terrasse aus, die rund um die maurischen Kuppeln des Grand Hotel läuft, richten diejenigen, die keinen Platz mehr auf den Fahrzeugen gefunden haben, Feldstecher und Fernrohre auf das offene Meer, das mit den Farben der Barken, der Segel- und Ruderboote übersät ist. Durch ein starkes Fernrohr beobachten auch Direktor Zeus und Professor Bongiovanni den Horizont, wo nur noch ein kleines Stückchen der feuerroten Sonne zu sehen ist, das alsbald auch im Wasser versinkt. Das Licht am Himmel erlischt, und es färbt sich erst dunkelgrün, dann violett. Es ist Abend geworden. Worauf warten nur all diese Menschen in der etwas unheimlichen Düsternis auf den Barken, den schwankenden Ruderbooten, auf der großen Wasserfläche, die dunkler und dunkler wird? Alle Fahrzeuge haben angehalten und sich jetzt in einem großen Halbkreis formiert; sie schaukeln sanft ...

Das Ufer hinter ihnen ist sehr weit entfernt und nur durch eine Linie von Lichtpunkten angedeutet. Kein Geräusch dringt bis hier heraus. – »Wie schwer ist sie wohl?« fragt eine Stimme aus dem Dunkel. – »Doppelt so schwer wie das Grand Hotel.« – Stille. Darauf ein anderer: »Ich sage, sie wiegt mehr: zweimal das Grand Hotel und den Augustusbogen dazu.« – »Und dazu noch meine Eier«, schließt ein dritter. Gelächter und Gefluche. Jetzt ist der Himmel unendlich hoch und sternübersät. Von irgendwoher tönt die Stimme der Gradisca; sie singt. Einer ist völlig nackt ins Wasser gesprungen und sagt, das Wasser sei eine warme Brühe. Weitere Zeit verstreicht. Das Warten fängt an, beschwerlich zu sein. »Wie spät ist es?« – »Halb elf.« – »Könnte sie Verspätung haben?«

Niemand kann Antwort geben. Einige Kinder sind in den Armen ihrer Mütter eingeschlafen. Tittas Vater beobachtet gespannt die Dunkelheit, die vor ihm ist, und wiederholt zum hundertsten Male voller Bewunderung: »Donnerwetter – ist das ein Bordell!« Wieder ist es still, und es fängt an, einem im Rücken etwas kühl und feucht zu werden. Man schlägt die Kragen hoch. Hat der Nebel dort hinten die Lichter am Ufer verdeckt? Tittas Mutter ist eingeschlafen. Viele haben ihren Kopf in einen Schal gehüllt und schlummern. Auch Tittas Papa hat die Augen geschlossen und schnarcht. Wieviel Zeit ist vergangen?

Plötzlich schreit Scurèza di Corpolò auf: »Da ist sie! Die ›REX‹, die ›REX‹!« Er springt auf die Barke und schreit aus vollem Halse, dabei nach vorne deutend. – Ein schwarzer Berg, noch dunkler als die Nacht, wird immer größer und kommt näher. Er nähert sich immer mehr mit dem Geräusch gischtenden Wassers. Rundum breitet sich Entsetzen aus: – »Sie fährt auf uns los!« – Hunderte von »Halt«- und »Hilfe«-Schreien. – Es sieht jetzt in der Tat aus, als würde sich der dunkle Schatten der ›REX‹ auf die Fahrzeuge stürzen. Unter Schreien und Jammern scheint eine Art Flucht stattzufinden. Es ist eine Flucht im Durcheinander von Rudern, Bootsbugen, Kielen und Segeln, die nicht hochgezogen werden können, und Motoren, die nicht anspringen. Verzweifelt springen viele ins Wasser.

Aber es ereignet sich keine Katastrophe. Der riesige Dampfer, mit Lichtern übersät, gleitet an ihnen vorbei wie ein Märchentraum. Droben in der Höhe sieht man Menschen, Gestalten in

Abendkleidern, die nach unten schauen. Irgend jemand ruft einen Gruß. Man hört Musik – die Herrschaften tanzen! Tittas Vater hat sich im Ruderboot aufgestellt, nimmt seinen Hut zu einem Gruß ab und steht bewegungslos da, ergriffen von dieser Vision von Macht. Die Gradisca weint. Scurèza hat seinen Motor angelassen und grüßt mit mehrmaligem Vollgas im Leerlauf. Viele applaudieren, und einer reißt auch eine Zote, denn die ›Rex‹ hat ihm nicht gefallen, weil sie nicht gestoppt hat.

Alle schreien nun ihre Freude, ihre Verwunderung und auch ihren Zorn hinaus.

Die ›Rex‹! – Darauf hatten sie alle gewartet. Ihretwegen hatten sie sich bei Sonnenuntergang aus ihren Wohnungen begeben: um die ›Rex‹ zu sehen! Sie mußte um 10 Uhr abends, auf ihrer Jungfernfahrt, weit draußen vor der Küste vorbeikommen.

Jetzt ist sie schon weit entfernt – ist nur noch eine kleine Lichtgirlande und sieht aus wie eines der vielen Sternbilder am Himmel. Noch ein heiseres, weit entferntes Aufheulen der Bordsirene – dann ist nichts mehr da –, aber erst jetzt kommen die großen Heckwellen. Sie sind so hoch wie Hügel und schütteln die kleine Flotte durcheinander. Aber jetzt hat keiner mehr Angst. Sie lachen wie bei einem Spiel.

Der verrückte Onkel

In Tittas Familie gibt es einen großen Kummer: den verrückten Onkel! Er ist der jüngere Bruder von Tittas Papa. Er heißt Armandone. Als Kind war er brav und ruhig und sprach nie. Dann, mit etwa 20 Jahren, hatte er angefangen, alles Zeug, das er auf der Straße fand, zu sammeln und es unter seinem Bett zu verstecken: Schnur-Enden, leere Streichholzschachteln, Flaschenkorken, tote Vögel, Glasscherben und Zeitungspapier mit Spuren vertrockneter Scheiße. Alles, was er fand, brachte er nach Hause. Als Mutter und Vater versuchten, den Unrat wegzuräumen, bekam Armandone einen epileptischen Wutanfall und hat dann zwei- oder dreimal versucht sich umzubringen. Einmal hatte er seinen Kopf in einen mit Wasser gefüllten Bottich gesteckt; ein anderes Mal war er mit aufgespanntem Schirm vom Gasometer gesprungen. Als er 30 war, wurde es notwendig, ihn ins Irrenhaus einzuliefern. Jetzt ist er seit zehn Jahren dort. Einmal im Monat holt ihn Tittas Familie mit der Kutsche ab. Gewöhnlich ist es die Kutsche von Madonna, und man fährt mit ihm spazieren. Armandone ist bereits seit zwei Stunden fertig und steht neben der Tür. Er stampft mit den Füßen auf die Erde, als sei ihm kalt. Wenn er die Kutsche kommen hört, stampft er noch schneller mit den Füßen und ruft der Schwester Pförtnerin zu, ihm das Gittertor zu öffnen. Ohne jemanden zur Begrüßung zu küssen, steigt er schnell in die Kutsche, so als sei er erst vor einer Stunde ausgestiegen, und fängt sofort an, die Süßigkeiten auszupacken, die die Verwandten ihm gebracht haben. Ohne jemanden anzusehen, beginnt er sofort gierig zu knabbern. Diesmal fährt die Kutsche aufs Land hinaus. Titta sitzt neben dem Kutscher und wendet sich mit Rufen ab und zu seinem verrückten Onkel zu, um dessen Interesse für die Landschaft, einen Vogel, einen Baum zu wecken. Aber der Onkel verzehrt weiter seine Süßigkeiten, unter den aufmerksamen und bestürzten Blicken von Tittas Vater. »Ist es möglich, daß der da sein Bruder ist? Ist dieser junge, schlappe und blasse Mann mit seinem schlecht rasierten Bart und dem Angst einflößenden Flackern in den Augen wirklich Armandone?«

Tittas Mutter unterbricht das Schweigen ab und zu und meint, Armandone sehe gut aus, er sei dicker geworden und sie fände ihn normal. Das ist genau der Augenblick, in welchem Armandone, so wie er es immer macht, wohl dreißigmal wiederholt, er müsse pinkeln. Die Kutsche hält an. Armandone geht zum Straßenrand und sieht sich wohlerzogen nach allen Seiten um, ob irgendwer da sei, und fängt an Pipi zu machen. Die Hosen hat er sich allerdings nicht aufgeknöpft. Das ist eine der vielen peinlichen Episoden, welche diese Ausflüge traurig gestalten und Tittas Vater zum Stöhnen und Fluchen veranlassen: »Scheißnormal!« und er schüttelt den Kopf als Antwort auf die ganze tröstliche Atmosphäre, die sich zu Beginn der Spazierfahrt eingestellt hatte.

Aber das Schlimmste stand noch bevor. Zwei Stunden später, als die ganze Familie das Gehöft und das Landgütchen besuchte und alle glaubten, Armandone sei auf dem Sessel unter dem Portikus eingeschlafen, war er plötzlich auf den Gipfel einer sehr hohen Ulme geklettert und begann, mit lauter, durchdringender Stimme ununterbrochen zu brüllen: »Ich will eine Frau! – Ich will eine Frau! – – Ich will eine Frauuuuu!«

Anfangs reizte die Geschichte noch zum Lachen, und der Großvater schien sich sogar zu freuen. Er sagte, auch das sei doch ein Beweis, daß es Armandone gut gehe. Er begriff, daß er ein normaler Mann sei, mit allen seinen geheiligten Bedürfnissen. Aber nach einer Stunde konnte man das Gebrüll nicht mehr ertragen. Es hatte sich in einen Klagelaut verwandelt, in ein Geheul, dem in der Ferne Hunde heulend Antwort gaben. Titta, zuerst amüsiert, dann beeindruckt, hatte versucht, auf den Baum zu klettern, um den Onkel herunterzuholen, und dann den Vorschlag gemacht, in die Stadt zu gehen und eine Hure zu holen – die Volpina. Aber nachdem sich jetzt die Sonne schon dem Untergang zuneigte und der Onkel da oben seit zwei Stunden brüllte, spürte auch Titta, wie Angst ihm die Kehle zuschnürte. Erst als die Sonne schon eine ganze Zeit untergegangen und jeder Versuch gescheitert war, Armandone mit Leitern zu erreichen, entschloß man sich, die Wärter aus dem Irrenhaus zu rufen. Die Scheinwerfer des sich nähernden Krankenautos zeichnen in die Dunkelheit des Tales zwei Streifen aufleuchtenden Staubes.

Außer zwei Pflegern ist auch noch eine kleine Nonne mitgekommen. Sie ist in der ganzen Gegend berühmt. Sie ist eine seltsame Zwergin, die nicht einmal einen Meter groß ist. Man weiß nicht, wie alt sie ist, aber sie ist die einzige im Irrenhaus, der es gelingt, die wütendsten Irren zu besänftigen, und zwar nur dadurch, daß sie ihnen in die Augen sieht. Man hält sie für eine Heilige. Ohne ein Wort zu sagen, klettert die winzige Nonne wie eine Katze bis ans obere Ende der Leiter, die an die Ulme gelehnt ist, und verschwindet im dunklen Blattwerk. Große Stille folgt. Man hört nur die Stimme der Schwester, die einige Male sagt: »Na, los doch! Steig runter, Armandone!« Kurz darauf hört man Rauschen im Geäst und begreift, daß Armandone sich hat überreden lassen: er steigt herunter. Kaum ist er auf der Erde, als ihn die beiden Pfleger auch schon gutmütig bei den Armen nehmen und in den Krankenwagen verfrachten, der sofort abfährt.

Kurz danach kehrt auch die Kutsche in das Städtchen zurück. Alle schweigen. Sie fahren den hell erleuchteten Corso entlang.

Die Wasserhose

In manchen Jahren kommt sie, in anderen nicht. Gegen Ende des Sommers zeigt sich die Wasserhose.

Zwischen elf und zwölf Uhr, wenn alle am Strand sind, um zu baden und die Sonne zu genießen, kündigt sie sich durch eine kleine, goldfarbene Wolke an. Alle betrachten sie voller Besorgnis. Plötzlich erscheint, mitten auf dem Meer, die Wasserhose. Manchmal hat sie die Form eines riesigen Zylinders, der Hunderte von Metern hoch ist. Zu anderen Malen scheint sie ein großer schwarzer Trichter zu sein, der sich dem Ufer mit rasender Geschwindigkeit nähert. Dieses Mal aber ist die Wasserhose furchterregender denn je: eine gigantische Spirale, bestehend aus Luft und angesaugtem Meerwasser, dreht sich wie ein Wirbel. Sie ist zwei Kilometer vom Ufer entfernt und wird immer größer. Die Badewärter haben schon alle Sonnenschirme geschlossen, und der Strand leert sich schnell. Wütend knattern die Fahnen an der Fahnenstange des Grand Hotel. Schon werden die ersten Papiere und Zeitungen hochgewirbelt. Die Luft ist erfüllt von Staub und Gischt. Die Apokalypse beginnt.

Die Versuche, die Wasserhose mit Schüssen aus der alten Kanone der Hafenmeisterei zu zerstören, sind fehlgeschlagen. Im Nu ist der Wirbelsturm in der Stadt angelangt. Sand ergießt sich in Strömen in die Gassen, Straßen und den Hauptcorso. Rolläden werden heruntergelassen und die Fenster geschlossen. Mitten auf der Piazza steigt eine Staubsäule auf. Des Windes wegen beginnen die Glocken auf dem Campanile zu läuten. Schornsteine stürzen ein. Alles fliegt und wird in die Luft gewirbelt: Hüte, Sonnenschirme, Leintücher, Blumen, die aus ihren Töpfen gerissen werden, ein ganzer Strohschober und Hühner, Hunderte von Wassermelonen kommen angekullert, man weiß nicht, woher. Einige schreien entsetzt auf, andere klammern sich an Pfählen fest; wieder andere freuen sich, und noch andere jagen den Gegenständen nach, die vom Wind weggeweht werden. Wieder andere werden mit Gegenständen geradezu bombardiert. Für Titta ist das ein großes Fest, er läßt sich bald vom Wind treiben, dann leistet er etwas Widerstand und klammert sich an einem Busch fest. Jetzt löst er sich wieder von ihm, breitet die Arme aus und läßt sich den Corso entlang ›wehen‹, direkt auf die Gradisca zu, die irgendwo da hinten der Wut des Windes zu widerstehen versucht, der ihr die Röcke ins Gesicht geweht hat. Wie ein Meteor kommt Titta angesaust. Mit ausgebreiteten Armen klammert er sich an die Gradisca und bleibt an ihr hängen. Er ist so glücklich wie ein Pferd, das endlich in seinen Stall gefunden hat. Viele Menschen sind in die Autos gestiegen, die im Windschatten der Häuser abgestellt sind. Der ganze Ort verschwindet im Sandsturm ...

Wenn Biscein (der Lügenbeutel) von dieser Wasserhose erzählt, dann behauptet er, er hätte zwei Fratres des Gnadenklosters durch die Luft fliegen und ein Schiff über den Corso fahren sehen; auf dem Schiff war einer, der wohl aus Ancona sein mußte. Er selbst – Biscein – war beim Friseur, um sich rasieren zu lassen. Der Wind hatte ihn mit fortgetragen, und er war über den ganzen Corso geflogen. Schließlich flog er durch ein Fenster im Hause der Gräfin Covignano. Durch die ganze Wohnung flog er und wieder zum Küchenfenster hinaus. Von dort hat ihn dann der Wind bis nach San Marino geweht. Ohne daß ihm etwas passiert wäre. Tatsächlich erstarb die Windhose, wie gewöhnlich, als sie den Berg von San Marino erreicht hatte.

Nun hat sich der Wind plötzlich gelegt. Die Windhose ist vorbei, fertig ... Langsam lagert sich überall der Sand ab. Der Himmel wird wieder klar, und die Menschen kommen aus ihren Häusern. Die Straßen, die Piazza und die Strandpromenade sind nicht wiederzuerkennen. Überall liegen die unglaublichsten Dinge herum. Da steht zum Beispiel auf der Piazza eine kleine Kommode aufrecht auf ihren Beinen. Wie ist die bloß bis hierher geflogen?

Tittas Vater sucht seinen Hut und wendet sich einmal hier-, einmal dorthin und probiert nacheinander Hunderte von Hüten an. Auf der Piazza Giulio Cesare bilden die Menschen ein Grüppchen um Giudizio, der einen Korb unter dem Arm trägt, in welchen er die Fische legt, die er von der Straße aufsammelt. In der Kirche kehren Don Baravelli in Hemdärmeln und der Kirchendiener zentnerweise den Sand nach draußen.

Der Nebel

Der Herbst ist gekommen. Die Sträßchen, die zum Meer führen, sind mit Blättern bedeckt. Es ist schön, darin bis zu den
Knien zu waten oder es so zu machen wie Scurèza di Corpolò,
der sich mit Vollgas hineinstürzt und einen höllischen Wirbel
trockener Blätter hinter sich läßt. Am Strand sind fast alle Ba-
dehütten abmontiert worden, und das Grand Hotel, wie ein
riesiger Walfisch, schließt alle seine Glastüren, Fenster und
Pforten. Es versinkt in seinen Winterschlaf. Am Strand ist
außer Giudizio und einigen anderen Vagabunden niemand
mehr. Sie suchen den Strand ab, in der Hoffnung, irgendeinen
verlorenen Gegenstand, eine Münze oder einen Ring zu finden.
Fröstelnd läuft auf der Mole die Volpina einem ihrer unzähli-
gen Rendezvous entgegen.
Mit dem Herbst ist auch der Nebel gekommen. Eines Morgens
wachst du auf, und das Städtchen ist nicht mehr da. Das gegen-
überliegende Haus ist verschwunden, der Baum, der Leucht-
turm, der Bahnhof. Verschwunden ist auch der Kutscher Madonna, samt Pferd und Kutsche. Straßen, Plätze und Gärtchen
verschwinden. Auch der bronzene Arsch der Viktoria verschwindet vor den Augen von Titta und seinen Freunden, die
mit Mappe und Lineal aus der Schule gekommen sind. Auch
das Meer ist verschwunden. Du kommst an den Strand, gehst
bis zur Uferlinie des Wassers – aber das Meer ist nicht mehr
da. Der Nebel verwandelt alles: ein Lastwagen gleicht einem
prähistorischen Tier, das langsam seinem Aussterben entgegen-
geht.
Die Bäume sind dunkle Massen, ohne Stamm. Die bleich
leuchtende Bahnhofsuhr hängt da oben im Leeren, in
der Luft. Alle Menschen werden zu Schatten, die sich in einem
undurchsichtigen Grau bewegen, aus dem Töne dringen: die
Glocke eines Fahrrades, oder das Schnauben eines Pferdes; das
wilde Geknatter der Roßkastanien, die hin und wieder auf die
Erde fallen; das alles erschreckt den jüngeren Bruder von
Titta, der nach Hause gehen soll. Er hat sich verspätet und
jetzt nicht den Mut, die Allee entlangzugehen. Tittas kleiner
Bruder hat berechtigte Angst. Vor ihm in diesem unergründ-
lichen, rauchigen Grau erscheinen die massigen Umrisse eines
Nashorns. Das Tier steht ruhig da und bewegt nur, kaum

merklich, den Kopf. Tittas Bruder hat nicht einmal mehr soviel
Atem, daß er schreien könnte. Wie ein Krebs geht er rückwärts. Mit einem lauten Schnauben dreht sich das große Tier
ganz ruhig um und verschwindet, langsam trabend, im Nebel.
Eine Vision? Ein Trugbild des Nebels? – Nein, es war in der
Tat ein Nashorn. Seit ein paar Stunden herrschte im Ort
Alarm. Die Leute vom Zirkus hatten sich über die Stadtviertel
verteilt. Einige suchten das Tier beim Arco d'Augusto, andere
in der Gegend des Friedhofs ... Der Dompteur und seine Hel-
fer, die einen großen Käfig auf Rädern mit sich zogen, wand-
ten sich der Uferpromenade zu. Irgend jemand hatte erzählt,
das Nashorn sei wie ein Zug in das Grand Hotel eingedrungen
und habe die Tore wie eine Lokomotive niedergewalzt. Mit
klopfendem Herzen sahen sich alle im Nebel um und spitzten
die Ohren beim geringsten Geräusch. Ein paarmal hatte man
ein dumpfes Galoppieren gehört. Es klang wie ein fernes Grol-
len, und die Erde bebte. Dann herrschte wieder Ruhe. Genau
an diesem Tag war es Titta gelungen, sich mit der Nardini zu
verabreden. Wir sehen ihn, gegen eine Mauer gelehnt, die
Hände des Mädchens drücken. Er ist aufgeregt und verstört.
Seine Stimme zittert ein wenig, als er sagt, daß er keine Angst
habe und daß er wisse, wie man mit dem Nashorn verfahren
müsse. Man müsse auf der Piazza eine große Grube graben
und ein Lamm hineinlegen ...
Dann hatte man lautes Geschrei aus der Gegend des Domes gehört, dazwischen Beifall. Titta und das Mädchen waren in
diese Richtung gelaufen, und plötzlich tauchten aus dem Nebel
die Zirkusarbeiter auf, die den riesigen Käfig hinter sich her-
zogen, in dem jetzt wieder das Nashorn war und ruhig an seinem
Heu herumkaute. Auf dem Gipfel der Begeisterung hatte Titta
den Käfig ein kurzes Stück begleitet und das gefangene Tier
beschimpft.

Es ist Winter

Von den Bergen, die starr und unnahbar im Hintergrund liegen, kommt das schlechte Wetter – der Nebel, der Wind, der
›Matsch‹ (Wasser und Schnee vermischt). In die Berge geht
man selten. Mit ihren felsigen Klüften, den vereinzelten Häusern und den Buschwäldern, welche die Berggrate hinaufklet-

tern, flößen sie etwas Furcht ein. Jeden Freitag fahren die Fischhändlerinnen ins Gebirge, um Fische zu verkaufen. Sie fahren mit dem Fahrrad hin. Weil es dort jedoch viele Steigungen gibt, endet es damit, daß sie vor allem zu Fuß gehen müssen.

In dieser Jahreszeit kommen vom Gebirge her die Marroni, Säcke mit Holzkohle und gewisse geheimnisvolle, wilde Gestalten; zum Beispiel der Schweinemetzger mit seiner schwarzen Wachstuchschürze und einem ganzen Kranz von Messern, die um seine Hüfte befestigt sind. Dann der Scherenschleifer, die Rauchfangkehrer und die Krippen-Hirten[1] mit ihren Dudelsäcken.

In diesem Jahr will der Nebel überhaupt nicht weichen. Aus den Fenstern der Schule und aus dem Inneren der Cafés sieht man draußen gar nichts. Es ist wie ein dickes, graues Nichts, das nur ab und zu von einem Schatten durchquert wird, der sich tastend vorwärts bewegt und bei dem man nicht erkennen kann, wer es ist. Tittas Onkel, der Pataca, reibt mit Hingabe im kleinen Salon der Laienbühne sein Billard-Queue mit Kreide ein. Carioca der Tanzlehrer bereitet neue Debütanten für die winterliche Tanzsaison vor. Die Gradisca reinigt die hinteren Räume im kleinen Friseurgeschäft. Tittas Vater auf dem Bau schimpft mit zwei Arbeitern, deren Stimmen man zwar hört, die man aber nicht sieht. Sie sind völlig in den dichten Nebel eingehüllt, der das Baugerüst dort oben umgibt ... Vom Meer her kommt der rauhe und erstickte Ton der Sirene eines kleinen Schiffes, das seit zwei Stunden versucht, in den Hafenkanal einzulaufen.

Nach dem Nebel kam zwanzig Tage lang die ›Tramontana‹[2]. Sie schnitt einem ins Gesicht und machte alle Dinge so klar und transparent wie in einem Spiegel.

Nun kam der Nebel aus den Mündern. Es waren kleine Wölkchen warmen Atems. Auf der Piazza sprach Direktor Zeus mit Don Baravelli, und aus Nase und Mund kamen ihm Dampfwolken wie bei einem Pferd.

---

[1] In der Weihnachtszeit tauchen in allen Städten Italiens fellbekleidete Hirten aus den Abruzzen auf. Sie spielen auf Dudelsäcken und Schalmeien alte Advents- und Weihnachtslieder. Man nennt sie ›Pastori da presepio‹ = Krippen-Hirten.

[2] ›Tramontana‹ heißt ein eisiger Wind, der von den Abruzzen herab zur Küste hin weht.

Der Ort feierte seine Winterfeste: Allerheiligen, Allerseelen (alle begaben sich in der Kutsche, auf dem Fahrrad oder zu Fuß, mit Chrysanthemen beladen, auf den Friedhof). Dann das Fest der Alten Metze, das darin bestand, daß man durch den Corso eine riesig große, zehn Meter hohe Puppe trug, die eine alte, vermummte und zerlumpte Frau darstellte ... Die Viehmärkte, das Sackhüpfen der ›Gehörnten‹ und der ›Wettbewerb der Häßlichen‹.

Dieses letzte Fest war eines der lustigsten. Die Teilnehmer kamen aus allen Gegenden, und manchmal waren sie sogar von irgendeinem reichen Herrn engagiert, so, als handle es sich um ein Pferderennen. Aber Cichini gewann fast immer. Das größte winterliche Ereignis war aber die ›Mille Miglia‹, ein dramatisches, abenteuerliches Autorennen, das durch ganz Italien führte.

Die ›Mille Miglia‹ führte nachts durch unsere Stadt. Schon um vier Uhr nachmittags waren die Straßen verlassen, und die Menschen fingen an, sich in den Fenstern zu drängen. Wenn alles leer war, kam immer noch Scurèza di Corpolò, der pfeilschnell mit dem Motorrad dahinschoß, von Flüchen und Pfiffen begleitet. Dann kam der Abend. Die Lichter wurden angezündet, und aus allen Fenstern am Corso sahen die Menschen zum Arco d'Augusto hin. Plötzlich, wenn es bereits Nacht geworden war, stieß der Soldat, den man als Vorposten dorthin gestellt hatte, wo das freie Land anfing, so laut er konnte, in die Trompete, um den ersten sich nähernden Rennwagen anzukündigen. Zuerst erschien ein leuchtender Widerschein im Hintergrund der Straße, die zum Arco d'Augusto führte, und warf dessen Schatten bis auf die Piazza. Dann wurde dieser Schatten ganz schnell kleiner – und da waren auch schon die Scheinwerfer des Wagens, der in einem Augenblick bereits auf der Piazza war, auf das Ende des Corso zuschoß und dann mit aufheulendem Motor verschwand. Nur ganz kurz hatte man eine Nummer gesehen. War es die 5 oder die 7? Alle sahen in die Zeitungen, um den Namen des Rennfahrers zu überprüfen. »War das Campari?« – »Nein, Brilliperi.« Inzwischen aß und trank man und plauderte von einem Balkon zum anderen.

Wieder dieses Aufleuchten im Hintergrund und der lange Schatten, der sich verkürzt – und wieder die Strahlen der Scheinwerfer, die die Dunkelheit durchschneiden wie Schwerter. Aber diesmal ist das furchtbare Gedröhn des Wagens vom Aufjaulen eines Hundes begleitet, der vom Rennwagen erfaßt und überfahren wird. Der Wagen setzt seine Fahrt dröhnend fort und verschwindet jenseits des Ponte Tiberio. Am anderen Morgen findet man eine lange Blutspur, die von einer Gruppe Neugieriger verfolgt und kommentiert wird. Plötzlich hört man die Stimme von Tittas Vater, der etwas gefunden hat: »Ein Ohr!« (Er hat ein Ohr des Hundes gefunden.)

Der Schnee

Dann, ganz überraschend, fällt eines Tages Schnee. Die uns bekannten Personen sind im Kino, um sich ›Trader Horn‹ anzusehen. Über die Leinwand ziehen Eelefanten, weite, von der Sonne versengte Ebenen, drohend aus der Ferne die Tam-Tams. Vor dem schweren Samtvorhang des Notausgangs erscheint plötzlich Giudizio und schreit in das Dunkel: »Es schneit!!« Viele Zuschauer stehen auf und schauen vom Kinoeingang mit in die Luft gereckter Nase hinaus. Es stimmt: Es schneit!!! Die Luft ist voll leichten Flockenwirbels, und auf der Erde sind schon weiße Flecken liegengeblieben. Jemand streckt die Hand aus, um eine der Flocken zu fangen. Ein anderer streckt die Zunge heraus. Der Kutscher Madonna zieht seinem Pferd eine Kapuze aus Wachstuch über den Kopf.
Schnee liegt auf den Dächern, Schnee auf den Masten der sich im Hafen drängenden Barken, Schnee auf den Neubauten und auf dem bronzenen Hinterteil der Viktoria – Schnee auf den am Bahnhof stehenden Zügen, Schnee über dem Meer, wo er unaufhörlich sinnlos niederfällt.
Alle sehen sich das an und drücken sich die Nasen platt am großen Fenster des Cafés, oder sie stehen in den Türen der Geschäfte und unter den Hausportalen.
Zehn Tage schneit es ununterbrochen. Man wird sich dieses Jahres als des Jahres der Schneemassen erinnern. Die Straßen, die Plätze, der Corso sind zwei Meter hoch mit Schnee bedeckt. Es ist notwendig geworden, Laufgräben auszuheben, Pfade und Gehwege. Der Ort wurde zum großen, weißen, eisigen Labyrinth, durch das sich die Menschen bewegen, um zur Schule zu gehen oder auf die Piazza; zum Markt oder in die Kneipe,

zum Rathaus oder in die Kirche, um dann wieder in ihre Häuser zurückzukehren, wo der Schnee bis zum ersten Stockwerk reicht. In diesen Gängen muß man im Gänsemarsch laufen, und manchmal verirrt man sich, weil irgendwelche Richtpunkte fehlen. Ein sehr langer Laufgraben führt direkt zur Kirche – ein anderer ins Café. Auf dem flachen Land ragen nur noch die obersten Äste der Bäume aus dem Schnee.

Für Titta und seine Freunde ist es ein Fest, in diesen Laufgräben herumzurennen und mit der Schleuder auf die Eiszapfen zu schießen, die von den Ziegeln herunterhängen, oder über die Eisenbahnbrücke zu laufen, um sich von den Dampfwolken der Lokomotiven einhüllen zu lassen, die langsam prustend darunter vorbeifahren. Vor allem aber sind es die Schneeballschlachten. Sie dauern stundenlang auf dem großen Platz vor dem Gefängnis, und alle nehmen an ihnen teil. Der ausladende Hintern der Gradisca ist ein bevorzugtes Ziel; daneben aber auch der Deckel des Kutschers Madonna, der dann sagt – »wenn ich einen erwische, reiße ich ihm den Sack ab.«

Heute ist die Schneeballschlacht noch lustiger als sonst, denn es hat wieder angefangen zu schneien. Der Himmel ist ein einziger Flockenwirbel. Plötzlich hört man oben in der Luft einen sonderbaren Schrei. Alle halten inne, um zu schauen, aber es läßt sich nichts ausmachen ... Was war das? Da! – Jetzt wieder! – Ist irgend jemand oben im Campanile eingeschlossen worden? Jetzt hört man es deutlich! – Es ist wirklich da oben, mitten im Schneetreiben ... Eine unbestimmte gräuliche Form erscheint plötzlich in der Luft. Zwei mächtige Flügel, die zu einem langsamen Gleitflug ausgebreitet sind. Noch einmal dieser durchdringende, rauhe Schrei. Dann sitzt plötzlich ein großer Vogel vor den faszinierten Blicken aller auf dem Weiß des Platzes. Ers ist der Pfau der Gräfin Covignano. Mitten im Schneetreiben schlägt er ein großes Rad, das mit blaugoldenen Augen besetzt ist.

Es ist wieder Frühling

Als Tittas Mutter starb, blühten die Mandelbäume. Schon seit einigen Monaten ging es ihr schlecht, und der Arzt hatte – alle Widerstände überwindend – endlich erreicht, daß sie im Krankenhaus untergebracht wurde. In den ersten drei Tagen danach hatte niemand die Erlaubnis bekommen, sie zu besuchen. Titta und sein Vater begnügten sich damit, im Wartesaal zu sitzen und, den Hals reckend, den Korridor entlang zu spähen, sobald sich im Hintergrund die große Glastüre öffnete. Dann hatte endlich der Chefarzt, der einen kleinen roten Bart trug, lächelnd und zufrieden gesagt, daß die Kranke außer Gefahr sei. Er war ihnen in das Zimmer vorausgegangen, wo die Mama untergebracht war. Es war ein riesiger Saal mit sehr hoher Decke, in dem drei Betten standen. Die Mama saß auf dem Bett, und eine Pflegerin kämmte ihr die Haare. Sie betrachtete ihre Hände, nahm einen Ring vom Finger und steckte ihn wieder auf – er war ihr zu weit geworden. »Habt ihr schon gegessen?« – fragte die Mama, mit ihrer wie gewöhnlich etwas lauten Stimme. – »Und du hast den Papa wieder geärgert?« – »Papa gibt mir immer Kopfnüsse!« – hatte Titta in übertrieben weinerlichem Ton geantwortet, um die Mutter zufriedenzustellen und ihr klarzumachen, daß er zu Hause ihren Schutz brauche. Der Vater war zum Fenster gegangen, hatte seinen Hut auf das Fensterbrett gelegt und schaute hinaus: »Ich habe gar nicht gewußt, daß es hier einen so schönen Garten gibt«, sagte er. Dann wandte er sich ruhig um, sah seine Frau an und sagte: »Ich finde, du siehst gut aus, Irene.«

Es war das letztemal, daß er sie gesehen hatte. Noch in der gleichen Nacht hatte Titta im Schlaf die Hausglocke gehört; dann kam es ihm vor, als höre er eilige Schritte und dann das Geräusch eines wegfahrenden Autos. Er war dann wieder eingeschlafen. Morgens heulte das Dienstmädchen in der Küche, in der Ecke neben dem Rauchfang. Im Wohnzimmer saßen Menschen, die Titta noch nie gesehen hatte. Eine große, dicke Bäuerin hatte sich erhoben, war auf ihn zugekommen und hatte sein Gesicht mit Tränen benetzt. Auch ein kleiner Junge war da, der weinte und sagte: »Meine Tante ist gestorben.« Ohne sich dessen bewußt zu sein, lief Titta abwesend durch das Haus, um all den Umarmungen und Seufzern zu entfliehen. Er betrat das Zimmer der Mama und schloß sich dort ein. Das Bett war leer und ordentlich zurechtgemacht. Auf der Kommode lag die Brille der Mama. »Mach auf, Titta!« sagte irgend jemand und rüttelte an der Türklinke. Ganz außer sich, mit vom Weinen verschwollenen Augen, hatte Titta gerufen:

»Nein, ich mach nicht auf – – ich mach nicht auf!« Er ließ sich in der Ecke zwischen Schrank und Fenster zu Boden gleiten und begann verzweifelt zu weinen . . .

Woran erinnerte sich Titta aus jenen Tagen? Daran wie ihm die Verwandten seinen Kopf streichelten, daß irgendwer ihm Kekse angeboten hatte, an den Vater in seinem schwarzen, eng anliegenden Anzug, an Don Baravelli, der umhüllt von Weihrauchwolken in der Kirche mit geschlossenen Augen sang, oder an den intensiven Geruch der Chrysanthemen, im Ohr das Geläute einer Glocke, die ab und zu angeschlagen wurde. Dann noch an den Trauermarsch der Musikkapelle und den Chor der Waisenkinder, die hinter dem Leichenwagen gingen. Aus den Fenstern der Kutsche, in die man ihn und seinen Bruder mit sieben oder acht Vettern gesetzt hatte, hatte er den Namen der Mutter auf einigen Todes-Anzeige-Plakaten an den Mauern gesehen. Um zum Friedhof zu kommen, mußte man den ganzen Ort durchqueren. Er sah, wie sich alle auf dem Ponte Tiberio bekreuzigten. Giudizio hatte seinen Hut abgenommen und erwies den ›römischen Gruß‹. Jetzt fuhr die Kutsche etwas schneller. Die kleinen Vettern wurden durchgeschüttelt und stießen mit den Köpfen zusammen. Der Kleinste lachte und steckte auch die anderen mit seiner Heiterkeit an. Der Kutscher Madonna, der auf dem Bock saß, hatte mehrmals den Stiel seiner Peitsche durch das kleine Vorderfensterchen gesteckt und versucht, sie zum Schweigen zu bringen.

Der Friedhof liegt jenseits eines Bahnübergangs, und man muß vor den niedergelassenen Schranken anhalten . . . Von irgendwoher schallt das schrille Geläut einer kleinen Glocke . . . Hinter dem Leichenwagen gehen Tittas Vater, der Schwager, die Verwandten, und noch weiter hinten ein Zug von Ortsbewohnern. Unter ihnen sehen wir die Gradisca mit einem schwarzen Schleier und auch Direktor Zeus . . . Ein Zug voller Kinder fährt vorbei, die freudig winken. Die Schranken gehen hoch, und der Leichenzug biegt wenig später in den Friedhof ein.

Jetzt ist niemand mehr von all den unbekannten Menschen im Haus. Die Verwandten sind weggefahren und haben den Großvater mitgenommen, dem man die ganze Wahrheit noch nicht eröffnet hat. Am gedeckten Tisch sitzt schweigend Tittas Papa. Aus dem Weißen des Brots formt er kleine Kügelchen.

Durch die Glastür hindurch wird er angestarrt, aber keiner findet den Mut, ihm etwas zu sagen.

An diesem Nachmittag war Titta ziellos durch die Stadt gestreunt und fand sich plötzlich bei der Mole am Hafen wieder. Das Meer war ruhig und die Luft mild. Ein ganz leichter Windhauch trug die Manine des Frühlings bis hinunter zum Hafen.

Die Gradisca heiratet und zieht fort

Das Hochzeitsmahl auf den Hügeln. Die Gradisca heiratet einen Carabiniere und wohnt dann in Battipaglia. Der Mann ist ein dunkler, etwas steifer und linkischer Mensch, der allen die Hand drückt. Die Brautleute haben ein großes Hochzeitsessen gegeben, und um vier Uhr am Nachmittag wird immer noch gegessen. Giudizio stopft sich voll wie ein Kamel: er hat gewettet, er würde sechs Teller Tortellini verdrücken, drei Portionen Braten, ein ganzes Kaninchen, drei Meter Wurst und darauf noch eine halbe Kerze. Die Tafelnden sitzen im Schatten zweier mächtiger Eichen, und man sieht von hier oben auf das Meer.

Auch Titta ist da. Er hat sich betrunken und lacht nur. Er lacht, wenn er ein Schwein sieht oder ein Huhn, er lacht über alles. Der Augenblick der Trinksprüche und der guten Wünsche ist gekommen. Als der Blinde von Cantarel, der für die Braut ein Madrigale gemacht hat, sich anschickt, es mit seiner brüchigen Stimme zu singen, fängt die Gradisca an zu weinen.

Das Madrigale geht folgendermaßen:

> »Wie wirst Du es nur so weit
> von diesem scheußlichen Ort
> entfernt aushalten können?
> Es gibt so viele schöne Plätze auf
> der Welt und alle sind schö-
> ner als das Städtchen,
> man müßte meinen, daß es sich dort
> besser leben läßt; aber
> wenn der Abend kommt und
> Du sitzest wer weiß wo, dann

wird für Dich dieser scheußliche Ort zum
schönsten auf der Welt.
Wie kannst Du es ertragen,
weit von diesem Städtchen entfernt, zu leben?«

Der Photograph stellt alle zu einer Gruppe auf, während der
Blinde weitersingt und sich auf seiner Ziehharmonika begleitet.
Die Erinnerungsphotos werden gemacht: die Brautleute, umgeben von den Verwandten, Gruppen von Bauersleuten mit erhobenem Glas, Titta, der eine Grimasse schneidet ... nach diesen Photos, über denen bereits der Hauch der Vergangenheit
liegt, erscheinen andere. Es sind andere Personen, die mit
einem erstarrten Lächeln festgehalten worden sind: Tittas Vater mit seiner Frau, Cichini in der Uniform eines Soldaten,
Scurèza di Corpolò, der ein kleines, auf eine Leinwand gemal-
tes Flugzeug steuert, Titta in Windeln, und dann ein visionäres
Bild des Strandes voller Badender, die in Badekostümen längst
vergangener Zeiten stecken ...

Rom, Mai 1972

Drehbuch

Dies ist nicht die ›sceneggiature letteraria‹ (das sogenannte literarische Drehbuch, die erste Fassung), sondern das im Lauf der Dreharbeiten veränderte, definitive Drehbuch, das dem fertigen Film entspricht.

Stadtrand. Außen. Tag. Frühling.

Häuser des Städtchens. Gemüsegärten. Bettücher hängen in der
Sonne und werden von einem leichten Wind gebläht.
Die Luft wimmelt von kleinen flaumigen Wattebäuschchen, die
der Wind träge hierhin und dorthin treibt; es sind die ›Manine‹[1] ...

Tittas Haus. Außen. Tag. Frühling.

... Jetzt fliegen sie über Tittas Haus hinweg, eine kleine zwei-
stöckige Villa. Gina, das Dienstmädchen, eine freche Landpomeranze, hängt die Sommerkleider zum Lüften an die
Zweige der Bäume. Sie blickt nach oben, um die Manine zu
beobachten, und zeigt lachend auf sie.
   Gina: Die Manine!
   Großvater: Kommen die Manine schon, sind dem Winter
   wir entflohn.

Corso und Piazza des Orts. Außen. Tag. Frühling.

Die ungreifbaren weißen Flocken senken sich auf die verlassen
daliegende Piazza und den schattigen Hauptcorso.
Eine Gruppe von Buben mit ihren Schulmappen, sie springen in
die Höhe, um die eigenwilligen Wattebäuschchen zu fangen,
und rufen und schreien fröhlich.
   Ovo: Die Manine sind zu sehen, also muß der Winter ge-
   hen!
   Ciccio: Die schönste fange ich! (lacht)
   Naso (überlappend): Die Manina späht umher, schon
   gibts keinen Winter mehr! Sieh mal die schöne da oben!
   Gigliozzi (überlappend): Ciccio! Komm, wir gehen ans
   Meer.
Das mollige Frühlingsgestöber am klaren Himmel wirbelt an
der dunklen Kirchenfassade vorbei. Auf dem Platz vor der

[1] Riminesischer Dialektausdruck, wörtlich ›Händchen‹. Gemeint sind die Samen der
Pappeln.

Kirche springt Giudizio, der Depp des Städtchens, in einen alten Militärmantel gehüllt, der ihm bis auf die Füße reicht, umher, um eines der Bällchen zu erwischen.

Dann lächelt er, öffnet die Faust, bläst, die weiße Flocke fliegt fort.

Nun schickt Giudizio mit der Selbstsicherheit der Narren sich an, eine offizielle, wissenschaftliche Beschreibung der Manine zum besten zu geben.

    Fellinis Stimme: Was willst du uns sagen?

    Giudizio: Die Manine tauchen in unserer Gegend bei Beginn des Frühlings auf ... Es gibt Manine, die im Kreise ... bald hierhin, bald dorthin ... schweben ...

Friedhof des Orts. Außen. Tag. Frühling.

Die Friedhofszypressen hinter der Umfassungsmauer. Die Manine sind auch hierher vorgedrungen.

    Fellinis Stimme: Und was hat das für einen Sinn. Drück dich deutlich aus.

    Giudizios Stimme: ... Sie fliegen über den Friedhof, auf dem alle in Frieden ruhen ...

Der Bahnwärter läßt langsam die Schranke herunter.

Zwei Bäuerinnen gehen, mit ihren Fahrrädern an der Hand, unter der Schranke hindurch.

Der Bahnwärter schilt sie, denkt aber an etwas anderes.

    Bahnwärter (überlappend): Die Eier, die ihr mir gestern früh gebracht habt, waren alles andere als frisch. Ich kaufe sie nicht mehr bei euch!

Strand. Außen. Tag. Frühling.

    Giudizios Stimme: ... Sie fliegen über den Lungomare mit den Deutschen, die ja die Kälte nicht spüren ...

Die muntere weiße Invasion hat den Strand erreicht, an dem die ersten deutschen Touristen die Sonne genießen.

Einer nimmt einen Anlauf und stürzt sich ins Wasser.

Grand Hotel. Außen. Tag. Frühling.

> *Giudizios Stimme:* ... Ha ... ha ... Sie schweben, schwe-
> ben ...

Es erscheint die helle, imposante Ansicht des noch geschlossenen
Grand Hotel.

Mole. Außen. Tag. Frühling.

Brausen auf der Mole.

> *Giudizios Stimme:* ... Sie schweib ... streiben ... treif ...
> Ahhh ... Sie schweben, schweben, schweben!

An der Spitze der Mole steht ein etwa sechzigjähriger Mann
von vornehmem Aussehen mit langen grauen Haaren, die un-
ter dem breitkrempigen Hut hervorschauen. Er trägt einen
Mantel mit breitem Pelzkragen.
Für alle Ortsansässigen ist er der ›Advokat‹.
Mit der einen Hand hält er ein neues Fahrrad, das mit allem
Zubehör versehen ist. Mit der anderen erhascht er im Fluge
eine Manina, die ihn umkreist.

Corso des Orts. Friseurgeschäft. Außen. Nacht. Frühling.

Es ist Abend.
In dem kleinen Friseursalon herrscht die euphorische, geschwät-
zige Atmosphäre, wie sie stets dem Geschäftsschluß vorangeht.
Einer der beiden Friseure seift gerade das Gesicht des Stadtschreibers ein und gibt sich dabei autobiographischen Reminis-
zenzen hin.

> *Friseur:* ... Wir waren vierzehn Kinder! Als ich als letz-
> ter geboren wurde, ist es meinem Vater zu dumm gewor-
> den, und er hat mich Definitivo genannt.
> *Stadtschreiber:* Wäre es ihm doch schon vorher zu dumm
> geworden, dann hätten wir jetzt einen Schwätzer weniger,
> und der Bart wäre fertig!

Der andere Friseur mit dem dicken Biedermannsschnurrbart ist
gerade mit der Bedienung eines geckenhaften Kerls – des
Schönlings der Stadt – fertig geworden und faltet sorgfältig
das weiße Handtuch zusammen.

Ein Freund des Stutzers steht wartend neben ihm.

Freund des Stutzers (überlappend, gähnt): Es gibt ein Mittel, es stinkt nur ein bißchen. Warmer Hammelurin. Jeden Morgen eine ordentliche Kopfwäsche damit.

Ein vollkommen kahlköpfiger Faschist in schwarzem Hemd nimmt seinen Regenmantel vom Kleiderhaken, grüßt und geht hinaus.

Der kahlköpfige Faschist: Guten Abend.

Friseur: Guten Abend.

Der schnurrbärtige Friseur (überlappend): Es wachsen nicht nur wirklich die Haare davon ... (zu dem kahlköpfigen Faschisten) Guten Abend! ... sondern es holt auch den Knüppel aus dem Sack.

Stutzer: Was den anbelangt, brauche ich eher Beruhigungsmittel. Der ist wie ein wildes Tier.

Auf der Schwelle erscheint ein Mädchen, eine der Schwestern der Gradisca.

Gradiscaschwester (von hinten): Ich komme meine Schwester abholen. Ist es noch zu früh? (Gekicher)

Der schnurrbärtige Friseur: Ninola, das Schwesterchen! (zu der Schwester) Bella!

Die Gradisca sieht hinter dem Vorhang hervor, der diesen Geschäftsraum von dem dahinterliegenden trennt, in dem die Damen bedient werden.

Gradisca: Ah, Fiorella ...

Sie ist eine imposante Schönheit von etwa dreißig Jahren mit rotem Haar und grünen Augen. In der Stadt kennen sie alle. Ihre ausgeprägte Weiblichkeit sucht Erfüllung in der Ehe und lebt in Erwartung ihres Märchenprinzen. Bis dahin begnügt sich die Gradisca damit, in den Liebesgeschichten, die sie im Kino sieht, zu schwelgen und die mehr oder weniger kecken Huldigungen der männlichen Stadtbevölkerung entgegenzunehmen.

Gradisca: ... Bin gleich fertig, komm nur herein!

Gradiscaschwester (off): ... Guten Abend, Olindo! (Gekicher)

Gradisca widmet sich wieder ihrer Kundin, die unter der Haube sitzt. Die Schwester zieht sich etwas in den Hintergrund zurück und setzt sich auf ein kleines Sofa, während die andere kleine Schwester, ebenfalls im weißen Kittel, zerstreut an ihren Nägeln knabbert.

Gradiscaschwester: Gestatten Sie?
Dieses Jahr ist die Fogarazza‹[1] anderthalb Meter höher als
voriges Jahr. Oder auch zwei.
Kleine Gradiscaschwester: Wieso hast du meine Schuhe
angezogen?
Gradisca (überlappend, zu der Kundin): Gehts so? Nicht zu
heiß?
Der Stutzer hat sich aus dem Sessel erhoben und fährt sich vor
dem Spiegel noch einmal mit dem Kamm durch das Haar.
Auch der Freund glättet das seine, indem er mit den Händen
darüber fährt.
Der schnurrbärtige Friseur hat das Handtuch fertig zusammen-
gelegt.
Der schnurrbärtige Friseur: Zu Euren Diensten, Ritter.
Stutzer: Gehst du zum Fest heute abend? Und was spielst
du?
Der schnurrbärtige Friseur: Eine neue Komposition von
mir. Ich gebe Euch jetzt eine kleine Kostprobe davon.
Er legt das Handtuch im Hintergrund ab, holt die Querflöte
hervor und beginnt zu spielen.
In der breiten Öffnung des Vorhangs erblickt man die Gra-
disca von hinten, im Takt der Musik feurig mit dem Hintern
wackelnd. Der Stutzer und sein Freund klatschen in die
Hände.
Freund des Stutzers: Fabelhaft! An dich langt keiner ran!
Stutzer: Bravo, Gradisca!
Gradisca (lacht): Fort mit euch! Fort!
Die Gradisca wendet sich um, lächelt ihren Bewunderern zu
und zieht dann den Vorhang wie den einer Bühne zu.

Corso. Piazza delle Erbe. Außen. Nacht. Frühling.

Es ist dunkel.
Eine große schwarze Menschenmenge strömt den Corso herunter. Der ganze Ort ist auf den Beinen und begibt sich zur
Piazza delle Erbe. Biscein fährt mitten in der Menge mit seinem Verkaufswägelchen klingelnd daher.

[1] Riminesischer Dialektausdruck (von ›foga‹ = Hitze, Ungestüm). Gemeint sind die
Freudenfeuer, die in der Nacht des 19. März angezündet werden, um die Ankunft
des Frühlings zu feiern.

Biscein: Kauft bei Biscein. Fave! Balose! Lupini! Brusco-lini![1]

Die Tabaccaia[2], eine üppige, vollbusige Person, kommt am Arm ihres Vaters, eines gebrechlichen, aber energischen Männchens einher.

Tabaccaia: Jetzt, Babbo, sehen wir uns noch an, wie die Fogarazza angezündet wird, und dann bringe ich dich nach Hause, denn der Doktor hat gesagt, du sollst früh schlafen gehen.

Vater der Tabaccaia: Sag dem Doktor, er kann mir mal, und ich gehe zu Bett, wenn es mir paßt!

Tabaccaia: Also, wenn du dich diesmal wieder schlecht fühlst, bringe ich dich ins Spital und lasse dich dort!

Vater der Tabaccaia (überlappend): Diese letzten Jahre, bei Gott, sollt ihr mir nicht vermiesen!

Biscein (überlappend): Duroni alla menta–enta! Carrube–ube![3]

Unter den Arkaden die Leuchtschilder der geschlossenen Verkaufläden. Unaufhörliches Hin und Her von Leuten, die die verschiedensten Gegenstände und Möbel tragen: Kisten, alte Stühle, Tische, Tischchen und Kästen.

Ein Mann auf einem Handwagen singt.

Mann auf dem Handwagen (singt): Ich sing dieses Liedchen, weils mir gefällt und immer weiter geht, dudu, du, du!

Ein paar Buben schleifen ein großes Reisigbündel über den Boden. Es sind Freunde von Titta.

Gigliozzi: Macht Platz! Macht Platz! Platz! Heh hopp! Heh hopp! Heh hopp! (lacht)

Auf dem Platz, inmitten des Kommens und Gehens von Fußgängern und Fahrrädern verschafft der Blinde von Cantarel sich Platz. Ein Mann, der einen mit kaputten Stühlen beladenen Wagen zieht, singt vor sich hin.

Der Mann (singt ›Stormy Weather‹): Tulio! Tulio!

Der Blinde von Cantarel tastet mit seinem Stock auf dem Boden umher. Ein kleiner Junge, der auf einem der Prellsteine

---

[1] Saubohnen, Marroni, Lupinenkerne, geröstete Kürbiskerne.
[2] Inhaberin eines staatlich konzessionierten Tabak- und Salzladens.
[3] Minzkugeln, Johannisbrot.

sitzt, die das Baptisterium umgeben, greift nach dem unteren Ende des Stocks und versucht ihn wegzunehmen.

Erbost und wütend gelingt es dem Blinden von Cantarel, sich von dem respektlosen Buben freizumachen.

Der Blinde von Cantarel: Laß mich durch! Dies hier ist mein Platz! Der Teufel soll dich holen!

Er setzt sich auf den Prellstein und spuckt verächtlich auf den Boden. Darauf schreit er:

Dummkopf!

Der kleine Junge: (Verse–Gelächter–Gefurze)

Zwei Buben kommen mit einem Bündel Holz herbeigelaufen.

Der Junge (mit dem Bündel): Laßt mich vorbei! Laßt mich vorbei! Macht Platz!

Andere Jungen vergnügen sich damit, Pottasche-Böller explodieren zu lassen. Ciccio, ein Freund Tittas, rund und munter, kündigt den Knall an.

Ciccio: Hört euch den an!

In der Menge Tittas Familie: Vater, Mutter, Oliva, der kleinere Bruder, und Gina, das Dienstmädchen.

Der Vater plaudert mit seinen beiden Nachbarn.

Titas Vater (überlappend): Ein Vater kommt für hundert Kinder auf. Hundert Kinder aber nicht für einen Vater. So ist es doch! Jedes Dorf hat seinen Brauch, jeder Nabel seinen Bauch.

Das Stubenmädchen weist einen Bewunderer ab, den wir nicht sehen.

Gina (überlappend): Nein, schauen Sie, auf Sie habe ich nie irgendwelche Absichten gehabt, tut mir leid . . .

Oliva versucht, sich zu den Jungen durchzuschlagen, die die Böller machen. Die Mutter hält ihn zurück, indem sie ihn kräftig bei den Schultern packt.

Oliva: Mama, er macht einen Vierfachen! Mama, der Ciccio macht einen aus sechs!

Tittas Mutter: Ja, ja.

Oliva: Laß mich auch einen machen!

Tittas Mutter: Du machst mir nichts dergleichen, willst du wohl!

Im Mittelpunkt des Platzes erhebt sich ein großer Holzstoß, umgeben von der staunenden Menge.

Oben auf der Fogarazza versucht Giudizio alte unbrauchbare

Möbel, Kisten und Reisigbündel aufzuschichten, die man ihm von unten her zuwirft.

Mit hocherhobenen Armen stößt er ein triumphierendes Geschrei aus.

Giudizio: Ha-ha-hei! Ich kann, ich befehle und will! Es lebe Giudizio!

Seine Mitbürger, eine unkenntliche Masse, spenden ihm Beifall. Etwas abseits an der Mauer steht die Volpina[1]. Sie trägt ein enganliegendes grünes Kleid, ihr blondes Haar fällt ihr wirr ins Gesicht. Sie wirft lange hungrige Blicke um sich wie eine streunende Katze.

Vom Zuschauer nicht zu sehen, neckt sie ein Mann, sie antwortet, indem sie sich mit einem zugleich widerborstigen und lüsternen Lächeln auf die Lippen beißt.

Volpina: (winselt und kichert)

Der Mann (off): Volpina! Hast du heute schon gebumst?

Volpina (kauend): Nein!

Der Mann (off): Komm, komm. Wie oft hast dus heute schon gemacht?

Von einem Mäuerchen springt einer auf seinen Böller. Die Pottasche explodiert, Rauch steigt auf. An die Mauer gelehnt sieht die Volpina den Mann an, der mit ihr spricht und von dem wir nur einen Arm über einer Wagendeichsel sehen.

Der Mann (off): (in Dialekt) Na hör mal, Volpina, du würdest dir ja auch noch nen Pimmel in den Morgenkaffee stippen!

Unter den Arkaden der Strom der Leute: ganze Familien, Kaufleute, Bauern.

Flankiert von den beiden Schwestern, erscheint die Gradisca, in einem leichten roten Mantel, auf dem Kopf eine rote Mütze.

Ein Freund von Titta, der Naso genannt wird, wegen des kräftigen Gesichtserkers in einem kleinen Gesicht mit fliehendem Kinn, dreht sich plötzlich um, um seine Gefährten auf ihre Ankunft aufmerksam zu machen und dann zu verschwinden.

Naso: Da, seht mal!

Der Kellner der Bar, die unter den Arkaden eingerichtet ist, wählt sich gerade eine Krawatte aus dem Bündel aus, das der chinesische Verkäufer auf seinem Arm ausgebreitet hat. Beim

[1] Füchsin

60

Vorübergehen der Gradisca verbeugt er sich zum Gruß, säuselt ihr in galantem Ton zu:

Kellner: Ich sterbe vor Entzücken bei deinem Anblick, Gradisca. Greta Garbo müßte sich verstecken!

Die Schöne wendet sich einen Augenblick um und sagt spöttisch lächelnd:

Gradisca: Was du nicht sagst!

Dann schreitet sie mit einem Anflug von huldvoller Gemessenheit weiter auf den Platz zu.

Sie bleibt stehen und blickt verzückt auf das gigantische Freudenfeuer.

Gradisca: Kommt, gehen wir näher heran.

Naso springt von der höchsten Stufe der Treppe auf den Stein mit der Pottasche: Es gibt einen ohrenbetäubenden Knall.

Bei dem Krach fahren Gradisca und ihre Schwestern schreiend vor Schreck zusammen, dann wenden sie sich protestierend gegen Naso.

Gradiscaschwester: Hol dich der Teufel!

Ein Mann steigt die Stufen der Arkaden hinunter, bleibt stehen, um mit einer weitausholenden Armbewegung die Gradisca zu begrüßen, wobei er die Zähne in einem strahlenden Lächeln entblößt: es ist der Besitzer des Kinos ›Fulgor‹, aber sein Regenmantel, sein Schnurrbart und sein Gesicht sind die des Schauspielers Ronald Colman.

Ein blonder Junge mit Baskenmütze, Mantel und Kniehosen geht zu der Fogarazza mit einem Stuhl, den er Giudizio hinstreckt: es ist Titta.

Titta: Hier! Verbrenn auch den! Leg ihn obenauf! Nimm ihn! . . .

Tittas Vater, ein untersetzter, kräftiger Mann, folgt seinem Sohn auf den Fersen.

. . . Setz die ›alte Metze‹ darauf.

Er packt ihn am Nacken und schleift ihn, zusammen mit dem Stuhl, unter wütendem Gebrüll fort.

Tittas Vater: Verdammter Halunke! Ich geb ihn dir zu fressen, diesen Stuhl! Bring ihn wieder nach Hause, Rumtreiber! Bring ihn nach Hause!

Titta (überlappend): Aber, Papa, er ist doch kaputt, er ist nutzlos!

Eine groteske Puppe, die Karikatur einer alten Frau, wird

hoch über den Köpfen der Zuschauer schwankend durch die Arkaden herangetragen. Vor ihr her marschiert, klein aber laut, die Kapelle des Städtchens. Die Musikanten blasen aus voller Lunge in ihre Instrumente und hüpfen nach dem Rhythmus des flotten Marsches vor und zurück.

Die Leute stehen im Kreis um die Fogarazza.

Die Jungen machen Böller. Ein anderer Freund von Titta, der den Beinamen Conte Poltavo hat und einen Tweedmantel und auf dem Kopf einen weichen grauen Hut trägt, hört auf zu rauchen und wendet sich dann nach dem Corso um, von wo man die Kapelle nahen hört.

Die Buben laufen den Musikanten entgegen.

> *Conte Poltavo:* Die ›alte Metze‹!

Der enorme Lumpenwedel – die ›alte Metze‹ –, der den scheidenden Winter vorstellt, ist auf der Piazza angelangt; er schwebt über den Köpfen der Zuschauer an den Fenstern des ersten Stocks der Häuser vorbei, das Stoffgesicht eine schreckliche starre Fratze. Einer der Musikanten, verkleidet als düsterer Clown, führt einen trunkenen Tanz um die ›alte Metze‹ auf. Das Getöse wird immer größer, entfesselter.

> *Musikant:* Seht hier die ›alte Metze‹! Bevor ich sie dem Feuer übergebe, will ich sie heiraten!

Titta, mit nach hinten gerückter Mütze, blickt schmachtend zu der Gradisca hinüber, völlig unberührt von dem Lärm, der ihn umgibt.

> *Gradiscaschwester* (off): Was stehst du denn da und guckst, du alberner Bengel!
> *Titta:* Was, ich guck ja gar nicht!

Ein Freund versetzt ihm von hinten einen Schlag auf den Kopf und läuft schnell weg.

> *Titta:* Paß auf, du …

Titta macht eine Bewegung, als wollte er ihn verfolgen, dreht sich dann aber wieder um und schaut hinüber zur schönen Friseuse.

Die Gradisca hat sich hinter das Gebäude zurückgezogen, um unter dem Schutz der beiden Schwestern einen ihrer Strümpfe zurechtzuziehen.

Der schnurrbärtige Friseur, der dem Musikcorps angehört, neigt sich boshaft indiskret zu der Gradisca hinunter, während er weiter auf seiner Flöte spielt.

Die Schwestern jagen ihn mit gespielter Entrüstung fort.

Gradisca: Nicht hinsehen! Geh weg, oder es passiert was.

Kleine Gradiscaschwester (überlappend): Was willst du denn? Geh!

Nachdem der Strumpf wieder richtig sitzt, kehrt die Gradisca würdevoll am Arm ihrer beiden Schwestern unter die Menge zurück. Hinter ihnen vollführt die Kapelle einen solchen Lärm, daß sie sich mit den Händen die Ohren zuhalten.

Die Puppe ist jetzt unter den Beifallsrufen des Publikums bei der Fogarazza angelangt.

Naso wendet sich zu seinen Gefährten um, stößt einen Pfiff aus und ruft mit lauter Stimme:

Naso (pfeift): Die Böller! Los, die Böller!

In der Menge, die den Scheiterhaufen umsteht, befindet sich auch Tittas Onkel, genannt ›Pataca‹[1] – gelassen, nichtsnutzig und grausam.

Er und seine Freunde, alles Vitelloni[2], sind die ausgelassensten, sie brüllen, lachen, umarmen einander, geben sich Püffe, klatschen in die Hände und wiederholen im Chor brüllend den Kehrreim.

Patacas Freunde: Zünden wir die Fogarazza an! Jetzt wird die ›alte Metze‹ verbrannt!

Pataca: Zünden wir die Fogarazza an! Jetzt wird ...

Pataca stellt dem Musikanten, der die Fogarazza umkreist, ein Bein und will sich ausschütten vor Lachen.

Musikant: Scher dich weg ... alter, dicker Trottel, du! Hier ist die ›alte Metze‹! Bevor ich sie dem Feuer übergebe, will ich sie noch heiraten!

Alle (klatschen Beifall)

Die Puppe ist oben auf den Scheiterhaufen gehißt worden. Giudizio umfängt sie mit den Armen.

Pataca zeigt zu Giudizio hinauf. Dann fangen er und seine Gefährten an, ihn von hinten her wie verrückt mit Orangen, Äpfeln und überhaupt allen Arten von Früchten zu bewerfen.

Pataca (lacht)

Alle (klatschen Beifall)

Mit der Puppe in seinen Armen bewegt sich Giudizio, mühsam

---

[1] Große, aber wertlose Münze oder Medaille; Fettfleck. Gebraucht im Sinne von ›Nichtsnutz‹.

[2] Müßiggänger

das Gleichgewicht haltend, über die Reisigbündel hinweg, noch immer von allen Seiten her mit den harmlosen Geschossen bedacht. Schließlich gelingt es ihm, die sperrige Spottfigur auf einem Sesselchen unterzubringen, das auf einem ebenfalls auf dem Reisighaufen aufgestellten kleinen Tisch befestigt ist.

Pataca und Freunde (off): Jetzt zünden wir die Fogarazza an – verbrennen die ›alte Metze‹ – zünden die Fogarazza an – verbrennen die ›alte Metze‹ –

Am Fuße des Scheiterhaufens ruft der als düsterer Clown verkleidete Musikant, eine noch nicht entzündete Fackel in der Hand, der ›alten Metze‹ einen emphatischen Abschiedsgruß zu.

Musikant: Mit diesem Feuer, altes Mädchen, flieht Winter und Frost aus unserem Städtchen!

Dann wendet er sich zu Gradisca um, geht auf sie zu und reicht ihr die Fackel, damit sie sie anzündet.

... Sieh hier den Frühling!

Gradisca lächelt geschmeichelt, weiß aber nicht, was sie tun soll.

Gradisca: Aber ich habe keine Streichhölzer!

Galant greift der Kellner der Bar unter den Arkaden ein, läßt ein Feuerzeug aufflammen und reicht es der Schönen.

Kellner: So wie dus mit meiner Liebe getan hast, meine Schönste, entzünde auch dies!

Gradisca nimmt das Feuerzeug, hält es an die Fackel, die, da sie mit Benzin getränkt ist, sofort Feuer fängt.

Auch weiterhin kreist der Musikant wie ein trunkener Ballett-Tänzer um den Scheiterhaufen und hält die brennende Fackel hier und da vorsichtig daran: sofort züngeln Flammen empor.

Giudizio (off): Verbrennen wir die ›alte Metze‹! Es lebe Giudizio!

Die aufgestaute Erwartung der Zuschauer entlädt sich plötzlich in einem ungeheuren Begeisterungsschrei.

Die Pottasche-Böller folgen sich Schlag auf Schlag in einem unaufhaltsamen Crescendo. Langsam, knisternd steigt Rauch aus dem großen Holzstoß empor.

Pataca hat einen Einfall: er löst sich aus seiner Gruppe, nähert sich auf Zehenspitzen dem Haufen und zieht – in seinen Augen ein Riesenspaß – die daran lehnende Leiter weg und nimmt sie mit.

Giudizio (off): Ich kann, ich befehle und will! Ich kann,

ich befehle und will! Ich kann, ich befehle und will!

Wo ist die Leiter?

Oben auf dem Scheiterhaufen, in Rauch gehüllt, dreht und wendet sich Giudizio und schreit nach der Leiter: teils um ein bißchen den Narren zu machen, aber auch etwas erschrocken.

Giudizio: Die Leiter!

Pataca: Möchtest du die Leiter haben, Giudizio?

Pataca neckt ihn, indem er so tut, als wolle er ihm die Leiter hinaufreichen, sie dann aber im letzten Augenblick wieder wegzieht.

Pataca: Die Leiter willst du? . . . Nimm sie doch!

Giudizio: Gib mir die Leiter!

Mit ausgestreckten Armen ruft Giudizio immer ängstlicher:

Gib mir die Leiter!

Pataca (off): Ho! Ho! – Hoppla!

Wiehernd vor Lachen wiederholt Pataca unter den lärmenden Zurufen der Menge noch zwei- dreimal den Scherz.

Pataca (lacht): Kommst du nicht herunter? Du verbrennst ja da oben! Nimm sie doch!

Giudizio (off): Oh, du wirst noch sehen, wie ich verbrenne! Gib mir die Leiter! . . . Gib mir die Leiter! Gib mir die Leiter!

Pataca (off): Ho! Ho! – Hoppla!

Schließlich verschwindet Giudizio auf der anderen Seite des in Flammen stehenden Scheiterhaufens.

Unter der Menge befinden sich in der ersten Reihe Ronald Colman und Biscein, der in der Stadt als ein Sack voller Lügen bekannt ist. Zerlumpt, ausgehungert und grinsend, weiß er jede Gelegenheit dazu zu benützen, um mit großer Erfindungsgabe seine persönlichen unerhörten, ganz besonderen Erlebnisse an den Mann zu bringen.

Biscein: In Amerika habe ich Fogarazze gesehen, die waren hundertundsechs Meter hoch-och.

Fulgorbesitzer: Wann bist du denn in Amerika gewesen?

Biscein: Ich bin der Sohn von Amerikanern–anern!

Eine Gruppe von Zuschauern klatscht Beifall zwischen Rauchwolken und im rötlichen Widerschein der Flammen. Ein gewaltiger Knall treibt die Gruppe auseinander. Eine Signora mit übertriebenem, pferdehaftem Grinsen rennt, ihre Handtasche schwingend, hinter dem Urheber des Knalles her: es ist Naso.

Signora: Ich reiß dir die Beine aus. Schwachkopf du!

Naso: Sind Sie so empfindlich, Signora? Dann sollten Sie mal hören, was für Knaller mein Alter mit seinem Hintern macht (er lacht).

Der Stadtschreiber taucht auf und stellt sich vor das Feuer. Befriedigt und noch rosiger angehaucht durch die über sein Gesicht tanzenden Lichtreflexe klatscht er Beifall und schreit.

Stadtschreiber: Hoch Sankt Josef! Hoch der Frühling!

Die Flammen schlagen an den Seiten der Fogarazza hoch empor. Gradisca und ihre Schwestern beobachten fasziniert die lodernden Feuergarben.

Kleine Gradiscaschwester: Also mir macht das wirklich Eindruck! Dir auch?

Gradisca: O ja, mir auch. Das ist der sterbende Winter, weißt du, jetzt kommt der Frühling. Ich spüre ihn schon auf der Haut!

Völlig von Flammen eingehüllt, verliert die Puppe auch jetzt nicht ihre grauenerregende Erstarrung.

Die Feuersäule auf der Piazza lodert immer höher. Die Zuschauer bilden einen großen Kreis um die Fogarazza. Unter Geknall und Geschrei laufen die Buben weiter hin und her, als fürchteten sie, zu spät zu kommen und nicht genügend Böller zustandezubringen.

An einem Fenster stehen der Schuldirektor Zeus, unbeweglich, mit über der Brust gekreuzten Armen, und die Mathematikprofessorin, die selbstvergessen hinausblickt, während sie langsam eine Zigarette raucht.

Rings um das Feuer her bemühen sich die Jungen, die Pottascheböller zur Explosion zu bringen.

Aus einem anderen Fenster gibt der Gerarca[1] Revolverschüsse gegen den Himmel ab, die sich mit dem Geknalle auf dem Platz vermischen. Der Gerarca befindet sich in der Gesellschaft zweier schöner Mädchen, die vergnügt der Darbietung folgen.

Mädchen (schreit, während sie sich die Ohren zuhält): Nein! Nein!

Im Kreise um das große Feuer sieht man im Gegenlicht schwarze Gestalten bei einem Ringeltanz.

---

[1] wörtl. ›Hierarch‹; gemeint ist der Ortsgruppenleiter der faschistischen Partei.

Oben auf dem Gipfel des Scheiterhaufens verzehren mächtige, knisternde Flammen die düstere, unbewegliche, schwarze Spott-figur.

Hof des Palazzo Lovignano. Außen. Nacht. Frühling.

Von fernher dringt der Festlärm herüber. Die vom Feuer geröteten Gesichter des Conte di Lovignano und einer altersschwachen Nonne, seiner Schwester: er hält mit geschlossenen Augen einen Becher Wein in der Hand, sie blickt vor sich hin, ihr einer Arm ist von einem nicht zu unterdrückenden Zittern ergriffen.

> *Conte di Lovignano* (schnarcht)

Eine kleine Fogarazza brennt im Hofe der Grafen von Lovignano. Der Conte, die Schwester und die Contessina sitzen vor dem Feuer.

Stehend vor dem kleinen Reisigfeuer die Dienerschaft, den Becher in der Hand, sie prostet dem Padrone zu.

> *Lovignanobediente:* – Zum Wohl, Signor Conte! – Zum Wohl, ehrwürdige Schwester! – Zum Wohl, Contessina!

Der Conte erwidert die guten Wünsche, indem er seinen Becher hebt und einen Schluck trinkt. Auch die Schwester hebt langsam ihren Becher an die Lippen.

> *Conte di Lovignano:* Danke!

Dann, zu der Tochter gewandt, mit liebevoll gedämpftem Baß:

> Trink auch du ein Schlückchen! Es tut dir gut! Die Tante trinkt ja ebenfalls ein Tröpfchen, siehst du?

Ohne die freundliche Aufforderung ihres Vaters zu beachten, fährt die Contessina fort, in hastigen Zügen zu rauchen.

Corso. Piazza delle Erbe. Außen. Nacht. Frühling.

Der Platz liegt jetzt im Dunkel. Eine Gruppe von Jungen drängt sich um die Volpina und versucht sie an Armen und Beinen heranzuschleppen. Die Volpina heult und windet sich wie eine Schlange.

> *Volpina:* Nein! Nei-ein!

Ciccio und Naso gesellen sich zu den Burschen, die die Volpina

zu der Fogarazza geschleppt haben, die jetzt nur noch ein nie-
deres Hügelchen aus Kohlenglut ist; sie tun so, als ob sie sie
hineinstoßen wollten.

Ciccio: Die Volpina! Die Volpina!

Naso: Volpina! Aber paß auf deine Höschen auf!

Buben (brüllend): Oh! Hoho!

Die Volpina versucht auch weiter, sich zu befreien, doch mit
weniger Überzeugung. Sie lacht, sie stöhnt, als fände sie Vergnügen an diesem erregten Hin und Her.

Volpina: Setzt mich jetzt ab! Nein! Nein!

Auf dem Prellstein sitzend, spielt der Blinde von Cantarel auf
der Ziehharmonika; er wirft im Takt den Oberkörper vor und
zurück in wilden, nahezu hysterischen Verrenkungen.

Wenn auch das Fest zu Ende ist, halten sich die Leute doch noch
immer auf der Piazza auf und genießen die letzten Späße. Im
Dunkeln taumelt ein Betrunkener umher. Naso bereitet noch
einen letzten Böller vor.

Naso: Jetzt mach ich noch einen, daß euch allen Hören
und Sehen vergeht!

Im Hintergrund macht Pataca Anstalten, über das hinwegzu-
springen, was noch von der Fogarazza übriggeblieben ist. Seine
Freunde feuern ihn an.

Freund von Pataca: Paß auf, daß du nicht als Rostbrat-
wurst endest!

Musikant: Spring nur! Los!

Pataca: Jetzt bin ich an der Reihe! Zurück. Jetzt kommt
die Lawine!

Er macht den Neugierigen ein Zeichen, daß sie aus dem Weg
gehen sollen.

Pataca: . . . Zurück!

Ein Freund von Pataca stürzt sich auf Ciccio.

Patacas Freund: Dich stauch ich zusammen, du, bis dir
die Luft aus den Ohren kommt (lacht).

Ciccio: Ich bin es doch gar nicht gewesen. Versoffenes
Schwein.

Pataca ist jetzt auf der anderen Seite der Piazza zu sehen: er
nimmt einen Anlauf und springt über die halberloschene Glut
unter bewundernden Zurufen und Beifallskundgebungen.

Freund Patacas: Bravo Lallo! Man würde dir deine sech-
zig Jahre nicht geben (lacht). Jetzt springen wir beide zu-

sammen. Ja, doch. Arm in Arm!

Tittas Papa schüttelt den Kopf.

> *Tittas Vater* (zu seiner Frau): Was für ein Unsinn! Dein Bruder ist wirklich ein großer Pataca.

Auf einem Stuhl sitzend sieht die Dame gerührt ihrem Bruder zu und wendet ein ...

> *Tittas Mutter:* Na! Er ist eben jung!

Inzwischen improvisieren Pataca und sein Freund eine Art von Tarantella.

> *Pataca und sein Freund* (summen vor sich hin: ›Oh, ciciornia‹).

Weiter weg springen andere Jungen über die Glut. Einer von ihnen ist Ciccio.

> *Ciccio:* Jetzt springt der malaiische Tiger!
>
> *Ein Mann:* Los! Aber mit Schwung!

Eine heftige Explosion, ein heller Lichtschein. Hinter der Rauchwolke erscheint Oliva, auf einem Fuß hüpfend: es ist ihm endlich gelungen, sich einen Böller zu machen, größer als alle anderen, doch hat er bei dem Unternehmen einen Schuh verloren.

> *Conte Poltavo:* Oliva, nächstes Mal landest du auf dem Dach!

Die Mutter nimmt Oliva, der vom Dienstmädchen gebracht wird, mit einer saftigen Drohung in Empfang.

> *Tittas Mutter:* Sobald wir zu Hause sind, reiße ich dir den Kopf ab.
>
> *Tittas Vater:* Der Schuh ... Was macht das schon!
>
> *Gina:* Er hat beim Springen den Absatz verloren, Signore. Sehen Sie nur, wie er den Schuh ruiniert hat!

Dann steht sie auf und macht sich mit den anderen auf den Weg durch den Corso.

> *Tittas Mutter:* Jetzt läufst du das ganze Jahr mit diesem herum! Schnell nach Hause! Ohrfeigengesicht, du!

Der Vater sieht sich überall nach Titta um.

> *Tittas Vater:* Und wo ist der andere Lümmel? Wohin ist der gegangen?

Auf den Zehenspitzen nähert er sich von hinten dem Jungen, der vor der rauchenden Asche der Fogarazza auf dem Boden sitzt.

> *Titta* (von hinten): Ciccio, wirf einen ganzen Brocken von dem Zeug rein!

Einen Augenblick bleibt Titta in Erwartung des letzten Böllerknalls regungslos stehen, aber dann bemerkt er, was ihm im Rücken droht, steht auf und läuft davon.

Tittas Vater (von hinten): Was machst du da, du Dummkopf! Geh zu Bett!

Titta: Aber Papa, was habe ich denn getan?

Er rennt einmal um die halbe Piazza, dann den Corso hinunter, vom Vater verfolgt.

Tittas Vater: Ich schicke dich noch in die Besserungsanstalt!

Angekündigt durch einen Höllenlärm kommt Scurèza di Corpolò auf einem klapprigen Motorrad auf die Piazza gerast. Er trägt eine merkwürdige Ledermontur, eine große Brille und einen Sturzhelm.

Unter den Pfiffen, dem Geschrei und dem Applaus der Zuschauer fährt Scurèza einmal um die Fogarazza.

Wie ein toller, von einem Zwang besessener Hund macht er noch eine Runde.

Naso: Scurèza ist da! Scurèza di Corpolò!

Jetzt kommt er mit vollem Tempo von ganz hinten und rast, die Asche und eine Wolke von Funken aufwirbelnd, über die glühenden Reste des Feuers.

Naso: Bravo Scurèza! Bravo! Bravo!

Er verschwindet auf dem Corso. Giudizio läuft ihm nach.

Giudizio: Scurèza, Scurèza di Corpolò! Steck es dir in den Arsch, ich helf dir nach!

Corso. Piazza delle Erbe. Außen. Nacht. Frühling.

Es ist tiefe Nacht. Die Piazza liegt verlassen da. Unter den Arkaden ist das eine Firmenschild beleuchtet geblieben und verbreitet einen irisierenden Lichtschein.

Zwei Frauen stehen da und füllen ein Eimerchen mit einer kleinen Schaufel. Sie sammeln Asche von dem großen dunklen Haufen auf, der einen Fleck an der Stelle zurückgelassen hat, an der die Fogarazza aufgeschichtet war.

Vom Corso kommt, sein Fahrrad an der Hand führend, der Advokat. Er bleibt stehen und fängt nach kurzer Überlegung mit sicherer und selbstzufriedener Stimme zu reden an, als halte er einen Vortrag vor unsichtbaren Zuhörern.

Advokat (nachdem er sich geräuspert hat): Die Entstehung dieses Ortes verliert sich in der Nacht der Zeiten. Im Ortsmuseum auf der Piazza Grande finden sich Werkzeuge aus Stein ...

Der Advokat unterbricht sich: die beiden Frauen überqueren langsam den Platz und nicken ihm grüßend zu.

Die Frauen: Alles Gute. – Meine Verehrung.

Der Advokat erwidert den Gruß lächelnd und mit einer Verbeugung, dann nimmt er seine Rede wieder auf.

Advokat: ... die noch der Vorgeschichte angehören. Ich selber habe dann in den Kellern der Grafen von Lovignano einige uralte Inschriften entdeckt. Fest steht auf alle Fälle als erstes zuverlässiges Datum das Jahr 268 vor Christi Geburt, in dem der Ort römische Kolonie und Ausgangspunkt der Via Emilia wurde ...

An dieser Stelle erhebt sich eine Stimme auf dem Platz.

Stimme eines Mannes (höhnisch): Herr Advoka-at! ...

Der Advokat hört zu sprechen auf und blickt nach der Stelle, von der aus der Ruf wahrscheinlich gekommen ist.

Die unbewegliche Gestalt des Advokaten hebt sich von dem verlassenen Corso ab. Ein heftiges deutliches Furzen ertönt.

Mit einem Ausdruck überlegener Duldsamkeit wendet der Advokat sich uns zu. Um dem Scherz seine Bedeutung zu nehmen, verwendet er das Geräusch als Stichwort für die Fortführung seiner Rede.

Advokat: ... Auch dies noch ist ein Teil des zu Späßen neigenden Charakters einer solchen Bevölkerung, die römisches und keltisches Blut in den Adern und demgemäß eine überschäumende, großzügige, loyale und zähe Wesensart mitbekommen hat.

Von dem göttlichen Dichter Dante bis zu Pascoli und d'Annunzio hat es zahlreiche geniale Männer gegeben, die dieses Land besungen, und zahllos sind ihre Nachkommen, die ein ehrenvolles Gedenken für alle Ewigkeit erworben haben, sei es auf dem Gebiet der Kunst, der Wissenschaft, der Religion, der Politik ...

Ein erneutes Furzen unterbricht den begeisterten Monolog des Advokaten, der sich wiederum nach der Stelle umdreht, von der dieser beleidigende Einwurf zu kommen scheint. Jetzt ist er spürbar verärgert.

Advokat: Wer ist denn da?

Der leere Corso erstreckt sich hinter dem Rücken des Advokaten, der sich nach links und rechts umsieht, um den geheimnisvollen Störenfried zu lokalisieren.

> *Advokat:* Du spielst den Witzigen und hast nicht den Mut, dich zu zeigen.

Erneutes Furzen.

Der Advokat nimmt den Hut und starrt herausfordernd ins Dunkel.

> *Advokat:* Komm heraus! Ich bin bereit, dir von Mann zu Mann Rede zu stehen!

Erneutes Furzen, pünktlich, unabwendbar. Bleich vor Wut, streng und würdevoll blickt der Advokat mit hoch erhobenem Haupt um sich und setzt an, eine Antwort zu erteilen, verzichtet dann aber darauf. Er setzt den Hut wieder auf und wendet sein Rad um.

Begleitet von einem dröhnenden Chor von Fürzen schreitet er den Corso hinunter.

Ohne sich umzudrehen, macht er ein Zeichen mit dem Arm, als wolle er sagen, daß es leicht sei, Leute von hinten anzufallen.

> Schon gut! ... Ja, ja! Heh!

Schulhof. Außen. Tag. Frühling.

Die Schüler der Quarta des Gymnasiums springen mit großem Geschrei, Zurufen und Pfiffen die Treppe hinunter.

Auf der Schwelle des Torgangs bringt sie die machtvolle Stimme des Direktors zum Schweigen.

> *Direktor* (off): Meine Herren!

Im mittelalterlichen Schulhof steht Direktor Zeus mit seinem langen roten Bart und faßt mit strengem Blick die Schüler ins Auge, dann sagt er kurzangebunden in seinem tiefen Baß:

> *Direktor:* Nun also?

Neben ihm stehen die Lehrer und unterhalten sich während der Wartezeit.

Schweigend und in geordnetem Zug überqueren die Buben, unter ihnen Titta und seine Freunde, den Hof und setzen sich auf den Bänken in Positur für ein Erinnerungsphoto.

Der Photograph, den man von hinten sieht, zieht den Kopf

unter dem schwarzen Tuch hervor, das den auf einem dreifüßigen Stativ ruhenden Apparat bedeckt.

Mit einer weitausholenden Armbewegung fordert der Direktor die Professoren auf, sich bereitzumachen.

Direktor: Wollen Sie sich jetzt bitte in Positur setzen?

Professorin für Kunstgeschichte: Wenn Sie wirklich darauf bestehen, Herr Direktor! Ach! Ich wirke immer so unvorteilhaft auf Photographien.

Professor für Griechisch (überlappend): Natürlich ... (Zu der Professorin für Mathematik) Après vous, madame, après vous ...

Plaudernd schicken die Professoren sich an, neben den in drei Reihen angeordneten Schülern Platz zu nehmen. Die Professorin für Kunstgeschichte und der Professor für Italienisch setzen sich auf die rechte Seite, die Professorin für Mathematik und der Professor für Griechisch lassen sich auf der linken nieder.

Zeus und Don Balosa, der Religionslehrer, nehmen stehend die Mitte der Gruppe ein.

Direktor: Die Schüler der letzten Reihe auf die Bank!

Auf den Befehl des Direktors stehen die Schüler der letzten Reihe auf.

Mathematikprofessorin (überlappend): Setzen wir uns doch hierher ... Oh, wie riecht es denn hier, riechen Sie es auch?

Griechischprofessor (überlappend): Eine Lotion, die mein Barbier herstellt: Pinobel.

Mathematikprofessorin: Ah, ich verstehe, es riecht tatsächlich wie Moschus ...

Griechischprofessor: Ja, es ist diskret ... und erfrischend wie keine andere ...

Jetzt ist die Gruppe bereit zum Photographieren. Naso, der hinter Zeus sitzt, mauzt wie eine Katze.

Naso: Miaau!

Der Direktor Zeus wendet sich blitzschnell um und läßt seine Hand schwer auf das Haupt von Conte Poltavo niedersausen, der sich duckt, um dem Schlag zu entgehen.

Direktor: Langt dir das, De Santis?

Conte Poltavo: Herr Direktor, ich bin es doch gar nicht gewesen!

Naso (lacht)

Der Griechischprofessor, der für die Aufnahme näher an die Mathematikprofessorin herangerückt ist:

Griechischprofessor: So, da wären wir!

Zwischen zwei Freunden sitzend ruft Ciccio mit dem dicken roten Gesicht und der Mütze halblaut:

Ciccio: Aldina!

Aldina Cordini sitzt in der ersten Reihe zwischen ihren Kameradinnen. Sie ist ein junges Ding mit frischem, sanftem Gesicht und straff nach hinten gekämmtem schwarzem Haar. Sie hört den Zuruf nicht oder tut so, als ob sie ihn nicht hört. Die neben ihr sitzende Freundin, ein mickriges Mädchen mit gehetztem Blick, flüstert ihr zu, daß Ciccio sie ruft. Die Cordini wirft dem Dicken nur einen verächtlichen Blick zu und zuckt unmutig die Achseln.

Zwei Jungen sehen aus einem Fenster herunter in den Hof.

Die Cordini blickt zu dem Fenster empor und wirft einen schüchternen verliebten Blick hinauf.

Einer von den beiden Jungen, ein distinguiert aussehender Bursche, der einen breiten Schal um den Hals geschlungen trägt, beantwortet den Blick der Cordini mit einem langsamen Kopfnicken.

Ciccio, der diese stumme Verständigung mit dem Blick verfolgt hat, neigt verletzt und traurig den Kopf.

Der Photograph, ein magerer Mann mit einer Brille à la Harold Lloyd, bläst auf das Objektiv: es erhebt sich eine Staubwolke, die ihm die Sicht benimmt.

Die Schülerschar (lacht)

Photograph (hüstelt)

Auf den Anruf eines Kameraden wendet eine Schülerin mit sommersprossigem, bleichem, aufgedunsenem Gesicht und hervorquellenden Augen sich um.

Gigliozzi (off): Belaria, schau mal, Schätzchen!

Freund von Gigliozzi (off): Steck ihn ihr in den Hals!

Die Hand des Schulkameraden, auf der ein lebendiger Frosch sitzt, gleitet unter Belarias Augen vorüber.

Das Mädchen springt entsetzt kreischend auf.

Belaria (kreischt)

Die Mathematikprofessorin und der Griechischprofessor, die sich weiter unterhalten haben, wenden sich erschrocken um.

Mathematikprofessorin: Was ist denn los?

Griechischprofessor: Gigliozzi!

Die Professoren werfen Gigliozzi, einem Sitzengebliebenen von bäuerlicher Herkunft mit harten, etwas mongolisch wirkenden Gesichtszügen, strenge Blicke zu, er hat aber den Frosch bereits verschwinden lassen und tut so, als wisse er von nichts. Die Professorin seufzt mißbilligend.

Mathematikprofessorin (seufzt)

Griechischprofessor: Setzen Sie sich hin!

Die Schülerin setzt sich wieder auf ihren Platz.

Der Photograph steht leicht vorgebeugt und hält den Auslöser des Apparates in der Hand, bereit die Aufnahme zu machen.

Photograph: Asabasiv[1]!

Mitten in der Gruppe fährt sich Don Balosa mit der Hand über den Kopf.

Photograph (off): Bleiben Sie bitte so! Bleiben Sie so ...

Unbeweglich und lächelnd starren alle Professoren in das Objektiv.

Photograph (off): ... Ssso! Das wärs! Fertig!

Schulzimmer der Quarta des Gymnasiums. Innen. Tag. Frühling.

An einer Wand des Zimmers hängen die Photographien von Victor Emanuel iii., dem Papst und Mussolini. Die des Papstes, in der Mitte, hängt etwas höher.

Physikprofessor (off): Was ist das?

Durch das Fenster dringt bleiches, graues Licht.

Der Professor steht vor dem Katheder und erteilt seinen Unterricht: er hält mit einer Hand eine Art von primitivem Pendel in die Höhe, das aus einer Schnur besteht, an der unten ein großer Stein befestigt ist. Seine andere Hand steckt in der Hosentasche. Die Schüler, von hinten gesehen, blicken auf den Lehrer.

Schüler (von hinten): Das ist doch ein Stein.

Physikprofessor: Gewiß, aber was ist das Ganze?

Ovo (off): Ich weiß es!

Auf den Bänken sitzen die Schüler, die wir zuvor im Hof gese-

---

[1] Am Fuß der Berge, welche die adriatische Küste zwischen Bellaria und Fano (Fanum) flankieren, bezeichnete man um 1718 mit ›Asabasiv‹ eine bestimmte Tageszeit. Es ist unerklärlich, weshalb hier der Photograph es an Stelle des üblichen ›Fertig‹ verwendet. F. F.

hen haben, in der ersten Reihe vorn die Schülerinnen. Ein Freund von Titta, Ovo, steht auf.

Ovo: Eine Schleuder!

Physikprofessor: Nein, junger Mann!

Ciccio hebt die Hand und schlägt mit ernster Miene vor:

Ciccio: Ein Elefantenei.

Die Mitschüler lachen.

Der Professor ignoriert die ungehörige Bemerkung, fährt aber in seiner Erklärung mit drohendem Nachdruck auf jedem seiner Worte fort. Er spricht mit starkem süditalienischem Akzent, fast unverständlich und mit düsterer Miene, verborgen hinter Brillengläsern, die so dick wie die Böden von Trinkbechern sind.

Physikprofessor: Dann werde ich es euch sagen: es ist ein Pendel.

Die Schüler hören zerstreut auf das, was der Professor sagt.

Offenbar ist es ein ganz primitives Pendel, nicht wahr? Nur, um euch eine Vorstellung zu geben, nicht wahr?

Man überblickt jetzt das Klassenzimmer ganz von hinten. Man sieht den Professor, die Rücken der Schüler, die Wandtafel neben dem Katheder, eine große Landkarte an der Wand zur Rechten. Oben erkennt man schwach ein großes Netz, das sich von der Decke her hinunter bauscht.

Mit seinen Schwingungen, bald nach rechts, bald nach links und so immer abwechselnd, zeigt es den Rhythmus der Zeit an. Ihr habt es ja viele Male bei euch zu Hause an der Wanduhr gesehen, oder nicht, wie? Und wie macht es da? Tick ... Tack ...

Der Professor beginnt das Pendel zu bewegen.

Tick ... Tack ... Tick ... Tack ...

Die Schüler wiederholen im Chor, während sie den Kopf von rechts nach links bewegen:

Schüler: Tick ... Tack ... Ticktack, Ticktack.

Befriedigt lächelnd folgt der Professor mit dem ganzen Körper den Pendelbewegungen.

Physikprofessor: Tick-Tack, Tick-Tack, Ticketack.

Das Interesse der Jungen an diesem Spiel läßt spürbar nach. Sie bewegen sich jetzt unkontrolliert von rechts nach links, lehnen sich vor und zurück und stoßen einander an.

Die Schülerschar: Tick-Tack, Tick-Tack.

Physikprofessor (off): Tick-Tack, Tick-Tack.
Ciccio, der unbeweglich zwischen seinen Gefährten in der Reihe sitzt, beschließt das Spiel mit einer obszönen Armbewegung.
Physikprofessor (off): Tick-Tack, Ticktack.
Schüler: Tick-Tack, Tick-Tack.

Klassenzimmer des Gymnasiums. Innen. Tag. Frühling.

Hinter dem Katheder sitzend der Geschichtsprofessor, ein Mann mit knochigem, mißmutigem Gesicht und hellen Augen. Er konzentriert sich vollkommen darauf, einen Zug aus einer Zigarette zu tun, die er aufrecht zwischen den ausgestreckten Fingern hält und mit peinlicher Aufmerksamkeit betrachtet. Dann nimmt er die Zigarette ganz langsam von den Lippen, sorgsam darauf bedacht, die Asche nicht abzustreifen, und fragt mit zur Decke gerichtetem Blick:
Geschichtsprofessor: Wohin zieht Tiberius sich zurück, als er die Lenkung des Staates aus den Händen gibt?
Titta, dem eine Strähne des blonden Haars in die Stirn hängt, steht neben dem Katheder. Er antwortet sofort.
Titta: Nach Capri, jawohl.
Geschichtsprofessor: Die Ermordung Agrippinas?
Titta (off): Neunundsechzig.
Der Professor schaut wieder auf seine Zigarette, läßt sie behutsam von der einen in die andere Hand gleiten, immer darauf bedacht, das lange Stück Asche nicht fallen zu lassen. Er greift zu einem Bleistift, macht ein Zeichen ins Notenbuch.
Titta: Warum machen Sie mir das Zeichen, Herr Professor? War es nicht Neunundsechzig?
Mit einer kurzen, knappen Bewegung wirft der Professor den Stift auf das Notenbuch und widmet sich der erneuten Überführung der Zigarette in die andere Hand. Dann lehnt er sich in seinem Stuhl zurück, schaut Titta an und berichtigt mit unerschütterlicher Ruhe:
Geschichtsprofessor: Neunundfünfzig.
Er spitzt von neuem die Lippen, um einen Zug aus der Zigarette zu nehmen, die er krampfhaft in ihrer Lage festhält.
Titta gibt nicht so schnell nach.
Titta: Aber war es denn wirklich nicht Neunundsechzig?

Geschichtsprofessor (off): Woher denn! Es war Neunundfünfzig.

Titta bedeckt in einer theatralischen Geste äußerster Enttäuschung seine Augen mit der Hand und schlägt mit der Faust auf den Katheder.

Titta: Verdammte Schweinerei!...

(off)

...Ich wußte es doch!

Die Zigarettenasche fällt herunter. Völlig außer sich wischt der Professor seine Jacke ab und schreit in neapolitanischem Dialekt.

Geschichtsprofessor: Du machst mich noch verrückt! Du machst mich noch verrückt! Geh an deinen Platz.

In amüsiert-beleidigtem Ton räsoniert Titta:

Titta (überlappend): Aber wieso? Was habe ich denn getan? Hätte es denn nicht auch Neunundsechzig sein können?

Klassenzimmer des Gymnasiums. Innen. Tag. Frühling.

Blitze erhellen immer wieder den dunklen Raum. Mächtige Donnerschläge dröhnen von draußen herein. Ciccio und Titta liegen in ihren Bänken und scheinen zu schlafen. Gigliozzi erhascht eine vorbeihuschende Fliege. In dieser gewittrigen, schwülen Atmosphäre ertönt wie dumpfes Donnerrollen die Stimme des Italienischprofessors, der pathetisch einige Verse von Alfieri vorträgt.

Italienischprofessor (off): Giorno verrà, tornerà il giorno in cui...

Er sitzt hinter dem Katheder, mit von Emphase gerötetem Gesicht und auf die Stirn geschobener Brille. Unbeirrbar fährt er fort, leidenschaftlich zu deklamieren, und versprüht einen Regen von Speicheltröpfchen über die teilnahmslos vorsichhindösenden Schüler.

(on) ... redivivi ormai gli Itali staranno in campo audaci e non col ferro altrui in vil difesa, ma dei Galli a danno...

Klassenzimmer des Gymnasiums. Innen. Tag. Frühling.

Der Philosophieprofessor: er trägt einen weiten schwarzen Mantel, auf dem Kopf einen schwarzen Hut. Beamtenbrille. Seelenwund und hysterisch bewegt er sich zwischen den Bänken hindurch, während er in abgerissenen Sätzen schwindelerregende philosophische Gedankengebäude errichtet, begleitet von kurzen, knappen, bald weitausholenden und umfassenden Gesten: ein verrückter Hampelmann.

 Philosophieprofessor: Das Universale verkörpert sich, soweit es Geist ist, im Staat und kann sich nicht in der Kirche verwirklichen ...

An einem gewissen Punkt geht er, entrückt in seinem rednerischen Raptus, entschieden auf eine Wand zu. An der Mauer angelangt, bückt er sich zu Boden, wie um hinter einem Schrank zu verschwinden, so als stünde er vor einem Abgrund des Geistes.

 Aber diese Aussöhnung zwischen Staat und Kirche vollzieht sich durch die Person des Demiurgen, jawohl, der Ordnung zwischen den Gliedern des Staates und denen der Kirche schafft, indem er ...

Die Schüler in ihren Schulbänken recken sich, um die bizarre Pantomime des Professors zu beobachten, jedoch ohne Neugier, vielmehr so, als ob es für sie ein gewohntes Schauspiel sei.

 Philosophieprofessor (off): ... mit Recht eiserne Disziplin verlangt und für sich das Recht in Anspruch nimmt, in die Sphäre des individuellen Lebens einzugreifen ...

Jetzt taucht der Professor wieder aus dem Hintergrund des Klassenzimmers auf, während die Jungen sich jeweils dahin wenden, wo er sich gerade aufhält.

 Philosophieprofessor: ... Die Freiheit besteht nicht in Gleichheit, sondern ist ein Privileg und bestimmt die Hierarchie der Werte.

Ohne stehenzubleiben und ohne seinen energisch vorgetragenen Monolog zu unterbrechen, sagt er zu Ovo, der zur Strafe in einem großen Kamin steht, mit einem kleinen harten Wink:

 Dreh dich um!

 ... Deshalb ist die korporative Zusammenarbeit, die die erhabene Einheit des Strebens der Arbeitgeber und der Arbeiter untermauert, dasjenige, was im staatsbürgerlichen und religiösen Sinne ...

79

Er bleibt neben der ersten Bank stehen und schlägt auf die Tischplatte, um seine Aussprüche zu bekräftigen.

> *Philosophieprofessor* (off): ... die Größe unseres Vaterlandes ausmacht! Wie spät ist es? Meine Uhr ist stehengeblieben.

Ciccio, todernst, steht auf, zieht den Pullover über seinem fetten, weißen Bauch nach oben, versetzt sich mit der anderen Hand einen patriotischen Schlag auf die Brust und setzt sich wieder.

Klassenzimmer des Gymnasiums. Innen. Tag. Frühling.

Don Balosa nimmt die Brille ab und fängt an, die Gläser mit dem Taschentuch zu putzen. Er spricht dabei weiter über das Geheimnis der Dreifaltigkeit in eiligem, etwas gelangweiltem Ton, wobei er der Tätigkeit, der er sich hingibt, mehr Aufmerksamkeit schenkt als dem theologischen Wunder, das er darlegen will. Er hat ein säuerliches, etwas fett glänzendes Gesicht, dessen Miene sich nur der alltäglichen mühsamen Kleinigkeiten, die seine geistliche Sendung mit sich bringt, verzieht. Ab und zu bewegt er den Kopf unter dem Zwang eines jähen schnell vorübergehenden Ticks.

> *Don Balosa:* Er ist der wahre Sohn Gottes, weil er die gleiche Macht wie der Vater hat ... Oh, und dann ist da noch der Heilige Geist, der mit dem Vater auf gleicher Stufe steht.

Im Hintergrund des Klassenzimmers verschwinden ein paar Jungen auf Zehenspitzen aus dem Raum.

> (off) ... und auch mit dem Sohne, ist das klar? Und Gott ist wie sie. Es gibt nur einen einzigen Gott ...

Ohne irgend etwas zu bemerken, fährt Don Balosa fort, seine Brillengläser zu putzen und dabei zu erklären:

> *Don Balosa:* ... Aber dieser Gott Vater, wohlgemerkt, ist zugleich der Sohn des Heiligen Geistes. Deswegen ist Gott dreieinig.

Er setzt die Brille auf und hört auf zu reden. Er sieht sich um und fragt, ohne irgendwelches Staunen zu zeigen:

> Wo sind sie denn alle hin?

Klassenzimmer des Gymnasiums. Innen. Tag. Frühling.

Die Professorin für Kunstgeschichte kommt hinter dem Katheder zum Vorschein; sie hatte sich heruntergebückt, um sich aus
einer Thermosflasche einen Cappuccino einzugießen. Sie stellt
den kleinen Metallbecher auf das Tischchen und bückt sich noch
einmal, um die Thermosflasche wieder wegzustellen.
Inzwischen verkündet sie langsam und feierlich:

> *Professorin für Kunstgeschichte:* Heute wollen wir von dem
> großen Giotto sprechen!

Aus der Schülerschaft erhebt sich ein Oooo-Ruf etwas spötti-
scher Bewunderung.

> *Ovo* (off): Der Giotto ist ein großer Mann, der mit den
> Eiern 'nen Knall tun kann.

Naso hat mit Farbe das Gesicht Conte Poltavos bemalt, der
von ein paar anderen Jungen festgehalten worden ist, und
kehrt nun langsam an seinen Platz zurück.
Conte Poltavo versucht, sich das verschmierte Gesicht abzuwi-
schen, und versetzt dann Naso einen scherzhaften Puff, den dieser ihm zurückgibt.

> *Naso:* Feiger Hund!
>
> *Professorin für Kunstgeschichte* (off): Ihr wißt doch,
> meine Lieben, wodurch Giotto so bedeutsam für die italie-
> nische Malerei geworden ist?

Die Professorin für Kunstgeschichte ist eine nette, kleine, lächelnde, sehr alte Dame. Den Becher in der einen Hand, einen
Zwieback in der anderen, beantwortet sie selbst voller En-
thusiasmus die Frage, die sie soeben gestellt hat.

> *Professorin für Kunstgeschichte:* Ich werde es euch selber
> sagen: weil er die Perspektive erfunden hat!

Man weiß nicht recht, ob, um die außerordentliche Erfindung
Giottos hervorzuheben oder um sie den Köpfen ihrer Schüler
nachdrücklich einzuhämmern – jedenfalls wiederholt die Pro-
fessoressa das Wort PERSPEKTIVE, indem sie es in gleichmäßig
betonte Silben aufteilt, die sie mit einer rhythmischen Bewegung des Zwiebacks zu dem kleinen Becher hin und wieder zurück begleitet. Bei der letzten Silbe taucht sie den Zwieback in
den Becher, wo er sich vollsaugt. Die Professorin lächelt und
steckt den Zwieback in den Mund.

> *Professorin für Kunstgeschichte:* Die Per-spek-ti-ve!

Titta steht auf, hält sich die Nase zu und fragt, auf seinen Nachbarn zeigend:

    Titta: Signorina? Darf ich hinausgehen? ... Bobo hat eben einen fliegen lassen.

Immer noch den Zwieback und das Becherchen in beiden Händen nebeneinander haltend, fragt die Lehrerin verständnislos:

    Professorin für Kunstgeschichte: Was sagen Sie da?

Die Schüler schütteln sich vor Lachen. Titta setzt sich wieder hin und wedelt mit einem Heft um sich herum, während das Opfer dieses Scherzes, ein Schüler von enormem Umfang, der in der Bank eingeklemmt sitzt wie ein Schwein, Miene macht, sich protestierend zu erheben.

    Bobo (von hinten): Du bist ja verrückt! Das ist nicht wahr, ich lasse nie einen fliegen! ...

Ein langer Laban mit einer struppigen Haarmähne, der hinter ihm sitzt, nickt und bestätigt:

    Der lange Laban: Doch, du tust es, du tust es!

Der Fette dreht sich zu dem Langen um und verteidigt sich schüchtern.

    Bobo: Ich tue es nicht ...

Klassenzimmer des Gymnasiums. Innen. Tag. Frühling.

Der Direktor Zeus thront hochaufragend hinter dem Katheder. Er spricht langsam und drohend. Jedes Wort ist ein ebenso tödlicher Hieb wie die Stockschläge, die er von Zeit zu Zeit auf das Katheder niedersausen läßt.

Er sieht die Jungen, einen nach dem anderen, mißtrauisch an.

    Direktor: Alboin ... (Stockschläge) ... schließt den Frieden ...

Plötzlich explodiert er wütend:

    ... Gigliozzi! Hinaus!

Klassenzimmer des Gymnasimus. Innen. Tag. Frühling.

An der Wandtafel steht die Mathematikprofessorin. Mit einer flotten Bewegung hält sie dem Schüler, der die Gleichung lösen soll, die Kreide hin. Ein großer, schläfriger Bursche mit dunklen

Schatten unter den Augen, dem man den Beinamen Candela gegeben hat.

Mathematikprofessorin: Da, sehen Sie nur hin, das ist nicht schwer, lösen Sie das mal.

Signorina Leonardis dreht sich um und mustert mit den Händen auf den Hüften die Schülerschar.

Sie kommt zu dem Katheder, vor dem sie abwartend stehenbleibt. Sie ist eine hochgewachsene, harte Frau mit einem üppigen Busen, über dem sich die wollene Hemdbluse spannt, die sie unter dem Tailleur trägt. Auf dem Katheder steht das große Gipsmodell eines Ohrs. Candela macht einen Schritt auf die Tafel zu, hebt die Kreide, als habe er die Aufgabe gelöst, hält aber plötzlich ratlos inne.

Jetzt dreht er sich verwirrt, als ob er bei ihnen Hilfe suchte, zu seinen Gefährten um.

Mathematikprofessorin (off): Na, warum machen Sie denn nicht weiter? Nur zu. Was wollten Sie denn tun? Da ist doch gar keine Schwierigkeit.

Conte Poltavo machte eine Handbewegung, als wolle er sagen: wer kapiert denn das schon.

Die Cordini wendet sich zu ihrer Banknachbarin und flüstert:

Cordini: Madonna! Wer kann denn so was?

Gigliozzi, der hinter Conte Poltavo sitzt, rollt Landkarten zu Röhren zusammen.

Signorina Leonardis steht an das Katheder gelehnt da und trommelt nervös mit der Hand auf die Platte des Pults.

Ein Junge mit einem Anflug von Schnurrbart, der neben Conte Poltavo sitzt, hat eine zusammengerollte Landkarte in der Hand. Er schiebt sie nach hinten, damit Gigliozzi seine Röhre hineinpaßt.

Der Schüler: Gib her!

Mathematikprofessorin (off): Denken Sie einen Augenblick nach: x 9 plus Quadratwurzel aus K 3 . . .

Gigliozzi reicht unter der Bank dem Schnurrbärtigen die Landkartenröhre zurück, die jetzt bedeutend länger geworden ist.

. . . Aber das ist doch vollkommen klar . . .

Des Wartens müde geht die Professorin entschlossen zur Tafel, die Arme über der Brust verschränkt, und schüttelt in sarkastischer Enttäuschung den Kopf.

Mathematikprofessorin (von hinten): . . . Gehen Sie weg!

Was haben Sie denn da hingeschmiert?

Sie schiebt Candela mit einer brüsken Bewegung zur Seite und macht sich daran, selber die Lösung der Gleichung an die Tafel zu schreiben.

Unbeweglich, mit geschlossenen Augen und glückseliger Miene, pißt Gigliozzi deutlich sichtbar in die Landkartenröhre, die er ausgestreckt zwischen den Beinen hält und die sich so durch die Bänke windet, daß sie bei den Füßen des Prüflings neben den breit auf dem Boden aufgepflanzten Beinen der Signorina Leonardis endet: sachte beginnt das Naß aus der Röhre zu fließen.

Mathematikprofessorin (off): Was haben Sie da gemacht? Sehen wir es einmal zusammen an. Was steht da geschrieben? Was haben Sie hingeschrieben? Sagen Sie, können Sie denn wenigstens lesen? Nun also?

Candela (off): Aber ich . . .

Mathematikprofessorin (off): Schweigen Sie lieber, das ist besser. X 9 plus Quadratwurzel aus K . . . Aber was sage ich da? Sie bringen ja auch noch mich durcheinander . . . x 9 plus Quadratwurzel aus K 3 . .

Auf der ersten Bank sehen die Cordini und die überspannte Magere einander schweigend an, dann starren sie auf den Boden.

Gigliozzi macht die Augen auf und wendet sich erleichtert seinem Nachbarn zu, indem er einen Seufzer der Befriedigung ausstößt: er ist fertig.

Auf dem Boden kniend schiebt der Schnurrbärtige die Röhre bis zu Gigliozzi, der sie mit einer raschen Bewegung auf den Schrank wirft, sich dann wieder auf seinen Platz setzt und mit gesenktem Kopf so tut, als schreibe er.

Mathematikprofessorin (off): Da sehen Sie, hier ist die Lösung: x 1 = 140, x 2 . . .

Mathematikprofessorin (on): . . . = $^3/_5$ der Gesamtsumme abzüglich der Differenz. Ist das klar?

Candela: Ja.

Sie wendet sich zu Candela um, schaut an ihm vorbei auf den Boden, sieht genauer hin, wirft dann einen verständnislosen Blick auf den Jungen, blickt noch einmal nach unten, sieht dann wieder den Jungen an und tritt angewidert einen Schritt zurück.

Mathematikprofessorin: Ja, was haben Sie denn da gemacht?

Candela starrt verdutzt die Professorin an.

Mathematikprofessorin (off): Ja, sagen Sie mal, sind Sie verrückt? Pedell! Pedell!

Naso (off): Haben Sie nicht gesehen, was passiert ist, Signorina?

Und während letztere mit schrillem Geschrei zur Tür läuft, dreht Candela sich um, schaut auf den Boden, sieht dann seine Gefährten und darauf von neuem die Professorin an, immer mit der gleichen undurchsichtigen, teilnahmslosen Miene.

Klassenzimmer des Gymnasiums. Innen. Tag. Frühling.

Der Professor für Griechisch – genannt Fighetta[1] – deklamiert hingerissen und selbstgefällig ein Gedicht von Archilochos. Er sitzt behaglich zurückgelehnt in dem Sessel hinter dem Katheder, die Augen geschlossen wie in Ekstase.

Unbeweglich, von hinten gesehen, steht Ovo neben dem Katheder.

Fighetta: Epta nekron gar pesonton us emarpszamen posin keilioeimen fonées . . .

Ovo verfolgt aufmerksam das lyrische Psalmodieren des Professors; er hat ein Gesicht, das rund und glatt ist wie ein Ei, dazu große Augen mit einem Ausdruck von Dummheit und Durchtriebenheit zugleich.

Fighetta (off): Schön, die griechische Sprache, nicht wahr?

Ovo: Ja, wenn Sie meinen . . .

Fighetta (off): Und wie musikalisch sie ist!

Ovo: Hmhm!

Der Professor kommt auf das Wort zurück, das schwer auszusprechen ist.

Fighetta: Emarpszamen!

Fighetta (off): Wiederhole!

Ovo wiederholt das Wort, indem er es Silbe für Silbe zusammen mit dem Professor ausspricht . . .

Ovo – Fighetta: E-mar-psza . . .

[1] Fötzchen

... aber an diesem Punkt entfährt Ovos Mund ein kleiner kurzer Laut, ähnlich einem Furz.

Die Schüler lachen.

> *Fighetta* (off): Nein, nein!
>
> *Ovo:* (off): Seid doch still, ihr da, sonst schaff ich es nicht!
>
> *Fighetta* (off): Ruhe!

Der Professor bittet die Klasse, sich ruhig zu verhalten.

> *Fighetta* (on): Seid doch ein bißchen still, ihr anderen!

Dann gutmütig, zu dem Schüler gewandt:

> Nur Mut, noch einmal!

Ovo meldet sich mit erhobenem Finger:

> *Ovo:* Herr Professor, würden Sie wohl so nett sein ...?
>
> *Fighetta* (off): Sags nur, mein Lieber, was willst du denn?
>
> *Ovo:* Verzeihen Sie, könnte ich es nicht noch einmal von Ihnen hören?

Beglückt über diese Bekundung guten Willens von seiten des Schülers tut ihm der Professor mit Genugtuung den Gefallen.

> *Fighetta:* Gewiß, gewiß, gewiß, sieh her: Emar-pszamen. Gib acht auf meine Zunge ...

Fighetta setzt seine Erklärung fort, indem er mit einem Finger den Gaumen berührt und die Zunge herausstreckt.

> ... sie muß hier o-oben an den Gaumen stoßen ... so ... und dann ... strecke sie hinaus: emarpszamen! Nur Mut!

Von neuem wiederholt Ovo das Wort zusammen mit dem Professor. Wieder entschlüpft ihm das Furzgeräusch.

> *Ovo:* E-mar-psza ... (Furz)
>
> *Ciccio* (off): Jetzt hat es Ovo beinahe heraus!

Der Professor lächelt nachsichtig amüsiert.

> *Fighetta:* Nein, nicht so!
>
> *Ovo* (off): Und seid doch still, damit ich mir richtig Mühe geben kann!

Fighetta versucht die wiehernden Jungen zum Schweigen zu bringen.

> *Fighetta:* Ruhe!

Dann wendet er sich wieder geduldig, väterlich seinem Zögling zu.

> *Fighetta:* Also nun Mut, los, noch einmal! E ... E ... emarpszamen, sage es zwei- oder dreimal, so wie ich es sage, ganz glatt heraus, es ist ganz logisch, daß es dir das erste Mal mißglückt, aber dann fasse Mut ... da, siehst

du? Bei dir ist immer noch ein Begleitton dabei ...
Emarpszamen, hm? Nun laß hören, los!

Zum drittenmal wiederholt Ovo silbenweise das Wort. Zum
drittenmal ertönt pünktlich das Furzgeräusch.

Ovo: E-mar-psza ... (Furz)

Nach einem Augenblick nachsichtiger Enttäuschung fährt Fighetta noch einmal mit seiner Ermutigung fort.

Fighetta: Aber nicht doch! Mut, vorwärts! Noch einmal!

Ovo (off): Ich kriege es nicht hin, Herr Professor ...
E-mar-psza ... (Furz) Sie haben's ja gehört, Griechisch ist
eben schwierig!

Der Professor, der mit einem ängstlichen Lächeln die Ohren
spitzte, wird bei dem unvermeidlichen Ertönen des Furzgeräusches langsam ernst. Langsam zieht er sich auf seinen Kathedersitz zurück und betrachtet seinen Zögling mit einer Ratlosigkeit, in die sich Mißtrauen mischt.

Ovo: Wie haben Sie die Zunge gehalten?

Fighetta schiebt zögernd die Zunge etwas vor.

Ovo streckt die ganze Zunge heraus, hinterhältig.

Fighetta: Weniger, weniger ...

Ovo (off): So? ...

Der Professor blickt aufmerksam prüfend hin und nickt
dann zustimmend.

Fighetta: So ist es richtig.

Nachgiebig, aber doch von leisem Mißtrauen erfüllt, spricht er
das Wort noch einmal langsam und deutlich aus.

Fighetta: Emarpsz ...

Ovo (off): Emarpsz ...

An dem kritischen Punkt angekommen, hält er abwartend
inne. Nach einem tiefen Atemzug erfolgt unüberhörbar der abschließende Furz.

Fighetta versetzt dem Katheder einen kräftigen Faustschlag
und scheucht Ovo brüllend fort, wobei er ihm noch lange wütend nachblickt.

Fighetta: Scher dich an deinen Platz, zum Kuckuck!

Ovo (off): Dabei war ich doch schon dicht daran ...

Korridor vor den Toiletten des Gymnasiums. Innen. Tag. Frühling.

Ovo steht rauchend, so daß man ihn nicht sehen kann, an den Türpfosten der Toiletten gelehnt. Bei dem Geräusch von Schritten verschwindet er im Innern. Dann blinzelt er vorsichtig heraus ...

    Titta (off): Wer ist da?

    Ovo: Der Ciccio!

... und da er gesehen hat, daß es sich um einen Mitschüler handelt, tritt er auf den Korridor hinaus, gefolgt von Titta. Beide gehen dem Neuankömmling entgegen.

    Titta: Ciccio, der Wal! Hat er dich auch rausgeschickt?

    Ciccio (überlappend, von hinten): Ovo, laß mir die Kippe!

    Ovo: Aber nur einen Zug, ja?

Die drei Jungen bleiben vor dem offenen Fenster stehen, durch das Sonnenlicht und Stimmen aus den Nachbarhäusern dringen.

    Frauenstimme (singt ›Stormy Weather‹)

    Titta: Hör mal, ist das wahr, daß du schon wieder ein Gedicht für Aldina geschrieben hast und daß sie es zerrissen hat?

    Ciccio: Dafür habe ich schon wieder eins geschrieben.

Ciccio beginnt das Gedicht aufzusagen: er schließt die Augen, hebt einen Arm in die Luft, dreht sich einmal um sich selbst, stützt sich dann mit ausgestreckten Armen gegen die Wand, und tut so, als wolle er sich den Kopf an der Mauer einrennen.

    Ciccio: Qual gentil donzella tu mir appari Aldina bella e in tutto il tuo fulgore mi fai battere forte il cuore. Dang! Dang! Dang!

    Titta (lacht): Reg dich mal ab!

Wendet sich lächelnd zu seinen Freunden um.

    Titta: Seht mal an, wie schön warm es draußen ist!

    Ovo: Also mir gefällt Aldinas Mama!

Bei diesen Worten senkt Ciccio, unangenehm berührt, den Kopf.

    Stimmen aus den Häusern: – Wie spät ist es? – Gut und gern zehn!

– die Stimme von vorhin fängt wieder an, ›Stormy Weather‹ zu singen.

    Tittas Stimme: Wer weiß, wer heute morgen wohl am Strand ist ...

Mole und Meer. Außen. Tag. Frühling.

An der Spitze der verlassenen Mole, man sieht die weite
Fläche des Meeres. Der Lärm eines Motorrads kommt dröhnend näher heran.
Es ist Scurèza di Corpolò, nach vorn gebeugt, ganz verwachsen mit seinem Benzinroß, das mit höchster Geschwindigkeit
über die Mole braust und dann mit kreischender Bremse einen
halben Meter vor dem Ende hält.

Strand. Außen. Tag. Frühling.

Inzwischen kommt die Volpina, das geheimnisvolle Mädchen,
dem wir schon bei den Fogarazze begegnet sind, am Meeres-
ufer einher: sie schreitet langsam, mit wiegendem Gang, Socken
an den Füßen, sie hat die Hände in einen schwarzen Fetzen geschoben, den sie über ihrem Baumwollfähnchen um die Taille
geschlungen hat. In gewissen Abständen blickt sie um sich, als
suche sie etwas.

Mole und Meer. Außen. Tag. Frühling.

Scurèza di Corpolò kommt zurück. Er rast an der Mole entlang, haarscharf an den Zementblöcken zu seiner Linken vorbei.

Strand und Bauplatz. Außen. Tag. Frühling.

Jetzt ist die Volpina am Strand stehengeblieben. Sie hält die
Hände trichterförmig vor den Mund und ruft ihre Katze.
    Volpina: Fu Manchu!
Sie sieht sich wieder unentschlossen um, dann wendet sie sich
zum Meer, hebt ihr Kleid ein bißchen hoch und hockt sich hin,
um Pipi zu machen.
Eine Stimme ruft Volpina von weitem.
    Männerstimme: Volpinaaaaa!
Sie wendet sich kaum um, streicht sich aber mit ihrem zugleich

widerborstigen und lüsternen Lächeln das Haar aus dem Gesicht. Nicht weit entfernt der Bauplatz für ein Haus. Ein paar Arbeiter blicken zu der Volpina herüber.

Hoch von einem Gerüst herab ruft ein Maurer nochmals die Volpina und macht ihr ein Zeichen, daß sie näher kommen soll.

> *Maurer:* Volpinaaaaa! Komm her!

Vor einer weiten Öffnung in der Wand des im Bau befindlichen Hauses liegt ein Haufen von Ziegelsteinen auf dem Sand. Langsam, etwas verstohlen, erscheint die Volpina in der Öffnung...

Auf der Schwelle bleibt sie stehen und wackelt ein bißchen mit den Hüften.

Sie sieht sich rings im Kreis mit einladenden Blicken um, leckt und beißt sich die Lippen und hält die Hände zwischen die Schenkel, als müsse sie ein brennendes Feuer beschwichtigen.

> *Tittas Vater* (off): Was machst du hier? Was willst du?

> *Volpina:* Ich habe meine Katze verloren!

Auf dem mit Ziegeln, Balken und Gerüsten übersäten Bauplatz kommt Tittas Vater, der Unternehmer und Bauführer des kleinen Baugeschäfts, der Volpina entgegen.

> *Tittas Vater* (von hinten): So? Na, du siehst ja, hier ... ist die Katze nicht!

Der Mann bleibt stehen.

Mit dem Hut auf dem Kopf, in die Weste gestecktem Daumen und der Zigarre in der anderen Hand sieht er das Mädchen mit einem Ausdruck an, der allmählich von seiner gewohnten Grimmigkeit etwas verliert, und sagt zu ihr in dem Ton gutmütiger Bestimmtheit, in dem man zu kleinen Kindern und Tieren spricht:

> ... So und nun sei brav, geh nach Hause, geh!

Er steckt die Zigarre wieder in den Mund.

Die Volpina rührt sich nicht. Sie sieht den Mann mit einem Blick stillen Einverständnisses an. Dann beginnt sie wieder, herausfordernd mit den Hüften zu wackeln, und sagt:

> *Volpina:* Heiß heute, was? Habt Ihr nicht heiß?

Tittas Vater nimmt die Zigarre aus dem Mund, stößt eine kleine Rauchwolke aus und wendet sich an einen der Maurer.

> *Tittas Vater:* Nun sieh dir einmal die hier an ... (off) Mach keine Geschichten. Geh ...

Der Maurer antwortet mit einem Blinzeln.

Maurer: Sieh da, die Volpina!

In etwas brüskerer Weise gibt jetzt Tittas Vater der Volpina zu verstehen, daß sie gehen soll.

Tittas Vater: ... Geh nach Hause! Los, ab! Hier gibts keine Katzen!

Die Volpina zögert noch, sieht sich Unterstützung suchend um und entfernt sich dann.

Während er weiter mit einer Schaufel Erde aufhäuft, verkündet einer der Maurer Tittas Vater lachend das Neueste.

Maurer: Wissen Sie schon, Chef, daß Calcinaccio wieder ein Gedicht gemacht hat?

Tittas Vater: Sag, wann schreibt er denn all diese Gedichte?

Tittas Vater kommt, die Zigarre im Mund und beide Daumen in die Weste gesteckt, näher zu dem Maurer heran. Der Maurer winkt jemanden mit der Hand herbei.

Maurer: Calcinaccio, komm her. Sag dem Chef dein Gedicht auf!

Tittas Vater (off): Ja, laß mal hören! ...

Calcinaccio ist ein magerer kleiner Kerl, weiß von Kalkstaub und merkwürdig ausstaffiert – schwarze Reithosen, Hosenträger über dem wollenen Sweater, auf dem Kopf eine Melone, die vom Kalk ganz weiß geworden ist. Er läßt die Kelle fallen, kommt herbei und bleibt mitten auf dem Bauplatz stehen.

... Wie heißt es denn?

Calcinaccio: ›Die Ziegelsteine‹.

Tittas Vater (off): Ah! Schön!

Der Mann beginnt seine Verse zu deklamieren. Er gestikuliert dabei wie ein Kind, das mit einiger Mühe sein Weihnachtsverschen aufsagt. Die Kameraden sehen zu ihm hin, einer hört auf zu arbeiten, andere fahren in ihrer Tätigkeit fort.

Calcinaccio:

Mein Großvater machte Ziegelsteine,

Mein Vater machte Ziegelsteine,

Ziegelsteine mach auch ich,

nur ein Haus, das hab ich nicht.

Als das Gedicht zu Ende ist, lacht Calcinaccio, und seine Kameraden tun es ihm nach.

Der Maurer mit der Kelle beobachtet lächelnd den Chef, um

zu sehen, wie er reagiert. Aber Tittas Vater lächelt nicht. Er beschränkt sich darauf, mit dem Kopf zu nicken und die Zigarre aus dem Mund zu nehmen.

    Maurer: Bravo, Calcinaccio!

    Tittas Vater: Hmm!

Oben auf dem Gerüst fahren drei Maurer fort, dem Dichter Beifall zu spenden.

Gesamtansicht des Bauplatzes. Mit einer raschen Bewegung fordert Tittas Vater die Maurer auf, wieder an ihre Arbeit zu gehen. Dann macht er ein paar langsame Schritte und äußert sich über das Gedicht in einem unduldsamen Erguß.

    Tittas Vater: Richtig! Warum nicht? Ich habe dich schon verstanden, weißt du! Es stimmt, aber auch ich war mal ein armer Schlucker, was meinst du wohl, aber nach und nach bin ich Bauführer geworden. Man kann nicht alles gleich so plauzpardauz bekommen! Das braucht Geduld, mein Lieber. Man muß arbeiten, und wenn einer arbeitet ... dann arbeitet er!

Der Bauführer sieht einen Maurer an, der eine kleine Mauer mit Kalk bewirft.

    ... Arbeiten muß man!

Der Maurer hält mit der Kelle in der Hand in seiner Tätigkeit inne und antwortet etwas vorwurfsvoll:

    Maurer: Wir arbeiten ja.

Tittas Haus. Innen. Tag. Frühling.

    Tittas Stimme (provisorisch): Dies ist mein Onkel Lallo, der Bruder meiner Mama. Seine Freunde im Café nennen ihn auch ›Pataca‹, aber dann wird er wütend.

Pataca betrachtet mit selbstvergessenem Interesse die Nägel seiner Hand, wärmt sie sich einen Augenblick, indem er darauf haucht, reibt sie dann an seinem Rockaufschlag, völlig gleichgültig gegenüber dem Wirrwarr um ihn herum. Er trägt über dem Haar ein enges Netz, das ihm bis mitten auf die Stirn reicht, und hat einen cremefarbenen Frisiermantel aus Frottéstoff an.

    Oliva (off): Mama, die Suppe! Mama, die Suppe! Mama, die Suppe!

Man ißt in der Küche, einem schmalen rechteckigen Raum, in dem man sich nur mit Mühe bewegen kann. An einer Leine hängen direkt über dem Tisch ein Paar Strümpfe zum Trocknen. Am Tisch sitzen außer Pataca Titta und sein Bruder, der mit dem Besteck trommelt und ungeduldig einherleiert.

    Oliva: Mama, die Suppe! Mama, die Suppe!

Der Vater, der oben am Tisch sitzt, bringt ihn gereizt mit zwei Ohrfeigen zum Schweigen.

    Tittas Vater: Genug jetzt!

Neben dem Familienoberhaupt sieht man den Großvater, einen Alten mit flammend rotem Gesicht, weißem Schnurrbart und dem Hut auf dem Kopf.

Auf dem Tisch steht der Kochtopf mit der dampfenden Suppe. Miranda, die Mutter, füllt die Teller.

Titta gießt sich Wasser in den Becher und will trinken, aber der Vater hält seinen Arm zurück.

    Tittas Vater: Vor der Suppe trinkt man nicht!

    Tittas Mutter (ärgerlich): Hmhm! Gib mir den Teller, Lallino!

    Titta: Aber ich habe Durst!

Der Vater erklärt noch einmal kategorisch:

    Tittas Vater: Man trinkt nicht!

Miranda rückt den Kochtopf zu Pataca hinüber und bemerkt in nervösem Ton zu ihrem Gatten:

    Miranda: Wo steht das denn geschrieben?

    Tittas Vater (off): Es bläht den Magen auf. Das steht in der ›Domenica del Corriere‹.

Sie schöpft dem Bruder die Suppe in den Teller.

Das Dienstmädchen steht vor der Anrichte. Der Großvater tätschelt ihr mit einer Hand das Hinterteil. Sie wendet sich um und gibt ihm einen Klaps auf die vorwitzige Hand.

    Gina: Wollen Sie wohl brav sein mit Ihren Händen!

    Großvater: Aber hier fehlt ein Löffel, sieh mal, Gina!

Das Mädchen nimmt von der Anrichte ein Körbchen und stellt es auf den Tisch.

    Tittas Mutter (off): Ist sie zu heiß, Lallino? Findest du sie zu heiß?

Tittas Vater hat die Serviette in den Hemdkragen gesteckt, bläst auf den gefüllten Suppenlöffel, den er vor dem Mund hält, und mustert Pataca inzwischen von oben bis unten, der die Brühe dadurch abkühlt, daß er die Suppe von einem Teller auf den anderen schüttet.

Titta (off): Gib mir recht viel, Mama.

Tittas Mutter: Ich gebe dir so viel, wie du verdienst!

Titta streckt den Arm aus, um den Teller zu nehmen, den seine Mutter ihm reicht.

Tittas Vater fängt zu essen an und starrt dabei weiter mit sturer, stummer Feindseligkeit zu Pataca hinüber.

Tittas Mutter (off): Möchtest du noch einen Schöpflöffel voll, Lallino, sag? Es ist noch da.

Ruhig stellt Pataca den Teller hin und schöpft sich mit dem Löffel eine weitere Portion Suppe.

Großvater (off): Ist sie richtig gesalzen?

Der Großvater sieht Titta lächelnd an.

Titta: Ja, Großvater!

Gina, bring dem Großvater auch noch etwas, geh!

Gina (off): Der hat ja schon gegessen!

Über den Tisch wird noch ein Teller gereicht, der für den kleinen Bruder bestimmt ist. Titta fängt von neuem zu essen an, während der Großvater durch ein Zeichen zu verstehen gibt, daß er keine Suppe mehr möchte.

Großvater: Den Vater meines Vaters haben sie ›Carnazza‹[1] genannt, er ist mit mehr als 107 Jahren gestorben und hat immer noch, oho! . . .

Er beschließt die Erzählung, indem er den Arm wie einen Pumpenschwengel bewegt, einer anschaulichen, obszönen Geste, die er mit kleinen rhythmischen Pfiffen begleitet.

Rings um den Tisch sind alle mit Essen beschäftigt. Der Großvater verharrt bei seiner Pantomime wie eine Grammophonplatte mit einem Kratzer.

Tittas Mutter: Aah, ich kann nicht mehr!

Der Vater fällt ihm brüsk ins Wort.

Tittas Vater: Na und?

Großvater (off, überlappend): . . . Und dann hat er mir schon als Kind beigebracht, daß man um elf Uhr essen muß . . .

Inzwischen fängt Tittas Mutter wieder mit dem Bruder zu sprechen an, in einem liebevollen Ton, der nur ihm bestimmt ist.

---

[1] Lüstling, Schürzenjäger

Tittas Mutter: Hat sie dir geschmeckt, ja?

Pataca: Ja, sehr gut.

Pataca tut etwas Salz in die Suppe.

Tittas Mutter: Was machst du da? Tust du noch Salz hinein?

Pataca: Nur ein klitzekleines bißchen.

Der Großvater fährt in seiner Darlegung der Grundsätze des Ahnherrn ›Carnazza‹ fort, wobei er die Erzählung mit der Mimik der Taubstummen begleitet.

Von Zeit zu Zeit sieht Titta ihn an, ohne dabei mit Essen aufzuhören.

Großvater: ... Bevor dir die Sonne auf den Kopf brennt ... und um vier Uhr nachmittags. Wenn nicht, wird alles Gift, setzt sich in dir fest und geht dir ins Blut ...

Mit vor die Brust erhobenem Teller genießt Pataca schweigend seine Suppe, Löffel für Löffel. Mit finsterer Miene hält Miranda ihre Hände auf den Teller, wie jemand, der entschlossen ist, nicht zu essen.

Großvater (off): ... Und jetzt gehe ich pissen.

Bei dieser Ankündigung ihres Schwiegervaters bekundet Miranda durch eine Geste lebhafte Mißbilligung.

Tittas Mutter: Ahhhh!

Voller Unbehagen wirft Tittas Vater verstohlen seiner Frau zwei oder drei Blicke zu, die dem zugedeckten Teller gelten. Schließlich faßt er sich ein Herz ...

Tittas Vater: Und du ißt nicht?

Miranda zieht ein Gesicht, das heftige Ablehnung ausdrückt.

Tittas Mutter: Nein!

Dann wendet sie herausfordernd den Kopf ganz nach der anderen Seite.

Tittas Vater ist für einen Augenblick nahe daran zu explodieren, dann aber beugt er sich vor und befragt seine Söhne.

Tittas Vater: Was habt ihr eurer Mutter getan?

Die beiden Jungen sehen einander verwundert an.

Tittas Vater (off): Nun?

Dann verwahren sie sich schüchtern.

Oliva: Nichts.

Titta: Nichts, Papa, nichts.

Ohne ihren Mann anzusehen, greift die Mutter gereizt ein.

Tittas Mutter: Sie haben gar nichts getan!

Tittas Vater wirft den Löffel in den Teller, hält sich an den Tischecken fest, lehnt sich auf seinem Stuhl zurück und beginnt, den Blick zur Decke erhoben, mit beängstigender Ruhe, dann allmählich lauter werdend, zu lamentieren.

Tittas Vater: Heilige Madonna ... Da steht man morgens vor vier Uhr auf, schuftet den ganzen Tag wie ein Neger ...

Titta und Oliva betrachten verstohlen den Vater und kichern mit gesenktem Kopf über ihren Tellern.

Tittas Vater (off): ... reißt sich den Arsch so auf, daß ein Scheunentor daneben wie ein Mausloch aussieht ...

Pataca wirft dem Schwager, der ihn in diesem Augenblick nicht sehen kann, einen Blick zu, der maßvolle Duldung ausdrückt, stellt den Teller hin und faltet ruhig abwartend und verächtlich die Hände über dem Bauch. Hinter ihm steht Gina zum Herd gewendet und ißt. Immer noch die Decke anstarrend, fährt Tittas Vater in seiner dramatischen Litanei fort.

Tittas Vater: ... und wenn man dann nach Hause kommt, um in Ruhe sein Stück Brot zu verzehren, hat man lauter saure Gesichter vor sich!

Der Mann läßt den Stuhl wieder zurückfallen, beugt sich vor und starrt mit weit aufgerissenen Augen seine Frau an. Selbst die kleine Beule auf seinem glänzenden, nur von einem buschigen Haarkranz eingefaßten Schädel ist bleich vor Wut.

Mit einer ärgerlichen Gebärde dreht seine Frau ihren Stuhl um und kehrt ihm den Rücken zu.

Tittas Mutter (von hinten): So siehst du keine sauren Gesichter mehr!

Von neuem wirft sich Tittas Vater auf dem Stuhl zurück, so daß er den Tisch in ohnmächtiger Wut und unter einer Art von ersticktem Wiehern zum Erbeben bringt.

Miranda, unbeweglich von hinten. Pataca ißt geistesabwesend seine Brühe auf.

Gina (off): Signora, es ist Zeit, den Kessel vom Feuer zu nehmen.

Tittas Mutter: Ja.

Die Hausherrin steht auf und geht zum Ofen. Sie faßt einen der Henkel des schweren Waschkessels voll nasser Wäsche an und hebt ihn gemeinsam mit Gina auf den Boden.

Gina: Mein Gott, ist das schwer!

Tittas Vater (off): Also gut, was hast du nun eigentlich?

Tittas Mutter: Ich habe nichts!

Tittas Vater (off): Und warum ißt du dann nicht?

Tittas Mutter: Weil es mir nicht paßt.

Das Dienstmädchen öffnet die Glastür.

Tittas Vater (off): Und warum paßt es dir nicht?

Tittas Mutter: Weil es mir nicht paßt!

Die beiden Frauen heben den großen Kessel vom Boden und tragen ihn hinaus auf den Treppenabsatz, von dem aus es in den Garten geht.

Pataca (off): Macht doch die Tür zu. Es zieht.

Tittas Mutter: Schnell! Schnell!

Pataca (off): Ich bin noch Rekonvaleszent, und ich . . .

Tittas Mutter (off): Mach zu! Mach doch zu!

Titta und sein Vater verfolgen den Vorgang, während sie weiteressen. Der Großvater kommt in die Küche zurück und verkündet mit einem Lächeln der Erleichterung:

Großvater: Jetzt, da ich gepißt habe, fühle ich mich wohler!

Dann setzt er sich wieder an seinen Platz.

Oliva (off): Hast du wieder auf den Boden gepißt, Großvater? (lacht)

Auch Titta platzt fast vor Lachen. Der Vater bringt mit zwei entsprechenden Blicken die Buben zum Schweigen.

Tittas Vater: Wollt ihr wohl?

Am Spülstein trocknet die Mutter sich die Hände ab, dann fühlt sie sich einen Augenblick die über dem Tisch hängenden Strümpfe an, um zu sehen, ob sie trocken sind, und kehrt zu ihrem Platz zurück.

Gina, eine Schüssel mit Kohl in der Hand, bietet sie Pataca an.

Gina: Nehmen Sie auch etwas Kohl, Signorino?

Pataca: Warum nicht? Für mich ist Kohl . . . eh . . .

Gina tut ihm zwei Löffelvoll auf den Teller.

Oliva (von hinten, überlappend): Gina, gib mir Kohl, gib mir Kohl . . . Gina, Gina, Kohl! . . .

Dann wendet sie sich zu dem Hausherrn und fragt:

Gina: Und Sie, Signor Aurelio?

Tittas Vater (off): Ja, gib mir, komm!

Gina reicht ihm die Schüssel über den Tisch.

Oliva (off – überlappend): Mama, Gina hat mir keinen

Kohl gegeben! Sie hat mir keinen Kohl gegeben! Mama,
Kohl!

Am anderen Ende des Tisches steht der Mann auf, um sich die
Pfanne zu holen, setzt sich wieder hin und fängt an, sich zu
schöpfen.

Er wird vom Schrillen der Haustürglocke unterbrochen. Schon
ungeduldig geworden, fragt er seine Frau:

Tittas Vater: Wer kann das sein zu dieser Tageszeit?
Gereizt antwortet die Frau.

Tittas Mutter: Woher soll ich das wissen!

Dann stellt sie die große Schüssel mit dem gesottenen Huhn vor
ihren Gatten. Pataca hat sich schon als erster seine Portion genommen und gräbt mit gutem Appetit die Zähne in ein Hühnerbein.

Vom Herd her fragt das Dienstmädchen:

Gina: Soll ich aufmachen gehen, Signor Aurelio?

Tittas Vater (off): Ja, geh schon, geh!

Mit auf den Tisch gelegten Armen beobachtet Tittas Vater unbeweglich und mit kalter Wut Pataca, der, auch wenn wir ihn
nicht sehen, sicher weiter an seinem Stück Huhn knabbert,
ohne sich um alles, was sonst vorgeht, zu kümmern.

Inzwischen kommt Gina aus der Küche, der Großvater kichert
und riskiert noch einmal einen Klaps auf ihren Hintern. Das
Mädchen versetzt ihm einen Schlag auf die Hand und entfernt
sich brummend.

Gina: Für was hält man denn eigentlich mein Hinterteil:
ein Weihwasserbecken?

Pataca (off): Hühnerfleisch bleibt mir immer zwischen den
Zähnen hängen . . .

Titta wirft dem Vater, der noch immer in seine wütende Beob-
achtung Patacas versunken ist, einen raschen Blick zu und meldet sich unbekümmert . . .

Titta: Papa, ich nehme noch ein Stückchen, ja? . . .

Gleichzeitig streckt er seine Gabel nach der Schüssel hinüber,
blitzschnell aber schießt der Vater mit der seinen hervor, als ob
er sie ihm in die Hand bohren wollte.

Tittas Vater: Laß das!

Titta: . . . aber ein kleines Stückchen vom Flügel . . .

Tittas Vater: Ich geb es dir!

Er legt dem Jungen einen Hühnerflügel auf den Teller und

nimmt sich selber noch ein Stück. Die beiden beginnen unter den vage lächelnden Blicken des Großvaters zu essen.

Pataca (off): Ich frage nur aus Neugier, Miranda: hast du Pfefferminz daran getan?

Tittas Mutter (off): Aber nein, was meinst du wohl – Pfefferminz! Salbei ... (lächelnd) ... Aber du hast doch gleich gemerkt, daß ein anderes Gewürz daran ist ...

Pataca (off): Das will ich meinen! ...

Tittas Mutter (off): ... Lallino hat eine feine Zunge!

Titta: Fabelhaft!

Tittas Vater verfolgt dieses ostentativ vertrauliche Zwiegespräch mit offenkundiger Mißbilligung. Dann ruft er zur Tür gewendet:

Tittas Vater: Gina! Wer ist es denn?

Gina kommt aus dem Vorzimmer, macht die Tür hinter sich zu und nähert sich dem Hausherrn.

Tittas Vater: Nun und?

Gina: Der Cavaliere Biondi.

Titta, über den Teller gebeugt, hebt jäh den Kopf.

Tittas Vater steht ärgerlich auf, wirft die Serviette auf den Eßtisch und macht sich mit einem unterdrückten Fluch auf den Lippen auf den Weg zum Vorzimmer, wo er verschwindet und die Tür hinter sich schließt.

Tittas Vater: Ach, geh doch zum Teufel! Gerade war ich beim Essen ...

Tittas Mutter: Ist dieser Biondi nicht der Vetter vom Bischof?

Im Nu stürzen sich Titta und sein Bruder auf die Schüsseln.

Oliva: Ich will das haben! Ich!

Ärgerlich schilt die Mutter:

Tittas Mutter: Was habt ihr denn? Seid ihr denn niemals satt?

Tittas Mutter (off): Man könnte meinen, ich gebe euch nie etwas zu essen!

Die Jungen fangen wieder wie ausgehungert zu essen an.

Oliva dreht sich zu dem Onkel um.

Oliva: Onkel, sieh mal her.

Er legt ein Stückchen Brot auf seinen Handrücken und versetzt ihm mit dem Daumen der anderen Hand einen Stoß, so daß es durch die Luft wirbelt. Der Junge schnappt es im Fluge auf.

Gina (off): Wenn dich dein Papa sieht ...

Pataca (off): Dann wirst du schon sehen, was los ist!

Oliva (off): Onkel, mach doch mal das andere da! Das Schöne, Onkelchen! Nur ein einziges Mal!

Ohne mit Kauen aufzuhören, lächelt Pataca zunächst spöttisch, läßt sich bitten, dann beginnt er mit überlegener, wohlgeübter Gewandtheit mit einem Stück Brot und zwei Serviettenringen zu jonglieren.

Oliva (off): Sieh mal, Titta! (lacht)

Neben Pataca steht mit dem Teller in der Hand Gina. Sie hat zu essen aufgehört und verfolgt hingerissen die Vorführung des Signorino.

Gina: Was der Signorino alles kann!

Oliva (off): Das ist schwierig, nicht wahr, Onkel?

Pataca legt das Brot und die beiden Ringe auf den Tisch als seien sie sein Handwerkszeug. Dann bemüht er sich, bescheiden von einer Geschicklichkeit zu sprechen, die ihn die Mühe eines langen Lebens gekostet zu haben scheint, und erklärt:

Pataca: Ach, wißt ihr, man muß sich eben nur Mühe geben ... es ist eine Frage der Mühe, die man daran wendet ... und natürlich ... auch des Willens ...

Er wischt sich den Mund mit der Serviette ab.

Trinkt ein Glas Wein.

Tittas Vater kommt aus dem Vorzimmer, schließt die Tür hinter sich und kommt mit befriedigter, geradezu heiterer Miene näher: er pfeift und reibt sich die Hände.

Titta blickt ihn forschend und mit sichtlichem Unbehagen an.

Die Küche wird erhellt vom Licht, das durch die Glastür am anderen Ende des Raumes dringt.

Tittas Vater setzt sich, trinkt einen Schluck Wein und stellt dann gut gelaunt fest:

Tittas Vater (von hinten): Gut, dieser Sangiovese!

Großvater: Ja, ein gutes Weinchen, nicht?

Die anderen fahren unter lastendem Schweigen mit Essen fort.

Tittas Vater (räuspert sich): Hmhm!

Der Vater wendet sich zu Titta und fragt ihn in freundlichem, beinahe liebevollem Ton:

Tittas Vater: Sag mal, mein Lieber, wo bist du gestern abend gewesen?

Titta: Ich?

Tittas Vater: Ja, du?

Titta: Im Kino, Papa ... Im ›Fulgor‹!

Tittas Vater: Ah, ja? Und was haben sie gezeigt?

Der Junge schluckt herunter, was er im Mund hat, sieht bald den Onkel, bald den Vater an und fängt dann an, begeistert den Inhalt des Films wiederzugeben. Automatisch nickend und lächelnd folgt der Großvater dem Bericht.

Titta: Onkel, da waren Indianer in dem Film. Die Amerikaner wollten in das Territorium der Comanchen eindringen, verstehst du? ...

Der Vater hört Titta aufmerksam zu und nickt wohlgelaunt.

... Und sie hatten eine Eisenbahnbrücke gebaut ...

Tittas Vater (überlappend): Nur weiter!

Titta: ... Aber die Indianer sind hinaufgestiegen und haben von da aus mit Pfeilen geschossen, du glaubst nicht, wie viele Pfeile es waren, Papa!

Tittas Vater (überlappend): Ach, so viele haben sie abgeschossen!?

Titta: ... und zweihundert von ihnen umgelegt!

Plötzlich stürzt der Vater sich mit einem katzenhaften Sprung auf den Jungen und brüllt:

Tittas Vater: Und was hast du gemacht, du Mistkerl?

Titta: Ich? Nichts, Papa!

Titta entzieht sich dem Zugriff, springt auf und flüchtet, von seinem wütenden Vater verfolgt, in den Garten. Die Mutter ist erschrocken aufgesprungen.

Tittas Mutter: Aurelio, was tust du? Was ist denn passiert?

Tittas Vater: Komm hierher! Komm hierher! Laß dich erwischen! Sonst erlebst du was.

Garten von Tittas Haus. Außen. Tag. Frühling.

Durch das Gitter hindurch, das den Garten umgibt, sehen wir Titta, wie er die Stufen vom Vorplatz im Sprunge nimmt, an der Hausfront entlangläuft und hinter der Ecke verschwindet. Außer sich vor Wut rennt der Vater hinter ihm her und brüllt:

Tittas Vater: Komm her, du elender Verbrecher! Komm her!

Titta (überlappend): Ich habe nichts getan, Papa! Wenn ich komme, verprügelst du mich doch nur!

Auf dem Küchenvorplatz schreit die Mutter mit schriller Stimme.

Tittas Mutter: Aurelio! Aurelio! Laß ihn doch laufen! Komm her!

Der Vater macht jetzt kehrt und läuft auf das Haus zu.

Tittas Vater: Wenn ich dich zu fassen bekomme, schicke ich dich diesmal in eine Anstalt!

Tittas Mutter: Aurelio, da sind Leute, die uns zusehen!

Der Mann verlangsamt seinen Schritt und deutet einen etwas gezwungenen Gruß an.

Tittas Vater: Guten Tag!

Er bleibt vor seiner Frau stehen und spricht zu ihr, zunächst zwischen den Zähnen zischend und dann ohne jede Zurückhaltung brüllend:

...Von morgen früh an keine Schule mehr, kein Taschengeld, er wird bei mir den Handlanger machen!

Tittas Mutter (überlappend): Ja, ja, schon gut, schon gut...

Titta (off): Bezahlst du mich dann, Papa?

Die Stimme des Sohnes entfesselt von neuem die Wut des Mannes, der mit seinem Hosengurt in der Hand wieder nach der anderen Hausecke läuft, wo er stehen bleibt und mordgierig verspricht:

Tittas Vater (von hinten): Ich werde dich mit Hammerschlägen ins Gesicht bezahlen!

(zu seiner Frau) und du wirst mir sagen, von wem dieses Stück Dreck von einem Sohn eigentlich stammt! Ich habe in seinem Alter schon drei Jahre gearbeitet!

Titta, der sich infolge der Entfernung, die zwischen ihm und seinem Vater besteht, sicher fühlt, wagt von der äußersten Hausecke aus ungeduldig zu rufen:

Titta: Ja, ja, ich weiß, Papa! Und was du schon verdient hast! Und alles Geld hast du der Großmutter gegeben!

Der Vater stürzt sich von neuem auf den Jungen, der aber schleunigst verschwindet.

Tittas Vater (von hinten): Du Saukerl, du...

Tittas Mutter (off): Jetzt aber genug, ihr da. Kommt und eßt!

Auf die energische Aufforderung seiner Frau hin bleibt er stehen. Er kehrt zurück und eilt, den Nachbarn verkrampft zulä-
chelnd, die Stufen hinauf.

> *Tittas Mutter:* Wir bringen ja die Hühner zum Lachen!
> Die Hühner müssen ja lachen!

Tittas Haus. Innen. Tag. Frühling.

Tittas Vater und Mutter stehen auf der Veranda, auf die man
durch das Dunkel der Küche hindurch sieht.

> *Tittas Vater:* Ich mache in meinem Haus, was ich will,
> verstanden?
> *Tittas Mutter:* Und tust du das etwa nicht? Du bist ja der
> liebe Herrgott hier.

Sie kommen ins Haus.
Pataca, dem alles völlig entgangen ist, nagt weiter an seinem
Hühnerbein herum. Auch Gina und Oliva essen weiter. Tittas
Vater bemüht sich, den Gurt wieder durch die Schlaufen seiner
Hose zu ziehen. Die Frau tritt an den Tisch und verlangt schroff
von ihrem jüngeren Sohn:

> *Tittas Mutter:* Gib mir den Teller deines Bruders! ... Gib
> mir den Teller deines Bruders!!!

Oliva reicht der Mutter den Teller.

> *Tittas Vater:* Stell den Teller hin! Wohin gehst du?
> *Tittas Mutter:* Aber was hat er denn getan? Was hat er
> denn getan?
> *Tittas Vater:* Was er getan hat? Was er getan hat? Ich
> werde dir zeigen, was er getan hat!

Der Mann wirft den Gürtel auf den Boden und verschwindet
mit Riesenschritten, offenbar um etwas zu holen. Mit dem Teller in der Hand, fragte die Frau erst Pataca, dann das Mädchen,
die mit hilflosen Gesten reagieren.

> *Tittas Mutter:* Was hat er denn getan? Aber was hat er
> denn nur getan?

Dann schreit sie mit zornglühenden Augen Oliva wie eine
Wahnsinnige an.

> Was hat dein Bruder getan? Heraus mit der Sprache.
> Sprich, sonst erwürge ich dich!
> *Oliva* (off): Aber ich weiß es doch nicht, Mama!

Tittas Mutter: Was denn, du weißt es nicht?

Von neuem sieht man das helle Rechteck der Glastür im Hintergrund der dunklen Küche. Alle sitzen an ihrem Platz. Ein Männerhut in der Hand von Tittas Vater kommt ins Bild.

Tittas Vater (off): Hier, sieh dir den Hut des Cavaliere Biondi an!

Von einem erneuten Wutanfall gepackt tritt der Mann zu seiner Frau und klatscht ihr den Hut an die Nase.

Tittas Vater: Er ist gestern ins Kino gegangen! Riech mal, wie der stinkt. Und weißt du, wer es gewesen ist?

Tittas Mutter: Ja, was ist denn damit?

Tittas Vater: Dieser heruntergekommene Lumpenkerl, dein Sohn, hat von der Galerie drauf runtergepißt . . .

Mann und Frau stehen einander gegenüber, ganz dicht.

. . . und unten saß der Cavaliere Biondi! Drei Scudi, drei Scudi habe ich ihm zahlen müssen! Drei Scudi!

Tittas Mutter (überlappend): Ich bin sicher, er ist es gar nicht gewesen! Das haben bestimmt diese Gauner, seine Schulkameraden, gemacht!

Außer sich nimmt er den Hut zwischen die Zähne, als wolle er ihn verschlingen, dann wirft er ihn zu Boden und bricht noch einmal wütend los:

Tittas Vater: Es ist immer dasselbe!

Dann läuft er zum Tisch, stützt sich mit den Händen darauf, als fürchte er, von Wut übermannt zu werden, und stößt keuchend mit erstickter Stimme hervor:

. . . du darfst diesen Galgenstrick, der immer schlimmer wird, nicht auch noch verteidigen! Diese zwei Verbrecher. Du hast sie schlecht, ja miserabel erzogen! Jawohl, jawohl!

Die Frau geht langsam auf den Tisch zu und stellt Tittas Eßteller hart hin. Dann antwortet sie mit zunehmend zorniger werdender Stimme:

Tittas Mutter: Soo? Soo? Dann mach du es doch besser. Schlag du dich damit herum! Ich kann nicht mehr!! . . .

Mit verdrehten Augen brüllt sie wie verrückt.

. . . Ich werde wahnsinnig! . . . Wa-a-hnsinnig! Ich werde wahnsinnig, sage ich dir. Ah! Ich bringe euch alle noch um!

Tittas Vater (off): Ja, morgen!

Die Frau tritt an die Anrichte, bleibt hinter Pataca stehen, der immer noch an seinem Hühnerknochen nagt, und fährt in herausforderndem Ton in ihrer Rede fort.

Tittas Mutter: Ich bring euch alle um! ... Oder glaubt ihr das etwa nicht?

Sie nimmt den Suppentopf, der auf der Anrichte steht, zeigt hinein und erklärt mit erschreckender Bestimmtheit:

... ich tu euch Strychnin in eure Suppe!

(off) ... Jawohl, das tue ich eines Tages!

Tittas Vater verfolgt, auf den Tisch gelehnt, keuchend die Bewegungen der Mutter.

Unerwartet erhebt sich der Großvater und verläßt, als riefe ihn eine Stimme von geheimnisvoller Dringlichkeit hinaus, die Küche. Er begibt sich in das Eßzimmer und sagt mit an die Rückenlehne des Stuhls geklammerten Händen mehrmals:

Großvater: Eins, zwei, drei! (Furz) Eins, zwei, drei! (Ein zweiter Furz!)

Doch sind diese beiden nur eine abgekürzte Version des letzten, volltönenden, den er mit einer die Bahn freigebenden Kniebeuge erzielt.

... Eins, zwei, drei (Kräftiger Furz)

Tittas Vater (off): Nein, du wirst uns kein Strychnin in die Suppe tun!

Tittas Mutter (off): Doch, ich tue euch Strychnin hinein!

Tittas Vater (off): Du tust es nicht!

Tittas Mutter: Doch, ich tue es hinein und bringe euch alle um!

In der Küche bricht Tittas Mutter abschließend in ein Schluchzen der Verzweiflung aus.

Tittas Mutter: ... Vielmehr ... ich bringe erst mich um! Jetzt! Jawohl, jetzt gleich!

Sie läuft davon und schließt sich im Klo ein.

Tittas Vater (off): Jawohl, so ist es recht!

In einem Anfall von wetteiferndem Wahn brüllt Tittas Vater nun seinerseits:

... Überhaupt bringe ich mich zuerst um!

Und mit beiden Händen versucht er darauf, sich die Kinnlade auszurenken. Oliva sieht dem Vater amüsiert zu und macht den Onkel auf ihn aufmerksam.

Oliva: Onkel, Onkel, sieh mal den Papa an!

Pataca nickt mit dem Kopf, als ob er sagen wolle: Ich sehe schon, ich sehe schon. Keinen Augenblick aber hört er zu kauen auf.

Nachdem der Selbstmordversuch durch Ausrenken der Kinnlade mißlungen ist, sieht der Mann sich einen Moment lang wütend im Kreise um. Dann wendet er sich zur Anrichte und ohrfeigt sich selbst methodisch und mit Feuereifer.

> *Tittas Vater* (von hinten): Warum bin ich derart vom Unglück verfolgt? Warum? Warum? Was habe ich getan? Was habe ich getan?

Tittas Mutter hat sich im Klo eingeschlossen und steht an die Tür gelehnt, noch von den letzten Zuckungen ihres Wutanfalls geschüttelt.

Dann richtet sie sich das Haar, bringt ihre Kleider in Ordnung und wirft einen kurzen Blick auf ihr Spiegelbild.

Auch der Gatte scheint jetzt ruhiger geworden zu sein. Ohne ein Wort zu sagen, nimmt er seinen Platz oben an der Tafel wieder ein. Ein unvorhergesehener Fluch jedoch kündigt einen neuen Zornanfall an, den wildesten.

> *Tittas Vater:* Verrecken soll ...

Der Mann packt das Tischtuch, zieht es heftig an sich, verliert das Gleichgewicht und stürzt rückwärts mit dem Stuhl um, wobei er im Fall das Tuch, die Teller, die Gläser und die Flaschen mit hinunterreißt.

Pataca nimmt gerade noch im letzten Augenblick seinen Teller an sich, und auf diese Weise rutscht das Tischtuch fort, ohne ihn in seiner Mahlzeit zu unterbrechen, die er gelassen fortsetzt.

> *Oliva:* Papa! (lacht)
> *Gina:* Aber Signor Aurelio! ...

Tittas Vater fällt auf den Boden, von einem wahren Geschirrregen gefolgt.

> ... Haben Sie sich wehgetan?

Der Großvater kommt wieder in die Küche und bemerkt, ohne die Fassung zu verlieren ...

> *Großvater:* Oh? Was tust du denn da auf dem Boden, hm?

Der Mann steht wieder auf, bringt sich einen Augenblick wieder in Ordnung, bleibt dann unbeweglich stehen und starrt mit in die Weste geschobenen Daumen den Pataca an, der friedlich weiterißt.

Tittas Haus. Küche. Innen. Tag. Frühling.

Auf der Küchenschwelle erscheint Tittas Mutter.
Sie sieht müde, erschöpft aus und fragt mit tonloser Stimme:
> *Tittas Mutter:* Wie viele Teller sind kaputtgegangen?

In der Küche ist nur noch der Großvater in seiner Ecke sitzen
geblieben.
Gina kniet am Boden und sammelt die zerbrochenen Teller
und Gläser auf.
> *Gina:* Fünf.
> *Tittas Mutter:* Und wie viele Gläser?
> *Gina:* Drei.
> *Tittas Mutter:* Und das alles muß er immer selber bezah-
> len, das Arschloch!

Tittas Mutter entfernt sich. Gina steht mit dem Aufwischlappen in der Hand wieder auf.
> *Großvater:* Gina!
> *Gina:* Ja?
> *Großvater:* Da unten liegt noch ein Glas.

Der Großvater zeigt auf irgend etwas in der Ecke neben der
Anrichte.
Gina geht um den Tisch herum zur Anrichte und bückt sich, um
danach zu suchen.
> *Gina:* Wo denn?

Der Großvater wirft einen lüsternen Blick auf das Hinterteil
des Mädchens.
> *Großvater:* Da!
> *Gina:* Aber wo denn?
> *Großvater:* Da unten, sieh nur mal genau hin!

Gina wendet sich langsam, bemerkt den Blick des Alten, steht
wieder auf und schilt ihn geduldig, aber verärgert aus, während sie weiter die Küche aufwischt.
> *Gina:* Das ist das drittemal, daß Sie mich veranlassen,
> mich zu bücken! Und dabei ist nichts mehr da unten. Ih-
> nen gehört heißes Wasser über den Kopf! Dabei haben Sie
> den Toten auf dem Gewissen!

Sie geht zurück zum Spültrog und spült den Aufwischlappen
aus.
> *Großvater:* Wer? Ich? Auch wenn er tot wäre, wie du
> sagst ... Ich habe ihn nicht Hungers sterben lassen! ...

Der Großvater senkt den Kopf, um sich untenherum zu betrachten und fragt vergnügt:

... Habe ich nicht recht, Bastiano? (lacht)

Dann hebt er ihn wieder und kreuzt befriedigt schmunzelnd die Arme über der Brust.

Corso mit Geschäften. Außen. Abend. Frühling.

Eine Prozession von schwarzen Silhouetten zieht vor den Leuchtreklamen der Geschäfte unter den Arkaden vorbei. Wie an jedem Abend promenieren sie auch heute auf dem Corso, der die beiden Plätze, Piazza delle Erbe und Piazza del Comune miteinander verbindet. Zwei Menschenströme bewegen sich langsamen Schrittes in entgegengesetzten Richtungen.

Die Gruppe von Titta und seinen Freunden vermischt sich mit der Menge unter den Arkaden. Die Jungen treiben Unfug, lachen und scherzen untereinander. Titta versetzt Conte Poltavo einen Schlag auf den Hut.

Titta: Conte Poltavo, da, zahl mirs heim, wenn dus wagst! (lacht)

Conte Poltavo: Auf den Hut!

Naso: Conte Poltavo mit deinem Hut, zerquetsch ihm die Eier, zerquetsch sie ihm gut!

Beim Anblick des Doktors Zeus, der stehengeblieben ist, um sie mit dem drohenden Blick eines Polizeibeamten zu beobachten, benehmen sie sich wieder manierlich und gehen an ihm vorbei, mit einem ironisch übertriebenen Faschistengruß. Auf den Arm des Direktors gestützt, deklamiert der Italienischprofessor:

Italienischprofessor (off): Al forte fianco ardente dui ... lor virtù prisca i miei carmi avranno ...

Ciccio: Herr Direktor!

Lenzi: Guten Abend, Herr Direktor!

Naso: Miau! (lacht)

Der Direktor mit seinem feuerroten Bart geht in Begleitung des Italienischprofessors weiter.

Italienischprofessor: ... onde il membrar ch'essi già fur che io fui irresistibile fiamma divamperanno! ...

Auch die Buben gehen unter den Arkaden weiter. Auf einmal erkennt Gigliozzi von ferne die Gradisca.

Gigliozzi: Die Gradisca!

Naso: Wo?

Ciccio: Da unten!

Die Gruppe macht sich schleunigst an die Verfolgung. Nur Titta
bleibt zurück, macht ein paar zögernde Schritte, bleibt dann
stehen und sieht sich suchend um. Die Gradisca, begleitet von
ihren Schwestern, kommt mit selbstgefälliger Miene einher.

Titta bleibt noch einen Augnblick stehen, um die Lage zu
überblicken, dann rast er in ein Gäßchen, das vielleicht eine
Abkürzung ist.

Mit stillschweigender Billigung der Schwestern grüßt die Gradisca mit einem langen maliziös lächelnden Blick den Gerarca,
der mit einem langen Blick geheimen Einverständnisses den ihren erwidert. Der Parteioberbonze ist in Uniform, höchst elegant, mit einer Reitpeitsche in der Hand, die er mit einer
knappen, raschen Bewegung hebt, um den Faschistengruß zu
erwidern, der ihn immer wieder auf seinem Weg erwiesen wird.
Steif und kerzengerade schreitet er von einem Untergebenen begleitet einher.

Untergebener: ...Der Grund und Boden gehört dem Erz-
bistum, aber wenn Sie mit dem Erzbischof sprechen und
ihm die Genehmigung erteilen, in den Schulen Heiligen-
bilder und religiöse Kalender zu verkaufen, bin ich sicher,
daß es nicht nötig ist, dem Federale[1] Geld zu geben. Wir
können die Angelegenheit unter uns erledigen ...

Kaum ist die Gradisca vorbeigegangen, so wendet er sich auch
schon um und beobachtet verstohlen und mit erzwungener
Nonchalance die mit der kraftvollen Anmut von Meereswogen
weich rollenden Hüften der Gradisca. Man denkt dabei un-
willkürlich an die gewaltigen Räder einer Lokomotive. Tittas
Freunde, die der Gradisca folgen, machen Kolbenbewegungen
nach, die sie mit einem rhythmischen Zischen wie dem Schnau-
fen einer Lokomotive begleiten.

Ovo – Naso – Gigliozzi: Sch ... Sch ... Sch ...

Naso: Gradisca!

Titta kommt atemlos aus einem weiter vorn einmündenden
Gäßchen, bleibt stehen und schaut aufgeregt zu. Gradisca, immer mit der Bande von Schulbuben auf den Fersen, macht vor

---

[1] Begriff aus dem italienischen Faschismus, entspricht dem deutschen ›Gauleiter‹.

dem Kino ›Fulgor‹ halt. Sie nähert sich dem Besitzer, der unter der Tür steht.

> *Gradisca:* Wann wird bei Ihnen ›Das Tal der Liebe‹ mit Gary Cooper gezeigt?

Der Kinobesitzer antwortet galant mit einer Stimme, die klingt, als spräche das Double des amerikanischen Stars.

> *Kinobesitzer:* Nächste Woche, Verehrteste! (lacht)
>
> *Gradisca:* Vielen Dank!

Gradisca setzt sich am Arm der Schwestern wieder in Bewegung, begleitet von den neckenden Bemerkungen der Buben.

> *Naso* (off): Wann bringst du denn dein Prinzchen in die Heia?

Die Frau dreht sich um, läßt die Arme ihrer Schwestern fahren, macht ein paar Schritte in der Richtung auf die unverschämten Burschen zu und droht mit wütender Stimme:

> *Gradisca:* Dir schlag ich noch die Handtasche um die Ohren!
>
> *Gradisca* (off): Glaubst du etwa nicht?
>
> *Kinobesitzer* (off): Das sind doch bloß dumme Jungen!

Naso reagiert mit einer drolligen, mädchenhaften Geste.

> *Naso:* Gradisca!

Hinter ihm schütteln sich Conte Poltavo und Ciccio vor Lachen.

In strengem Ton bemerkt abschließend die Gradisca:

> *Gradisca:* Blödian!

Dann kehrt sie zu den Schwestern zurück und verschwindet mit ihnen zusammen in der Menge.

Der Kinobesitzer nähert sich Giudizio, der vor sich hinsingend neben dem Kinoeingang hin und her hüpft, und weist ihn schroff von seiner Schwelle.

> *Giudizio* (trällert): Ich singe dies Liedchen, das mir so gut gefällt und das immer weitergeht ... du, dudu, dudu, du!
>
> *Kinobesitzer:* Pack dich, Giudizio, du störst hier! Mach, daß du fortkommst!

Eine kleine Frau mit einer Kapuze kommt aus dem Kino und läßt mit vor Rührung geröteter Nase ihren Gefühlen freien Lauf.

> *Kleine Frau:* Es war so schön, und ich habe so geweint!

Der Advokat mit dem Fahrrad, das er an der Hand führt, belehrt uns mit zwei erhobenen Fingern.

> *Advokat:* Romanisch, 1200, vollkommen erhalten ...

Er begibt sich weiter mitten unter die Leute, bleibt stehen, lehnt das Rad an seinen Körper, führt mit beiden Händen eine Kreisbewegung aus und teilt uns dann halblaut mit, während er die Hand um den Mund legt:

... Zweibogig ...

macht aber plötzlich ein Zeichen:

... Entschuldigen Sie, bis nachher.

Der Schönling, dem wir schon im Friseursalon begegnet sind, hält Pataca, der in diesem Augenblick auf ihn zukommt, ein Telegramm unter die Nase.

Stutzer: Lallo! Lies das Telegramm, das Penna Bianca[1] aus Stockholm bekommen hat!

Gigino Penna Bianca, der Empfänger des Telegramms, schaut an die Wand gelehnt, in einer Pose romantischer Traumverlorenheit, vor sich hin. Er hat einen eleganten schwarzen Schlapphut auf dem Kopf, trägt einen langen schwarzen Pelzmantel und einen bezaubernd elegant um den Hals geschlungenen schwarzweiß gewürfelten Schal. Er ist der schönste Mann im Ort und wird Penna Bianca genannt wegen einer unwiderstehlich reizvollen weißen Strähne, die sein Haar durchzieht.

Pataca nimmt das Telegramm und liest es laut vor, während der Stutzer jedes Wort wiederholt.

Pataca: ›Komm sofort, halte es nicht länger aus. Inge‹.

Stutzer (von hinten): Aha! ›Komm sofort, halte es nicht länger aus. Inge‹. Da sieh mal einer an!

Der Stutzer und Pataca sehen einander einen Augenblick an, dann wendet sich Pataca zu Penna Bianca.

Pataca: Aber wer ist das denn? Die Raffzähnige von diesem Sommer?

Ohne sich sonst zu rühren, nickte der Schöne langsam, selbstgefällig mit dem Kopf, als wolle er sagen: Na freilich!

Pataca (off): Und was tust du? Fährst du hin? Da oben ist es jetzt sicher kalt! ...

Der Stutzer starrt Gigino neugierig an, dreht sich einen Moment zu Pataca um, wendet dann aber seinen Blick wieder dem Verführer zu, der immer noch, ohne sich zu bewegen oder zu sprechen, eine Miene zur Schau trägt, als nehme er unerschüttert sein Schicksal hin.

---

[1] Weiße Feder

Hinter dem Fenster der Maklerfirma fixieren Titta und seine Freunde lange den Makler, der an seinem Schreibtisch sitzt. Er ist ein Mann von etwa fünfzig Jahren, dick und mit einer Mütze auf dem Kopf. Auch er starrt seinerseits unbeweglich die Jungen an. Ganz offensichtlich ist dies ein Spiel, das sich allabendlich wiederholt. Es geht darum, festzustellen, wer es länger aushält. Jetzt fängt der Makler, ohne sich zu bewegen, zwischen den Zähnen zu fluchen an:

Makler (Dialekt der Provinz Marche): Hinterher heißt es, wenn ich ihm eine Revolverkugel zwischen die Augen schieße, du hast eine Sünde begangen, du bist ein Mörder ...

Die an das Fenster gepreßten Gesichter der Jungen werden zu höhnisch verzerrten Fratzen.

Makler (off): ... in ungelöschten Kalk würde ich sie schmeißen!

Man sieht die Jungen von hinten, dicht an das Fenster gepreßt. Unversehens steht der Makler fluchend auf und stürzt in der Hoffnung, doch wenigstens einen dieser Schelme packen zu können, zur Tür. Aber Titta und seine Freunde entwischen und verschwinden im Gewühl.

Makler: ... Die Madonna soll euch dahinraffen, allesamt.

Ciccio (lacht).

Ein Mann: Einen in den Arsch und einen in den Sack!

Pataca, Gigino Penna Bianca und der Stutzer kommen auf dem Corso daher. Sie sprechen immer noch von der Sache mit dem Telegramm.

Stutzer: Wie heißen die Einwohner von Stockholm? Stockfische?

Penna Bianca (von hinten): Und meine Mutter? He?

Pataca bleibt stehen und bemerkt in gemeinem Ton:

Pataca: Bei so einer Raffzähnigen ... wäre mir die Mutter ... also wirklich ...

Plötzlich durch näherkommendes Wagenrollen abgelenkt, stellt er sich mitten auf die Straße, um zur Piazza del Comune hinüberzuschauen, und verkündet:

... Aha! Die Neuen für die nächsten zwei Wochen!

Er stößt einen Pfiff aus und läuft eilig auf die andere Seite der Straße, während der Wagen im Trab näher kommt.

Er klopft energisch an die große Fensterscheibe des Café ›Commercio‹, des Treffpunkts aller ›vitelloni‹.

Pataca: Hallo, Achtung!

Über dem Fenstervorhang zeigen sich ein paar von seinen Freunden, denen er ein Zeichen macht, damit sie schnell auf die Straße schauen.

Während der Wagen vorbeifährt, erscheint auf Patacas gaffendem Gesicht ein breites, dümmliches Lachen.

>*Die Bordellmutter* (off): Ich habe jetzt in alle Zimmer Heizkörper einbauen lassen . . .

Der Wagen des Kutschers Madonna (er wird so genannt, weil er dickbauchig ist, fast wie ein Bison), auf dem die Prostituierten für die nächsten vierzehn Tage sitzen, fährt zwischen den beiden Strömen der promenierenden Menge dahin.

Man hört hie und da ein Murmeln der Bewunderung, aber auch vereinzelte Spottrufe und Gelächter. Dora, die Bordellmutter, ein blondes Riesenkaramel in einem Pelzmantel, sitzt auf dem Bock und sieht sich lächelnd und selbstzufrieden um.

>*Bordellmutter:* . . . Ah, wenn ich auf Signor Otello gehört hätte, wäre ich jetzt in Australien . . . und könnte die große Dame spielen, ihr blöden Kerle, ihr!

Neben ihr lenkt der Kutscher Madonna seinen Wagen geradeaus mit einer mehr als sonst gerunzelten Stirn, als wollte er zum Ausdruck bringen, daß er mit dieser Fuhre nichts zu tun habe.

Die Gradisca hat sich von ihren Schwestern gelöst, die jetzt neben ihr stehen. Sie verfolgt den vorbeifahrenden Wagen mit einem Blick, in dem Staunen und Bewunderung, mit einem kaum merklichen Anflug von Neid oder auch Heimweh gemischt, allmählich einer verzauberten Starre weichen. Die kleinere der beiden Schwestern weist amüsiert mit der Hand auf die Insassinnen.

>*Kleine Gradiscaschwester:* Sieh mal, die Dicke mit der Kapuze!

Ohne die Augen von dieser aufsehenerregenden Erscheinung abzuwenden, gibt die Gradisca der Schwester einen Klaps auf die Hand, wie man es bei Kindern macht, die etwas Ungehöriges sagen.

. . . Was ist denn?

Die Mädchen auf dem Wagen sind stark geschminkt und haben sich mit bizarren, aufreizenden Kopfbedeckungen geschmückt. Sie unterhalten sich miteinander, lachen und stellen sich zur

Schau, um die Aufmerksamkeit der Menge auf beiden Seiten auf sich zu ziehen.

Erste Prostituierte: ... Ein Toter, der tanzt!

Zweite Prostituierte (lacht).

Titta und seine Freunde, die in einer Reihe nebeneinander stehen, begrüßen die vorbeifahrenden Dirnen mit Späßen, Zurufen und kleinen Bockssprüngen.

Naso: Ich steig auch noch auf.

Ovo: Da bin ich!

Auf dem Wagen verschwindet eine der Dirnen, die sehr klein geraten ist, beinahe zwischen zwei anderen, die sie überragen. Eine von diesen nimmt einen Zug aus der Zigarette und stößt dann den Rauch aus, während sie auf obszöne Weise die Zunge zwischen den roten Wulstlippen bewegt.

Der Geschichtsprofessor und der für Philosophie, die vor einem Hutladen stehen, beobachten die vorbeifahrenden Prostituierten: der Geschichtsprofessor saugt an seiner unvermeidlichen Zigarette, wobei er die Finger steif gespreizt vor den Mund hält. Der Philosophieprofessor hört zu sprechen auf, beide Hände zu einer erklärenden Geste erhoben.

Philosophieprofessor: ... mit diesem geheiligten Recht auf ein ... Plätzchen ... an der Sonne.

Oben auf dem Kutschbock spricht die Bordellmutter mit dem Kutscher Madonna, der noch dicker wirkt, weil er sich förmlich aufbläst, um eine Unbeteiligtheit zu markieren, die jede Vertraulichkeit ausschließt.

Bordellmutter: ... Oh, das war ein großer, schöner Mann! Er hatte Ähnlichkeit mit Wallace Beery ...

Madonna (von hinten, überlappend): Weiß ich nicht! Erinnere mich nicht! Erinnere mich nicht! Weiß ich nicht!

Darauf wendete sie sich um und fragt die Mädchen.

Bordellmutter: Erinnert ihr euch noch?

(überlappend): ... Mit seinem kleinen Spitzbart sah er aus wie ein Herzog aus Paris.

Neben dem vorüberfahrenden Wagen defilieren die Zuschauer und schauen zu: es sind unscharfe Silhouetten, dunkle Profile, unbewegliche Gestalten an den wenigst beleuchteten Punkten der Straße. Der Kellner der Bar 2000 tritt auf die Straße und schaut, während er sich mit starrem gierigem Blick die Hände an der Schürze abtrocknet, dem sich entfernenden Wagen nach.

Nachdem dieser rund um die Piazza delle Erbe herumgefahren ist, biegt er wieder in den Corso ein. Die Pferde verfallen in einen leichten Trab.

Ein blonder Mann mit dem Mantel und Gesicht eines Seemanns sagt zu seinem Nachbarn:

Blonder Mann: Teufel auch, was für eine Ladung!

Von neuem bildet sich ein Spalier von Leuten, die stehenbleiben und gaffen: Männer, Frauen, Bauern, Kaufleute aus dem Ort. Giudizio pfeift und stampft auf den Boden, im Mund eine erloschene Kippe.

Zwei von Tittas Freunden laufen zwischen den beiden Reihen von Neugierigen hinter dem Wagen her. Immer wieder springen sie in die Höhe, um besser zu sehen. Zwei Frauen tauschen Bemerkungen aus.

Erste Frau: Weißt du auch, wer das hier eingerichtet hat?

Zweite Frau: Die Schwester von Ottavio.

Erste Frau: Genau!

Die Inhaber des Devotionaliengeschäfts – Mann und Frau – stehen auf der Schwelle ihres Ladens. In dem beleuchteten Schaufenster winden sich die eindrucksvollen Märtyrer der Kirche in Todesqualen: eine Reihe von pfeilgespickten heiligen Sebastianen und Santa Lucias mit den Augen auf dem Teller. Vor dieser blutrünstigen Ausstellung von Opfermut steht der Bettler des Ortes: ein scheuer Gnom, ein aufgeschwemmtes, kugelrundes, kleines Wesen, das schweigend zuschaut. Er trägt ein schwarzes Mäntelchen, eine seltsame Mütze und hält in der einen Hand seinen Bettelnapf, in der anderen einen kleinen Stock. Von neuem erscheint der Advokat, der wieder sein Rad mit der Hand führt. Er wendet seinen Blick von dem Wagen ab, der gerade vorbeigefahren ist, und breitet die Arme in einer Geste heiterer Ergebung aus.

Piazza und Corso mit Läden. Außen. Nacht. Frühling.

Die Straße liegt verödet da. Die letzten Nachtschwärmer treten den Heimweg an: ein Ehepaar eilt vorbei. Ein Betrunkener schwankt, auf beiden Füßen stehend, während der Hund ihn verstört umkreist. Über sein Lenkrad gebeugt, kommt Scurèza di Corpolò mit höchster Geschwindigkeit und eingeschalteten Scheinwerfern angesaust, stürzt sich auf die Piazza delle Erbe und kehrt auf den Corso zurück, um dann endgültig im Dunkel unterzutauchen.

Betrunkener: Scurèza! He! Scurèza!

Das Leuchtschild des Kino ›Fulgor‹ erlischt. Die Platzanweiserin Usciaza läßt den letzten Laden herunter, während Giudizio den Boden nach Kippen absucht. Auch die Schaufenster und das Firmenschild des Ladens ›Zu den vier Jahreszeiten‹ sind jetzt in Dunkel getaucht. Der Bettler richtet sich in einem Winkel unter den Arkaden ein. Mit seinen kleinen Händen grüßt er die Büste Victor Emanuels über ihm, grüßt uns, dann fällt er, an die Mauer gelehnt, in den glücklichen Schlaf der Gnomen.

Bettler: Gute Nacht, Vittorio. Gute Nacht, ihr alle!

Noch einmal der Corso mit den Lampen. Ein mit einem Mantel bekleideter Bauer beugt sich von Zeit zu Zeit spähend hinter einer Säule der Arkaden vor.

Stimme Fellinis: Weg da! Weg da! Geh weg!

Aus einem Gäßchen kommt langsam, in gemessenem Tempo, der Wagen des Mannes, der die Senkgruben leert, zum Vorschein. Er wird Colonia[1] genannt. Ein Hund trottet einher, mit der entschlossenen Sicherheit von jemandem, der weiß, wohin er geht, dann verschwindet er in einer kleinen Seitenstraße.

Mitten auf dem Corso beschreibt Colonias Gefährt einen großen Bogen und biegt in die Toreinfahrt des Palazzo Lovignano ein.

Hof des Palazzo Lovignano. Außen. Nacht. Frühling.

Man sieht die brennenden Lampen des Wagens, die sich in den dunklen Torgang des Palais hineinschieben. Der Haushofmeister des Grafen leuchtet, in eine Decke gehüllt und mit einer großen Karbidlampe in der Hand, dem Wagen, der in den nebelfeuchten Hof einfährt und dort einen großen Bogen beschreibt ...

---

[1] Kölnisch Wasser

116

Haushofmeister: Hier herein! . . .

. . . Der Lichtkegel der Lampe beleuchtet einen Pfau, der erschreckt in seinem Käfig hin und her hüpft . . .

Der Wagen bleibt mitten auf dem freien Platz vor dem Haus stehen.

Haushofmeister: Hier herein. Wenden, wenden, wenden, wenden! Vorwärts! (hüstelt)

Colonia steigt ab und grüßt den Haushofmeister.

Colonia: Was ist hineingefallen?

Haushofmeister: Der Brillantring der Contessina.

Ein Fenster des Palazzo wird hell, und man erkennt in dem schwachen Licht eine eingelegte antike Kassettendecke. Mit einem Morgenrock bekleidet, erscheint die Contessina, schaut – ein bleiches, schweigendes Phantom – in den Hof hinab und lehnt sich nachlässig und abwartend an einen der Pfosten des Fensters.

Colonia hat einen langen Haken ergriffen und versucht jetzt, den schweren Betondeckel der Senkgrube hochzuheben, während der Haushofmeister die Karbidlampe in die Höhe hält, um ihm zu leuchten.

Colonia: Und wann ist das geschehen?

Haushofmeister: Die Contessina geht immer gegen elf Uhr auf die Toilette. Dabei wird er hineingefallen sein . . .

Colonia hält in seiner Bewegung inne und grüßt, ohne den Haken loszulassen, zu dem Fenster hinauf, indem er den Hut abnimmt und sich förmlich verbeugt.

Colonia (von hinten): Signor Conte! . . . Contessina!

Haushofmeister (von hinten, überlappend): Signor Conte, es ist Colonia.

Am Fenster ist jetzt auch der Conte erschienen, ein Mann von hagerem Wuchs, der über einem Wollpullover den Mantel um die Schultern genommen hat.

Mit sonorer, eindringlicher Stimme legt er Colonia seine Aufgabe ans Herz.

Conte di Lovignano: Ich bitte sehr darum, Colonia, sehen Sie zu, daß Sie ihn wiederfinden, er ist ein Familienerbstück, und das Mädelchen hängt so sehr daran!

Dann streicht er zärtlich der Tochter über das Haar.

Colonia (off): So einfach ist das allerdings nicht, Signor Conte.

Colonia macht sich wieder daran, kräftig an dem Deckel zu ziehen, um ihn zu bewegen.

> *Conte di Lovignano* (off): *Nihil difficile volenti*, Colonia! ...

Vom Fenster aus ermuntert er ihn in wohlwollendem Ton.

> (on) ... und es sollte eigentlich auch möglichst schnell vor sich gehen. Nur Mut! Wir sind alle bei Ihnen!

Unter den heftigen Rucken des Hakens hebt sich der runde Steindeckel und legt sich langsam auf die Seite. Aus der Grube steigen giftige Miasmen auf. Wir sehen die Beine des Haushofmeisters einen Schritt nach rückwärts machen.

> *Haushofmeister:* Alle Wetter! (hüstelt)

Mit ruhiger Stimme erklärt Colonia:

> *Colonia:* Für mich besteht keinerlei Unterschied ...

Colonia tritt zu dem Wagen, dessen Lampen auch weiterhin leuchten, legt seine Oberkleidung ab und nimmt eine langsame, quasi rituelle Umkleidung vor, indem er die Paramente, um in die Grube hinabzusteigen, anlegt. Während dieses Vorgangs fährt er in seinen philosophischen Überlegungen fort und verkündet sie mit lauter Stimme.

> ... zwischen Wohlgeruch und Gestank. Wenn man uns von Anfang gelehrt hätte, der Wohlgeruch sei schlecht, der Gestank aber nicht, möchte ich mal sehen, wie die Welt dann liefe!

Der Haushofmeister, das Taschentuch vor der Nase und die Laterne in der Hand, wendet dagegen ein:

> *Haushofmeister:* Was für Unsinn du daherredest (hüstelt).
>
> *Colonia* (off, summt vor sich hin).

Auf dem Bock seines Wagens sitzend, zieht Colonia die Stiefel aus.

> *Colonia* (summt vor sich hin): Kein Mensch weiß, weshalb die Scheiße so schlechtgemacht wird! Auch sie ist doch ein Produkt von uns, wie die Gedanken.

Vom Fenster her sehen der Conte und die Contessina ungeduldig zu. Der Edelmann treibt Colonia etwas an ...

> *Conte di Lovignano:* Es ist ziemlich kühl, Colonia. Wir sollten uns beeilen, meinen Sie nicht auch?

Colonias Umkleidung ist beendet. Jetzt bewegt er sich vorwärts mit seinem etwas schwankenden Gang – er hinkt ein bißchen – und bleibt vor den Lampen des Wagens stehen.

Colonia (summt vor sich hin).

Er ist jetzt aufgemacht wie ein Chirurg oder ein Mann, der eine Obduktion vornimmt: seinen nackten Oberkörper bedeckt eine lange Gummischürze, auf dem Kopf trägt er eine kleine Leinwandkappe. Sorgfältig zieht er schwarze Gummihandschuhe an, die wichtigsten seiner Arbeitsutensilien.

Vorsichtig setzt er sich eine Brille auf, die ihn, zusammen mit seiner übrigen Ausrüstung, noch professoraler wirken läßt.

Er reckt sich einen Augenblick, um in die Grube hineinzuschauen, und nickt etwas unschlüssig.

Colonia: Ah, ja! . . .

Dann gibt er dem Haushofmeister durch ein Zeichen zu verstehen, daß er näher kommen soll.

. . . Cornelio, gib mir eine Hand . . .

Der Mann kommt und stellt die Karbidlampe auf den Boden.

Haushofmeister: . . . Und wie ists mit diesem Weinchen vom vorigen Mal?

Colonia: Später, wenn ich den Ring gefunden habe . . .

Der Haushofmeister faßt die beiden Hände Colonias mit den seinen und hilft ihm, in den biologischen Urschlamm hinabzusteigen.

Colonia: . . . Dieser Wein und eine Scheibe Brasadella . . . da fühlt man sich wie im Paradies . . .

Vater und Tochter folgen dem Abstieg in die Grube mit aufmerksamen Blicken. Der Conte streicht von neuem dem Mädchen über das Haar und tröstet sie mit wehmütiger Zärtlichkeit.

Conte di Lovignano: Du wirst sehen, er findet ihn, Diomira, doch, doch!

Auf dem dunklen Hof die helleuchtenden Scheinwerfer des Wagens. Der Haushofmeister geht hin und her und stampft fröstelnd mit den Füßen auf den Boden. Aus der Grube vernimmt man die Stimme Colonias, der weiter vor sich hin summt.

Man sieht nur das schwarze Loch der Senkgrube.

Conte di Lovignano (off): Colonia, wie stehts?

Aus dem übelkeiterregenden Gebrodel reckt sich Colonia ein wenig empor, um Antwort zu geben.

Colonia: Signor Conte, also hier drin einen Ring zu finden . . . (off) . . . das braucht etwas Geduld! . . .

Der Conte nimmt die Hände vom Fenstersims, auf das er sich in besorgter Erwartung gestützt hat, kreuzt in einer Pose, die eher seiner Rolle als feudaler Dienstherr entspricht, die Arme auf der Brust und brummt verdrießlich, die Zigarette im Mund:

> *Conte di Lovignano:* Aber weißt du, du schwatzst ja auch reichlich viel dummes Zeug daher!

Colonia, wieder halb in der grauenhaften Senkgrube verschwunden, tastet mit den Händen den gesamten Kot aus dem Palazzo ab und klaubt die Würste einzeln auseinander. Er ist in seine Arbeit vertieft, starrt aber dabei in die Luft, als ob er mehr lauschte als fühlte.

> *Conte di Lovignano* (off): Nun, Colonia, der Ring?

Auf dem Hof der Haushofmeister mit der Karbidlampe und der Wagen Colonias mit den beiden weißschimmernden Lichtern. Der Senkgrubenmann antwortet, ohne seine Arbeit zu unterbrechen.

> *Colonia* (von hinten): Bisher fühlte ich ihn noch nicht, Signor Conte! Ich suche weiter ...

Nach dieser Antwort Colonias tritt der Graf oben mit einer ärgerlichen Bewegung vom Fenster zurück.

> *Conte di Lovignano:* Ich gehe jetzt zu Bett, bleib du da, Diomira!
>
> *Colonia* (überlappend, von hinten): Jawohl! (Singt vor sich hin).

Oben bleibt die Contessina mit gesenktem Blick stehen.

Öffentliche Anlagen des Orts. Außen. Tag. Frühling.

Es regnet. Das Denkmal für die Gefallenen: Die Siegesgöttin beugt sich über die Schultern des Unbekannten Soldaten.
Zu Füßen des Monuments Tittas Freunde, man sieht sie von hinten unter ihren Regenschirmen unbeweglich stehen, wie sie ...

> *Tittas Stimme:* Dies ist das Siegesdenkmal ...

... das von Regennässe glänzende Hinterteil der Victoria betrachten.

> ... Wir sind täglich hingegangen, um es uns anzuschauen
> ... und ich habe auch noch in der Nacht davon geträumt! ...

Tittas Gefährten heften gierig ihre Blicke auf das bewußte anatomische Detail. Conte Poltavo beschreibt in der Luft einen Kreis, um auf die üppige Rundung hinzuweisen. Naso hingegen macht eine überdeutliche, obszöne Geste mit beiden Händen vor dem Bauch.

Tittas Haus. Schlafzimmer. Innen. Tag. Frühling.

Tittas Mutter streicht eben die Decke auf dem Ehebett glatt.
   Titta (off): Ich gehe jetzt, Mama.
   Tittas Mutter: Und beichte auch richtig . . .
Dann geht sie um das Bett herum.
   (off) . . . Du hast doch wohl kein Wasser getrunken, sonst kannst du nämlich nicht zur Kommunion gehen.
   Titta (off): Aber Wasser darf man trinken, Mama, nur essen darf man nicht.
   Tittas Mutter: Wasser trinken auch nicht . . .
Von der Kommode nimmt sie eine in Spitzen gekleidete Puppe und setzt sie mitten auf die Decke. Immer wieder richtet sie eine Ermahnung an Titta, der jedesmal mit schläfriger Stimme von seinem Zimmer her antwortet.
   . . . und sag ihm, daß du ein Sünder bist . . .
   Titta (off): Jaaa!
   Tittas Mutter (von hinten): . . . daß du deine Eltern wütend machst . . .
   Titta (off): Jaaa!
   Tittas Mutter (von hinten): . . . daß du freche Antworten gibst . . .
   Titta (off): Jaaa!
   Tittas Mutter: . . . und fluchst . . .
   Titta (off): Ciao, Mama!
   Tittas Mutter: . . . Sag alles, hast du verstanden? Alles!

Sakristei der Chiesa dei Servi. Innen. Tag. Frühling.

Don Balosa schließt die Flügel eines der großen dunklen Wandschränke der Sakristei, die bis zur Decke reichen. Dann fragt er:

Don Balosa: Wer kommt zuerst dran?

Er begibt sich zu einer Truhe, auf der er sich bequem niederläßt – seine Füße berühren den Boden nicht –, küßt die Stola
und legt sie sich um. Titta ist der erste. Er durchquert rasch die
Sakristei und kniet auf einem bei der Truhe an die Wand ge-
rückten Betstuhl nieder. Daneben die Gipsstatue von Aloysius
von Gonzaga, dem Heiligen, der eine Lilie in der Hand hält.
Titta bekreuzigt sich, während Don Balosa flüchtig die Ein-
gangsformel spricht.

Don Balosa: In nomine patris et filii et spiritus sancti,
amen.

Don Balosa rückt eilig und geistesabwesend näher an Titta
heran.

Don Balosa: Seit wann hast du nicht gebeichtet?

Titta: Seit Weihnachten!

Don Balosa: Schöne Geschichte! Und bist du an allen gebo-
tenen Feiertagen zur Messe gegangen?

Titta: Ja, aber als ich Mumps hatte, nicht.

Don Balosa: Ehrst du Vater und Mutter?

Titta: Ich schon, aber sie ehren mich nicht! . . .

Durch irgend etwas abgelenkt, unterbricht Don Balosa Titta.

Don Balosa: Aber nicht doch! . . .

Er steht auf, tritt zu einem dicken Geistlichen, der eine Schürze
trägt und Blumen in verschiedene Vasen ordnet, und tadelt mit
zorniger Ungeduld.

Don Balosa (von hinten): Aber nein, doch nicht so! Die
weißen Blumen kommen auf die eine Seite und die gelben
auf die andere!

Dicker Geistlicher: Aber warum denn, ist das nicht ganz
gleich?

Don Balosa (von hinten): Nein, es ist nicht gleich, es ist
eine Frage der Aesthetik.

Dicker Geistlicher: Ich habs verstanden, ich habs verstanden!

Während er zu Titta zurückkehrt, fragt er ihn im gleichen ver-
drießlichen Ton:

Don Balosa: Also wie ist es, ehrst du Vater und Mutter?

Er setzt sich neben den Buben.

Titta (von hinten): Ich sie, ja, aber sie ehren mich nicht,
sie geben mir Kopfnüsse . . .

Don Balosa: Da sieht man, daß du sie zum Zorn reizt. Hast du sie angelogen?

Titta (von hinten): Na ja ... Notlügen schon!

Don Balosa: Begehrst du Hab und Gut der anderen?

Titta (von hinten, überlappend): Ja, den Regenmantel von Sborone[1]. Verzeihen Sie! ...

Don Balosa, der nicht aufgehört hat, den dicken Priester zu überwachen, greift von neuem ein ...

Don Balosa: Und die kleinen Blumen in die kleinen Vasen!

Dann wendet er sich wieder Titta zu und nimmt hastig und geistesabwesend seine Frage wieder auf:

Was war das, was du begehrst?

Titta (von hinten): ... Da ist einer meiner Schulkameraden, wir nennen ihn Sborone, der hat einen Regenmantel, wissen Sie, mit lauter Schnallen, so wie die Detektive von William Powell und Myrna Loy sie tragen.

Don Balosa zieht das Taschentuch und schneuzt sich trompetend. Dann verfällt er wieder in seine rauhe, zerstreute Art, Fragen zu stellen.

Don Balosa: Nimmst du unkeusche Handlungen vor? Berührst du dich? Du weißt doch, daß der heilige Aloysius Tränen vergießt, wenn du dich berührst?

Titta dreht sich um und schaut auf den heiligen Aloysius, der mit kläglicher, lebloser Milde lächelt. Titta wendet seine Blicke von der Heiligenstatue ab und fängt an, laut zu denken. Neben ihm sitzt unbeweglich der Priester, der von hinten zu sehen ist.

Tittas Stimme: Ja, weine, weine du nur, solange ich es dir nicht sage, kannst du mich nicht beim Papa verpetzen. Überhaupt, berührst du dich denn nicht?

Tabakladen. Innen. Tag. Frühling.

Tittas Stimme: ... Aber wie soll man es machen, daß man sich nicht berührt, wenn man die Tabaccaia mit all ihrem Zeug sieht und sie zu einem sagt ...

Man erkennt flüchtig die üppigen Formen der Tabaccaia, die

[1] Großspritzer

sich hinter dem Ladentisch gebückt hat. Die Frau steht auf, man sieht, wie ihre Bluse sich über ihrem Busen spannt. Sie hält eine Zigarette hin und fragt mit ihrer tiefen, ernsten Stimme, die einem unter die Haut geht ...

Tabaccaia: Esportazione?

Sakristei. Chiesa dei Servi. Innen. Tag. Frühling.

Titta fährt in seinem Selbstgespräch fort.

Tittas Stimme: Und die Mathematikprofessorin, die ja der reinste Löwe ist ...

Klassenzimmer der Oberstufe des Gymnasiums. Innen. Tag. Frühling.

Mit katzenhaftem Blick und in einer herausfordernden lüsternen Grimasse die Zähne bleckend, läuft die Mathematikprofessorin mit vorgerecktem Busen um das Katheder herum, stützt sich mit den Händen auf und fängt an, streng und herausfordernd auf die Platte zu klopfen.

Tittas Stimme: ... Madonna ... Aber wie ist es denn möglich, daß man sich nicht berührt, wenn sie einen so ansieht ...

Platz vor der Chiesa dei Servi. Außen. Tag. Frühling.

Don Balosa steht vor der Kirche und segnet die Tiere aus Anlaß des Festes des heiligen Antonius. Bei der Zeremonie assistiert ihm der dicke Priester, dem wir schon in der Sakristei begegnet sind. Man erblickt einen wirren Haufen von Rindern, Hühnern, Schafen und Eseln.

Tittas Stimme: ... Und was meinst du, was wir sehen wollen, wenn wir zum Tag des heiligen Antonius hierher kommen ...

Titta und seine Freunde reichen sich die Hand, um gewandt aus dem runden Graben zu springen, der rundum das Baptisterium umgibt. Dann laufen sie ...

... Wenn du die Tiere segnest? Die Hinterbacken der Schafe?

... um die Bäuerinnen zu sehen, die sich wieder zu ihren Fahrrädern begeben: auf dem Kopf tragen sie kleine mit Federbüschen geschmückte Körbe mit Geflügel.

Tittas Stimme: Wie uns da das Herz zu klopfen anfängt ... Wie uns der Schweiß ausbricht ...

Der Sattel eines Fahrrades schiebt sich unter den Rock einer Bäuerin und enthüllt für einen Augenblick die kräftige Rundung ihres Hinterteils.

Bäuerin (off, von hinten. Im Dialekt): Velia! Velia!

Titta und seine Freunde beugen sich nach vorn und werfen schnelle, begierige Blicke nach allen Seiten, um auch nicht einen dieser erregenden Aufbrüche zu versäumen.

Bäuerin (off): Ich fahre jetzt los! ...

Ein weiteres Hinterteil läßt sich auf den Fahrradsattel fallen, und dann wieder eines.

... Ich fahre am Fluß entlang.

Die Buben richten sich aus ihrer beobachtenden Haltung auf, als müßten sie sich erholen.

Es folgt eine Parade von Hinterteilen, die sich niederlassen, die rechte Stelle suchen und es sich auf den Sitzen bequem machen. Wieder bücken Titta und seine Freunde sich, um begehrlich die mächtigen Rundungen eines weiteren Hinterteils, das sich auf einem Fahrradsattel zurechtrückt, anzustarren.

Sakristei. Chiesa dei Servi. Innen. Tag. Frühling.

Don Balosa blickt Titta prüfend in die Augen. Der Junge schaut weg und wendet sich mit gesenktem Kopf der Wand zu, während der Priester mit finsterer, gleichgültiger Miene zu uns hinübersieht.

Tittas Stimme: Da habt ihrs: Seht ihr, wie er mich anschaut? Aber wie soll ich ihm die Sache mit der Volpina sagen? ...

Strand. Außen. Tag. Frühling.

Die Volpina steht, an die Mauer eines niederen Bauwerks gelehnt, abwartend da. Langsam winkelt sie das eine Bein an und stützt es auf der Wand auf. Zu Füßen der Volpina ist Titta eifrig damit beschäftigt, den Reifen eines Fahrrades aufzupumpen.

> *Tittas Stimme:* ... damals, als sie mich gebeten hat, ihr den Reifen von ihrem Fahrrad aufzupumpen.

Die Frau löst sich von der Mauer, beugt sich zu Titta herunter, beißt sich auf die Lippen und öffnet sie dann, um mit raubgieriger Miene ihre Zähne zu fletschen.

Chiesa dei Servi. Sakristei. Innen. Tag. Frühling.

Titta wendet sich mit einem Unschuldsblick um und setzt seine Beichte bei Don Balosa fort.

> *Titta:* Ich wußte nicht, daß man so küßt. Haben Sie das gewußt? Mit der ganzen Zunge, die rundumgeht...

Der Priester wendet plötzlich den Kopf und weist sein Beichtkind nicht ungeduldiger als sonst in die Schranken.

> *Don Balosa:* Der hier die Fragen stellt, bin ich, nicht du. Weiter!
>
> *Tittas Stimme:* Und die Gradisca?

Corso. Eingang des Kinos ›Fulgor‹. Außen. Tag. Sommer.

Die Straße liegt verlassen und sonnbeschienen vor uns. Wir sehen von ferne die Gradisca in ihrem weißen Arbeitskittel, wie sie sich beeilt, in das Kino ›Fulgor‹ zu kommen.

> *Tittas Stimme:* Voriges Jahr im Sommer ... Ich habe sie von weitem gesehen, wie sie ins Kino ging ...

Jetzt kommt Titta ins Bild, der auf dem Rad sitzend keuchend in die Pedale tritt. Vor dem Kino hält er, schiebt sein Rad in den Fahrradständer und stürzt hinein, während er sich einen Pullover über den weißen aus Baumwolle streift.

> ... Nicht weil ... wie ... die Gradisca macht mich eben ganz fertig ... Ich möchte eine Frau haben wie die Gradisca.

Titta steigt auf die Galerie. Der Film hat schon angefangen, und im leuchtenden Staubwirbel des Projektionsapparats erkennt man eine schmale weiße Gestalt im leeren Zuschauerraum.

(Die Stimme Gary Coopers von der Leinwand her begleitet die Handlung während der ganzen Szene.)

> *Stimme Gary Coopers:* Das ist der Ort, an den ich meine Frau, die Frau meines Lebens bringen werde. Er muß wunderschön und ganz unzugänglich sein, weil dort nur wir beide allein leben werden, fern von allen anderen. Und diesen Ort gibt es, Maggie! Er liegt dort drüben jenseits der hohen Berge von Arizona. Erhöre mich! Du brauchst keine Angst zu haben, Maggie!

Die Gradisca sitzt ganz allein in der Mitte des Raumes, raucht in langsamen Zügen, ihre Augen hängen wie verzaubert an ...

> *Tittas Stimme:* Sie war allein ... Da vor mir hat sie gesessen ...

... Gary Cooper, der von der Leinwand her seinen berühmten, zugleich unschuldigen und männlichen Blick entsendet, er trägt die Uniform der Kolonialtruppen.

Titta setzt sich, sehr weit von ihr entfernt, in eine der ersten Reihen.

> *Tittas Stimme:* Ich habe den Platz gewechselt ...

Dann rückt er ein paar Plätze weiter, um ihr näher zu sein.

> ... und dann noch einmal ...

Jetzt sitzt er in der Reihe vor der Gradisca.

Wieder steht er auf und schleicht sich im Dunkeln heran.

> ... ich habe noch einmal gewechselt ...

Es gelingt ihm endlich, neben ihr zu landen. Die Gradisca raucht weiter, ohne von dem Buben Notiz zu nehmen.

> ... und schließlich ...

Titta wendet sich ein bißchen zu ihr hin und zwinkert ihr zu. Dann blickt er wieder geradeaus, gewissermaßen geschützt durch den Zigarettenrauch, den die Gradisca in kleinen Wölkchen ausstößt. Endlich räuspert er sich mit vor Erregung zugeschnürter Kehle, und wir erraten aus seiner Bewegung, daß er schüchtern eine Hand auf den Oberschenkel der Gradisca legt.

> ... Hmmm.

Unbeweglich, von Schweiß durchtränkt, läßt er seine Hand dort ruhen, während die Gradisca, ohne diese Geste zu beachten, ruhig weiterraucht. Titta wird jetzt kühner: vorsichtig tastet seine Hand sich nach dem Schlüpfer zu vor.

An diesem Punkt des Geschehens senkt die Gradisca ihre dichten Wimpern, blickt fest auf Tittas Hand, wendet sich langsam dem Jungen zu und fragt ihn sanft und abwesend ...

Gradisca: Was suchst du?

Chiesa dei Servi. Sakristei. Innen. Tag. Frühling.

Don Balosa ist zerstreut: aufmerksam betrachtet er seine eigenen Hände, einmal von innen, einmal von außen, führt sie an die Nase, beschnuppert sie, legt sie wieder in den Schoß, reibt sie ein wenig und riecht wieder nachdenklich und unsicher erst an der einen, dann an der anderen. Neben ihm, von hinten, sieht man den in seine Gedanken versunkenen Titta.

Tittas Stimme: ... Ich kam mir hinterher wie ein Idiot vor. Ich wollte mich ins Hafenbecken stürzen! ... Aber Don Balosa kann so etwas nicht verstehen ... Also, da ich ihm aber doch irgend etwas sagen mußte ... habe ich ihm gesagt, ich hätte mich einmal berührt, nur ganz, ganz wenig und hätte es dann sofort bereut ...

Zu Füßen der Statue des heiligen Aloysius erteilt Don Balosa Titta die Absolution mit einer weitausholenden automatischen Geste.

Don Balosa (überlappend): Drei Vaterunser, ein Ave und ein Gloria. Ego te absolvo a peccatis tuis. Gelobt sei Jesus Christus. Geh, geh ... Los!

Titta steht auf und geht quer durch die Sakristei, seine Kappe in den Händen.

... Er war damit zufrieden. Er sagte mir, ich solle drei Vaterunser, ein Ave und ein Gloria beten und schickte mich fort.

Er begegnet auf seinem Weg Gigliozzi, der seinen Platz einnimmt, aber Don Balosa entläßt ihn gleich mit der flüchtig auferlegten gleichen Buße und dem Segen.

Don Balosa: Drei Vaterunser, ein Ave und ein Gloria. Ego te absolvo a peccatis tuis.

Mit undurchdringlicher Miene steht Gigliozzi wieder auf und geht davon.

Jetzt ist Ciccio an der Reihe, der mit der Mütze in der Hand die Sakristei durchquert. Aber er hat noch nicht Zeit gehabt, niederzuknien, als Don Balosa ihn zurückexpediert.

> *Don Balosa:* Drei Vaterunser, ein Ave und ein Gloria. Ego te absolvo a peccatis tuis.

Der nächste ist Candela, die Bohnenstange mit den Schatten um die Augen.

Diesen letzten schickt Don Balosa nicht fort. Vielmehr beginnt er ohne die übliche Einleitung auf ihn einzureden.

> *Don Balosa:* Und du, berührst du dich? Schau nur, was für Ringe du unter den Augen hast! Berührst du dich? ... Ja, ja, du berührst dich! ...

Voller Unbehagen, mit gesenktem Blick gibt Candela mit seiner Kopfstimme zu:

> *Candela:* Ja, ich habe mich ein einziges Mal berührt ...

Autogarage. Innen. Tag. Frühling.

In der Garage steht ein Balilla. Ciccio, Gigliozzi, Conte Poltavo und Candela öffnen die Wagentüren und steigen ein.

Während sie einsteigen, versetzt Gigliozzi Candela einen leichten Schlag auf den Hintern.

> *Candela:* Halt! Immer berührst du! ...
> *Gigliozzi:* Was meinst du damit?

Auf ihren Sitzen hingelümmelt fangen die vier Freunde mit geschlossenen Augen zu masturbieren an. Sie machen krampfhafte Bewegungen, stoßen keuchend, mit erstickter Stimme Frauennamen hervor und zählen heftig röchelnd die reizvollsten Attribute der Betreffenden auf.

> *Ciccio:* Die Titten der Tabaccaia!
> *Alle:* Die Titten der Tabaccaia!
> *Candela:* Jean Harlow!!
> *Gigliozzi:* Die Gradisca!
> *Ciccio:* Die vom Zirkus!!
> *Candela:* Welche?
> *Ciccio:* Die mit den Hinterbacken im Netz!
> *Conte Poltavo:* O ja, an die erinnere ich mich!!!
> *Gigliozzi:* Aldina!

Ciccio ist empört. Er gibt Gigliozzi eins mit der Mütze auf den Kopf und erhebt Einspruch ...

Ciccio: Nein, Aldina ist meine! Ich haue dir eins in die Fresse!
In der Garage blinken die Standlichter des Balilla grell.

Bahnhofsplatz. Außen. Tag. Frühling.

In starrer, martialischer Ruhestellung der Turnlehrer. Auf dem
Kopf trägt er das Beret mit dem faschistischen Adler. Rhyth-
misch stellt er sich mehrmals auf die Zehenspitzen, klappt die
Hacken in Achtungstellung zusammen und steckt ein Pfeifchen
in den Mund: ein erster lauter, kurzer Pfiff schrillt durch die
Luft. Der Turnlehrer wendet jäh den Kopf und läßt einen
zweiten Pfiff ertönen.
Dann eilt er in einem durch kleine Pfiffe rhythmisierten Lauf-
schritt auf seinen Platz vor einem Zug Avanguardisti[1] und
brüllt in kerzengerader Haltung:
  Turnlehrer: Zug! Stillgestanden!
Hinter dem Turnlehrer wendet ein Offizier der Miliz den
Kopf und wiederholt:
  Milizoffizier: Zug! Stillgestanden!
Die Avanguardisti nehmen mit ruckhaften Bewegungen, die
simultan ausgeführt werden sollten, Achtungstellung ein. Der
Nachzügler ist Titta, der sich bückt, um einen Schnürsenkel zu-
zubinden.
Wir sehen, wie auch eine Gruppe von Giovani Italiane[2], Figlie
della Lupa[3] und Piccoli Balilla[4] Achtungstellung einnehmen.
  Gruppenführerin der Figlie della Lupa: Zug! Stillgestan-
  den!
  Gruppenführerin der Giovani Italiane: Zug! Stillgestanden!
Auf dem weiträumigen Bahnhofsplatz sind alle die verschiedenen Abordnungen der nationalen faschistischen Partei versammelt. Überall prangen Fahnen, Standarten, Banner, Wimpel
und Uniformen. Durch die Luft gellen unaufhörlich schroffe
Befehle, die rundum immer lauter widerhallen.
Hinter einer Abschrankung drängt sich die Menge. Der Photograph löst sich aus der Schar der Zuschauer und begibt sich

[1] Faschistische Organisation der 14- bis 17jährigen Männer.
[2] ›Junge Italienerinnen‹, Organisation der 15- bis 17jährigen Frauen.
[3] ›Töchter der Wölfin‹, Organisation der Mädchen unter 8 Jahren.
[4] Kinderorganisation der 9- bis 13jährigen Buben.

eilenden Laufes zu seinem Apparat, der auf einem dreibeinigen Stativ im Mittelpunkt des Platzes steht.

Verschiedene Stimmen:

Zug! Stillgestanden! – Zug! Stillgestanden! – Zug! Stillgestanden!

Hinter der Abschrankung, in der ersten Reihe, sehen wir die Gradisca, die ungeduldig zum Bahnhofsausgang blickt. Sie schützt sich vor der Sonne, indem sie ihre Handtasche über ihren Kopf hält. Ihr zu Seiten die unvermeidlichen Schwestern.

Auch der Advokat ist da, der heute unter seinem Mantel ein elegantes schwarzes Hemd trägt.

Das Pfeifen des eben einfahrenden Zuges bringt alle zum Schweigen.

Verschiedene Stimmen:

Stillgestanden! – Stillgestanden! – Stillgestanden!

Neben dem Bahnhofsausgang, der von zwei Carabinieri in Galauniform flankiert ist, steht die Gruppe der Professoren, angeführt von Schuldirektor Zeus, der Mathematikprofessorin, die den Wimpel der Donne Italiane[1] trägt, und Don Balosa.

Auf der anderen Seite sieht man einen Kriegsversehrten in einem Rollstuhl und drei Garibaldianer in roten Hemden auf Stühlen sitzen: einer von ihnen muß schon mehr als hundertundfünfzig Jahre alt sein.

Hinter ihnen stimmt dröhnend das Musikkorps der Miliz eine faschistische Hymne an.

Musikkorps (spielt): ›Verrà quel dì, verrà.‹

Der Zug der Miliz steht unbewegt da. In der vordersten Reihe bemerken wir den Pataca.

Sonnenbeschienen der Bahnhofsplatz. Aus dem im Schatten liegenden Gewölbebogen des Ausgangs dringt jetzt etwas Rauch. Die Gradisca hüpft vor Begeisterung auf und ab und ruft aufgeregt:

Gradisca: Da ist er! Da ist er!

Die Schwestern neben ihr kauen an einem Brötchen.

Der ganze Bahnhofsplatz mit dem kompletten Aufzug der Verbände und der Menschenmenge hüllt sich jetzt allmählich in schwarzen Rauch. Der Photograph ist bereit, er hat den Kopf schon unter das schwarze Tuch gesteckt.

In der ersten Reihe der Avanguardisti befinden sich Titta und

[1] ›Italienische Frauen‹

131

seine Freunde, verkleidet und kaum zu erkennen in ihren Uniformen.

Einer der drei Garibaldianer, der mit Mühe aufsteht, unterrichtet seinen Kameraden, daß der Moment gekommen sei, sich zu erheben, und hilft ihm dabei.

Das Musikkorps spielt den Triumphmarsch.

Die Gruppe der in Achtungsstellung verharrenden Professoren verschwindet, von einer dunklen Wolke verschluckt.

Stoßweise hervorquellende Schwaden schwarzen Rauchs umhüllen auch die Avanguardisti, die Balilla, die kleinen Figlie della Lupa, die Giovani Italiane, die bald nicht mehr zu sehen sind. Pataca und die anderen Angehörigen der Miliz harren in diesem erstickenden Rauch unbeirrt aus.

Der Federale und sein Gefolge tauchen wie aus einem Höllenschlund auf. Auf dem Bahnhofsplatz bleiben sie stehen. Zur Linken des Federale stehen der Gerarca und der Philosophieprofessor, zu seiner Rechten der Bürgermeister mit umgeschlungener Trikolore und der Stadtschreiber. Die Reitpeitsche fest mit beiden Händen haltend, ruft der Gerarca:

Gerarca: Kameraden! Heil dem Duce!

Auf diesen Befehl antwortet auf dem Platz ein wahres Donnergetöse.

Alle: Heil!

Ein Wald von Armen erhebt sich zum Faschistengruß.

Bürgermeister: In dankbarer Gesinnung und mit dem Faschistengruß heißen wir den hochverdienten Kameraden Federale willkommen.

Hinter der Abschrankung schreien die Gradisca, ihre Schwestern und der Advokat sich mit erhobenem Arm weiter heiser.

Alle: Heil!

Der Federale, klein von Gestalt und starr wie eine Puppe, mit Ordensspangen förmlich gepanzert, mit umgehängter Liktorenschärpe, brüllt mit fest auf den Boden gepflanzten Beinen und heftig gestikulierend:

Federale: Der Gruß des Roms der Kaiserzeit ... der uns hinweist ... auf den Weg, den die Vorsehung dem faschistischen Italien bestimmt hat!! Heil!

Im Gefolge hallt es wider.

Gefolge: Heil!

Der Federale läßt seine Blicke hierhin und dorthin schweifen, dann winkelt er, einer Eingebung folgend, die Arme an, hebt die kleinen Fäuste bis zur Achselhöhe und verfällt in einen trippelnden, rhythmischen Laufschritt.

Auf dem raucherfüllten Platz bewegen sich der Federale und sein Gefolge im Laufschritt vorwärts, begleitet von rauschendem Händeklatschen, dem Schmettern der Fanfaren, Trommelwirbeln und zum Faschistengruß erhobenen Armen. Der Photograph hat es eilig, seinen Apparat von der Mitte des Platzes zu entfernen, damit er nicht von der trampelnden Horde zerstampft wird, die jetzt vom Philosophieprofessor in seinen hohen Lederstiefeln angeführt wird.

Überraschend von weiblichem Fanatismus gepackt, bahnt sich Gradisca, Küsse austeilend und unter hysterischem Geschrei, einen Weg durch die Menge.

>*Gradisca:* Laßt mich ihn berühren . . . Ich will ihn berühren . . . Es lebe der Duce! Der Duce ist der Schönste! Hoch der Duce!

Ebenfalls im Laufschritt schließt sich hinter dem Gefolge des Gauleiters der Zug der verschiedenen faschistischen Verbände an; auch der Schwerbeschädigte in seinem Rollstuhl kommt schnell voran, von einem kräftigen Milizangehörigen geschoben.

Piazza delle Erbe. Corso. Piazza del Comune. Außen. Tag. Frühling.

Die Kapelle spielt den ›Marsch der Bersaglieri‹, begleitet von festlichem Glockengeläut, das vom Campanile her ertönt.

Der Corso ist begraben unter Girlanden, Fahnen und Spruchbändern mit den Maximen der faschistischen Rhetorik.

Von der Piazza delle Erbe aus rückt die lange schwarze Schlange der Verbände im Laufschritt zwischen dem Spalier der faschistischen Jugendgruppen weiter vor. Dröhnende Schritte, hämmernde Marschmusik. Im Laufen stößt der Gerarca keuchend hervor:

>*Gerarca:* Neunundneunzig Prozent der Bevölkerung gehören der Partei an . . . Wir haben zusammengenommen 1200 Balilla und Avanguardisti . . . 3000 Giovani Italiane . . . 4000 Figli della Lupa . . . 12 000 Faschisten . . . 44 kinderreiche Familien!

Jetzt bringt der Bürgermeister, etwas außer Atem, aber eisern weiterlaufend, seine Wünsche vor ...

> *Bürgermeister:* Wir sind 30 000 Herzen, aber alle zusammen ein einziges faschistisches Herz. Nur sollten darum doch die Arbeiten an der Strandpromenade ... etwas beschleunigt werden, weil die Strandpromenade für unser Städtchen von großer Wichtigkeit ist ...

Ihre Fahnenstange umklammernd stößt die Mathematikprofessorin in steigender Ekstase aufschluchzend hervor:

> *Mathematikprofessorin:* Es ist wundervoll ... diese Begeisterung, die in uns Jugend und Antike verbindet ... Jugend, weil der Faschismus mit seinen leuchtenden Idealen unser Blut verjüngt hat ...

Neben ihr her läuft der Griechischprofessor – Fighetta – und nickt zustimmend.

> (off, überlappend): ... Antike, weil ... weil wir uns noch nie so wie jetzt als Kinder Roms empfunden haben!

Das lächelnde Gesicht von Pataca – das eines glücklichen Narren –, der mitten unter den anderen von der Miliz mitläuft. Mit einer deutlichen, wirkungsvollen Handbewegung erklärt er:

> *Pataca:* Ha! Ich sage nur ... Mussolini, der hat solche Eier!

In der Gruppe erscheint und verschwindet wieder der rote Bart des Schuldirektors Zeus.

Nicht einmal die straff sitzende Uniform der Donne Italiane vermag zu verhindern, daß die Brüste der Tabaccaia mächtig auf und ab wogen. Hinter ihr schleppt sich Don Balosa ernst und gefaßt dahin.

Zwischen dem Spalier, das die Menge bildet, und der weißen Phalanx der Giovani Italiane, die in Reih und Glied dastehen, die Hand zum faschistischen Gruß erhoben, läuft auch der Advokat mit seinem Fahrrad an der Hand. Er ist ganz außer Atem, verzichtet jedoch nicht darauf, seine Gedanken zu äußern.

> *Advokat:* Heute ... am 21. April ... feiern wir die Entstehung Romas, der Ewigen Stadt ... Was bedeutet das? Es bedeutet unter anderem ... daß man alle Monumente ... alle Ruinen ... alle Steine mit Ehrfurcht behandeln muß, die die römische Kultur ... uns hinterlassen hat. Et-

was, was ich schon seit langem tue ... obwohl ich dabei
die Mißbilligung irgendeines nächtlichen Störenfrieds über
mich ergehen lassen muß!

Immer noch im Laufschritt klettert der Festzug eine steile
Treppe beim Rathaus hinauf. Oben angekommen, wenden sich
die führenden Persönlichkeiten und ihre Begleiter nach dem
Platz um. Der Federale befindet sich im Mittelpunkt der dicht-
gedrängt wogenden Menge. Ihm fällt es zu, eine ganze Salve
von enthusiastischen Lobreden zu eröffnen, die von sich syste-
matisch immer häufiger wiederholenden Ovationen unterbrochen werden.

> *Federale:* Warum soll man nicht an diesem Tag ... über
> dem die Sonne strahlt, sehen ...
> *Alle:* Heil!
> *Philosophieprofessor:* Die italienische Sonne, die uns nie-
> mand je streitig machen kann ...
> *Alle:* Heil!
> *Federale:* Sieg!
> *Gerarca:* Sie ist uns ein tägliches Zeichen dafür, daß auch
> der Himmel mit uns ist!
> *Alle:* Heil!

Garten und Straße vor Tittas Haus. Außen. Tag. Frühling.

Tittas Vater steht vor der verschlossenen Gartentür.
*(Trompetenstöße, Fanfarenschmettern, Händeklatschen aus der
Ferne)*
Gereizt wendet er den Kopf zu einem der Fenster des Hauses.

> *Tittas Vater:* Miranda! Miranda!

Seine Frau erscheint auf der Veranda.

> ... Wer hat hier die Gartentür zugeschlossen?
> *Tittas Mutter:* Ich!
> *Tittas Vater:* Und warum?
> *Tittas Mutter:* Du weißt schon, warum.
> *Tittas Vater:* Los, komm und mach auf!

Sie steigt die Stufen hinab.

> *Tittas Vater* (von hinten): Hör nur, was die da wieder
> schon seit heute früh um acht auf dem Platz für einen Zir-
> kus aufführen ...

Sie tritt zu ihrem Mann.

Tittas Vater: Mach auf, ich hab zu tun!

Tittas Mutter: Ich weiß! Ich weiß! Aber ich mache keinem Unglück die Tür auf.

Tittas Vater (überlappend): Was?

Seine Frau entfernt das schwarze Schleifchen, das Abzeichen der Anarchisten, das unter dem Hemdaufschlag hervorguckt.

Tittas Mutter: Und du bleibst heute zu Hause!

Tittas Vater: Sei vernünftig!

Tittas Mutter: Du bleibst zu Hause! Und trag nicht dieses Ding da! Wenn ich Witwe werden will, schlage ich dich selber tot!

Sie wedelt ärgerlich damit unter seiner Nase herum und wendet sich wieder zum Haus.

(von hinten) Ich erdrossele dich mit deiner dummen Schleife da, sieh sie dir nur an!

Tittas Vater (von hinten): Weil ich deiner Meinung nach vor diesen vier schwarzen Kakerlaken Angst haben müßte? Gib mir den Schlüssel, her damit! Gib mir den Schlüssel, Miranda!

Seine Frau dreht sich nicht nach ihm um. Da fängt Tittas Papa an, im Garten laut jammernd hin und her zu laufen ...

Tittas Vater: Was zum Henker ... Ist es denn die Möglichkeit, daß jedesmal wenn ...

Seine bewegte Klage wird zu einem jäh aus ihm hervorbrechenden Wutanfall. Durch das Gartengitter schreit er, vor Zorn auf und ab springend, mit lauter Stimme:

... wenn so eine blöde Manifestation dieser Arschlöcher stattfindet, ich zu Hause bleiben muß? Das ist ja wirklich die äußerste Höhe!!

Piazza del Comune. Außen. Tag. Frühling.

Der Turnlehrer steht aufrecht auf einem hohen Podest, über das eine schwarze Decke gebreitet ist mit einem goldenen Ornament in der Mitte – dem faschistischen Adler.
Seine Befehle mit einem jeweiligen raschen, kurzen Vorbeugen des Oberkörpers begleitend, kommandiert er von oben her.

Turnlehrer: Eins ... zwei ... drei ... vier ...

Auf der Piazza del Comune stehen in Wollpullovern und kurzen Hosen die Avanguardisti und führen eine Reihe von gymnastischen Übungen aus, bei denen sie die Gewehre gemäß den genau abgemessenen Kommandos des Lehrers schwenken. Unter ihnen Titta und seine Freunde.

... fünf ... sechs ... sieben ... acht ...

... Eins ... zwei ... drei ... vier ... fünf ... sechs ... sieben ... acht ...

Auf der Ehrentribüne gibt der Federale seiner Befriedigung über die Kommandos des Turnlehrers Ausdruck durch rhythmisches Nicken mit dem Kopf, den er dann plötzlich dem Gerarca zuwendet: die beiden sehen einander an und nicken sich gleichzeitig kurz zum Zeichen der Befriedigung zu.

Federale: Eine Jugend aus Granit!

Dann, wieder mit einer gewissen ruckartigen Bewegung, wendet der Federale den Kopf dem Bürgermeister zu und gibt der gleichen strengen Anerkennung Ausdruck:

... Granit!

Bürgermeister: Eine Jugend aus Granit, jawohl!

Oben auf dem Postament erscheint jetzt die Gymnastiklehrerin in der schwarzen Uniform der Donne Italiane: mit fest auf den Hüften ruhenden Händen, nach hinten angelegten Armen und vorgestreckter Brust erteilt sie die Kommandos in einem seltsamen Ton unterdrückter Lust.

Gymnastiklehrerin: Eins! ... Zwei! ...

... Drei! ... Vier! ... Fünf! ... Sechs! ... Sieben! ...

Auf der Piazza del Comune sind jetzt die Giovani Italiane an der Reihe. In weißer Hemdbluse und schwarzem Rock führen sie Übungen mit einem Holzreifen aus. Die Cordini steht im ersten Glied.

Man sieht die von Carabinieri in Galauniform umgebene Ehrentribüne. Das Musikkorps läßt einen Trompetenstoß ertönen. Ein Riesenporträt des Duce, das ganz aus tausend und aber tausend weißen und rosa Blumen besteht, wird in die Höhe gehoben. An den Seiten grüßen die Carabinieri in Achtungstellung.

Musikkorps (setzt ein): ›Sole che sorgi‹...

Auf der Tribüne hebt der Federale den Arm zum Faschistengruß und brüllt:

Federale: Heil dem Duce!

Alle: Heil!

Von zwei wimpelgeschmückten Seilen gehalten, hoch über dem Platz, das enorme Bildnis mit den weitaufgerissenen Augen. Unten – unbeweglich – die Carabinieri, militärisch salutierend. In zwei getrennten Abteilungen eilen die Avanguardisti und die Giovani Italiane Hymnen singend herbei, die einen mit hocherhobenen Gewehren, die anderen ihre Reifen in der Luft schwenkend.

Avanguardisti und Giovani Italiane: Heil! Heil! Heil!

Ciccio, inmitten seiner Freunde bewegt und strahlend, ist vollkommen von dieser Festatmosphäre erfaßt: er senkt den Kopf, als sehe er etwas anderes als alle übrigen und höre die Stimme des Duce, der in strengem Ton die Frage an ihn richtet . . .

Stimme des Duce: Avanguardista Ciccio Marconi, bist du gewillt, die Giovane Italiana Aldina Cordini zur Frau zu nehmen?

Ciccio hebt ergriffen den Kopf, bringt hauchend ein ›Ja‹ hervor und sieht, wie die Blumenlippen des Duceporträts sich zu einer anderen schicksalschweren Frage öffnen, während die Augen durchbohrend herunterstarren.

Porträt des Duce: Und du, Giovane Italiana Aldina Cordini, willst du den hier anwesenden Avanguardista Ciccio Marconi zum Manne nehmen?

Die Cordini steht jetzt neben Ciccio. Wiewohl sie die Uniform der Giovani Italiane trägt, weht doch ein langer weißer Schleier von ihrem Haupt, und sie nickt mit gesenktem Blick . . .

Hochzeitsmarsch von Mendelssohn.

Glockengeläute.

Ciccio und Aldina küssen einander auf die Wangen . . .

Titta und Freunde: Bravo Ciccio! Hoch Ciccio! Recht so! Bravo! Hoch Ciccio!

Ciccio und die Cordini stehen auf einem langgestreckten roten Teppich vor dem gigantischen Bildnis ihres Wohltäters. An den Seiten stehen die Avanguardisti und die Giovani Italiane Spalier. Die einen schwenken die Gewehre, die anderen die Holzreifen.

Unter unaufhörlich wachsendem Beifall fallen vom Himmel Milliarden von Flugblättern herab, die wie trunkene Schmetterlinge tanzen.

Piazza delle Erbe und Corso des Orts. Außen. Nacht. Frühling.

Auf der Piazza herrscht Festatmosphäre. Im Freien sind Tische aufgestellt, an denen die Leute essen und trinken. Mehrere Paare tanzen zwischen den Tischen.
> *Schreie. Zurufe. Verschiedene Stimmen.*

Der Advokat führt sein Rad an der Hand und spricht mit der Professorin Leonardis: sie bewegen sich langsam dem Corso zu. Aus der entgegengesetzten Richtung kommen mehrere Giovani Italiane auf Rädern, eine Gruppe von Avanguardisti, die Arm in Arm singend einherkommen, ferner der Direktor Zeus und ein Faschist in Uniform. Es folgt der Wagen des Kutschers Madonna.
> *Avanguardisti* (singen): ›Faccetta nera‹ . . .

Piazza del Comune. Außen. Nacht. Frühling.

Vom Rathausfenster hängen Fahnen herab. Rings um den von brennenden Fackeln eingefaßten Brunnen vergnügen sich ein paar Faschisten in Uniform: einer versucht, einen Besen auf dem Kinn zu balancieren. Titta in feldgrauer Montur beobachtet lächelnd die Szene.
Conte Poltavo hat in der Avanguardisti-Aufmachung seinen gesamten angelsächsischen Exotismus verloren; er packt Gigliozzi bei den Schultern und zwingt ihn auf den Boden in die Knie. Im Hintergrund erkennen wir flüchtig den Philosophieprofessor, der auch auf der Treppe fortfährt, für ein paar vereinzelte Zuhörer zu dozieren.
> *Stimme Giudizios:* Kameraden, sie haben von Brot und Arbeit gesprochen, aber sollte da nicht Brot und ein Schoppen Wein noch besser sein?

Vor der weißen Steintafel mit den Namen der Gefallenen steht leicht schwankend der Besitzer des Café ›Commercio‹ und verharrt einsam in einer alkoholisierten Gedenkminute. Nicht weit entfernt sitzt ein anderer Betrunkener am Boden, damit beschäftigt, einen Schuh auszuziehen.
Der Inhaber des Café ›Commercio‹ bückt sich, um seinen auf den Boden gefallenen Hut zu ergattern, dann setzt er ihn schief auf den Kopf und beginnt versunken hin und her zu wackeln.

Café ›Commercio‹. Innen. Nacht. Frühling.

Auf der Bank sitzt die Prominenz: der Gerarca, der Federale
und ein paar Vertraute von ihnen.
Der Gerarca mit erhobenem Finger nimmt die Bestellungen
entgegen.
  1. Faschist: Ein Fernet.
  2. Faschist: Ein Kaffee.
  Eine andere Stimme: Ein Fernet!
Er wendet sich an den kahlköpfigen Faschisten, den wir schon
aus dem Friseursalon kennen, und fragt ihn:
  Gerarca: Und du?
  Kahlköpfiger Faschist: Eine Mandelmilch.
  Gerarca: Was? (lacht).
  Kahlköpfiger Faschist: Jawohl.
Nun spricht er mit dem Kellner.
  Gerarca: Zwei Fernet! Zwei Kaffee! Eine Mandelmilch!
  Kellner: Sofort, Excellenz!
Inmitten des euphorischen Durcheinanders im Lokal hat der
Philosophieprofessor keinen Augenblick aufgehört, beharrlich
auf den Federale einzureden.
  Philosophieprofessor (überlappend): Die Jugend! Unsere
  gesamte Jugend identifiziert sich ganz bewußt mit einem
  einzigen Archetyp: dem Archetyp des römischen Legio-
  närs ...
Zum Kellner: ...
  Tamarindo!
  Pataca (off): Für den Kameraden Federale! ...
Auf der Schwelle des Billardzimmers ist der Pataca erschienen.
Die Füße in Achtungstellung, das Billardqueue fest an den
Körper gepreßt, als wäre es ein Gewehr, hebt er die Hand zum
römischen Gruß:
  Pataca: Eia, eia, eia, alalà!!!
  Alle: Alalà!!!
Der Philosophieprofessor fährt mit einer abwinkenden Armbe-
wegung fort ...
  Philosophieprofessor: ... und will kämpfen! Kämpfen bis
  zum letzten Atemzug! Jawohl!
Der Federale nähert sich Pataca, der beiseiterückt, ohne die
Achtungstellung aufzugeben.

140

Der hohe Funktionär sieht sich zunächst den Stand des Billard-
spiels an, dann den Spieler und bemerkt:

Federale (von hinten): Eine schwierige Kugel.

Pataca: Das kann man sagen, Excellenz.

Er wendet sich zu den anderen, die auf der Bank sitzen geblieben sind.

Federale: Eine schwierige Kugel.

Faschist: Eine schwierige Kugel, Excellenz.

Der Federale ergreift Patacas Queue und tritt entschlossen an
den Billardtisch, gefolgt von den übrigen, die sich rund herum
postieren, und reibt die Spitze lange mit Kreide ein.

Auf den Zehenspitzen nimmt Pataca respektvoll seinen Platz
neben dem Billard ein.

Der Philosophieprofessor wendet sich zu seinem Nachbarn um
und beehrt den Entschluß des Federale mit einem bewundernden
Kopfnicken. Aber der würdigt ihn keines Blickes.

Philosophieprofessor (off): Ich möchte ihn nicht als Geg-
ner haben! . . . (Schwaches Gelächter).

Von seinen Leuten umgeben, die sich alle aufmerksam und ehr-
furchtsvoll gebärden – das Gesicht des Pataca hat sich zu einer
Grimasse übermäßigen Staunens verzogen –, berechnet der Federale, auf und ab wippend, die Bahn der Kugel und setzt sich
in Positur . . . doch in diesem Augenblick geht das Licht aus.

Nach kurzem Schweigen erhebt sich ein allgemeines Durcheinander. Jemand ruft:

Stimme: Licht! Licht!

Corso des Ortes. Außen. Nacht. Frühling.

Auch die Straße liegt im Dunkel. Man kann die Vorübergehenden nur schattenhaft erkennen.

Café ›Commercio‹. Innen. Nacht. Frühling.

Drinnen im Café Schatten und Silhouetten. Ungenau lassen
sich die Umrisse Patacas feststellen, der mit schweren Schritten
durch das Lokal geht.

Pataca: Wer hat hier das Licht ausgemacht? Licht!

Kahlköpfiger Faschist: Attilio, gib mir die Kerze! Zünde die Kerze an!

Draußen vor dem Straßenfenster des Cafés klopft der Bettler des Ortes, ein schwarzes Lumpenbündel, an die Scheibe und meldet:

Bettler: Da spielt der Phornograph hier draußen.

Pataca (off): Mach Licht, Lombardone! Seine Excellenz hat gerade den nächsten Stoß.

Man sieht von der Außenseite des Fensters her, wie der kahlköpfige Faschist mit einer Kerze in der Hand sich der Scheibe nähert: er macht fragende Bewegungen in Richtung des Bettlers.

Kahlköpfiger Faschist: Was sagst du da?

Wieder meldet sich der kleine geheimnisvolle Nachrichtenüberbringer.

Bettler: Da spielt der Phornograph hier draußen.

Kahlköpfiger Faschist (off, überlappend): Was hast du gesagt?

Corso des Ortes. Außen. Nacht. Frühling.

Im Hintergrund sind die Fackeln, die den Brunnen umsäumen, und das Rathaus zu sehen. Im Dunkel der Straße fordert Pataca gebieterisch:

Pataca: Ruhe!

Dann blickt er herausfordernd um sich.

Kahlköpfiger Faschist: Was soll denn diese Internationale?

Im Dunkel verhalten sich alle still, um zu lauschen. Jetzt tritt das Motiv ganz deutlich und unverkennbar hervor: es ist die Internationale. In der Stille aufgeregte Stimmen.

Kahlköpfiger Faschist (off): Aber wo ist denn das?

Stimme eines Vorübergehenden: Die Subversiven! ...

Kahlköpfiger Faschist: Von wo kommt es denn?

Die Faschisten kommen alle zu Pataca und bleiben stehen. Sie haben Taschenlampen in den Händen.

Gerarca (off): Was soll das heißen? Wo versteckst du dich, Elender?

Die hellbeschienenen Profile der Milizsoldaten wenden sich dem Gerarca zu. Zu einem seiner Untergebenen gewendet, stößt der Parteibonze ein Lachen sarkastischer Ungläubigkeit aus.

Gerarca (von hinten): Einfach unglaublich!

Untergebener: Unglaublich, Excellenz!

Dann schaut der Gerarca suchend um sich und in die Höhe, um den unbegreiflichen Provokateur zu entdecken.

Gerarca: Feigling!

Augenblicklich echot der Untergebene:

Untergebener: Feigling!

Pataca (off): Feigling! Feigling!

Gerarca: Komm zum Vorschein, feiger Hund!

Die undeutlich erkennbaren Gestalten der Faschisten strömen von allen Seiten herbei und melden sich beim Gerarca mit dem römischen Gruß.

Milizoffizier: Wir sind bereit!

Dann jagen sie den Corso entlang.

. . . Zumachen! Die Fenster schließen!

Kahlköpfiger Faschist: Zumachen!

Die Taschenlampen werfen ihren Lichtschein auf die Gesichter aufgeregter Faschisten, die dicht an den Mauern entlanglaufen. Geschrei und knappe Kommandos.

Milizoffizier: Nach Hause! Vorwärts, vorwärts! Nach Hause!

Die Glatze des kahlköpfigen Faschisten leuchtet auf.

Kahlköpfiger Faschist: Schließt die Fenster! In die Häuser!

Pataca (off): Alles in die Häuser!

Hinein! Nach Hause!

Ein Lichtkegel erhellt das Schaufenster einer Modistin und blitzt dann im Dunkel noch einmal blendend hell auf.

Kahlköpfiger Faschist: Hinein! Mach, daß du von der Straße verschwindest!

Lärm und Geräusch von sich schließenden Fenstern.

Gigantische Schatten gleiten rasch über die Häuserfassaden. Von oben her ergießen sich die Klänge der Internationalen über diese mühsame, groteske Jagd.

Milizoffizier (off): Aber woher kommt dieser verdammte . . .

Pataca und seine Gefährten kommen herbeigelaufen, sie suchen, spähen und stöbern im Dunkeln ziellos und beharrlich herum.

143

Pataca: Mach dein Fenster zu, du da!

Im Dunkel läuft die Volpina und bleibt dann dicht an die Wand gepreßt in einem Gäßchen stehen.

Der Lichtschein einer Taschenlampe fällt ihr überraschend ins Gesicht, sie schreckt geblendet auf, wie eine Katze.

Milizoffizier (off): Was machst du da? Rasch nach Hause! Verschwinde!

Die Volpina läuft entsetzt aufschreiend davon und verschwindet. Unter den Arkaden dröhnen die Schritte des gestiefelten Pataca. Sie machen halt.

Ein Lichtbündel, das in seine Richtung fällt, ermöglicht uns, den Tagedieb in schwarzer Uniform zu erkennen, der hinter einer Säule hervorlugt und nach oben späht zum Turm der von Fackeln beschienenen Chiesa dei Servi; der Klang der Geige, die die Internationale spielt, scheint von dort oben zu kommen.

Pataca, immer wieder von flackernden Taschenlampen beleuchtet, macht ein paar zögernde Schritte auf die Kirche zu.

Milizoffizier (off): Zieh! Zieh! Lauf auf die andere Seite der Gasse, schnell!!

Er bleibt horchend stehen, dann dreht er sich um und verkündet, auf den Kirchturm weisend, seinen Gefährten . . .

Pataca: Jawohl! Da oben ist es!

Planloses, wirres Hinundherlaufen der von Panik erfaßten Menschen. Man hört Schreie, Zurufe, das Klappern von Schuhen auf dem Pflaster.

Milizoffizier (off): Auf dem Campanile! Hallo! Es kommt von da oben her!

Die schwarze, starre Silhouette eines Milizangehörigen, der stehen geblieben ist und mit der Pistole einen Schuß auf den Campanile abgibt.

Man hört den Widerhall weiterer Schüsse. Pataca erscheint erneut im Dunkel unter den Arkaden und lehnt sich angstvoll an eine Säule. Die Faschisten stürzen auf die Kirche zu, wie verrückt schießend. Mit ausgestrecktem Arm, den Revolver in der Faust, schießt der Gerarca mehrmals in Richtung Campanile. Aus dem Lauf der Waffe kommen Flammenstöße hervor, die aufblitzend sein bleiches, hartes Gesicht beleuchten. Ein paar Milizsoldaten schießen mit Gewehren des Modells Einundneunzig. Im jäh aufflammenden Licht der Schüsse erblicken wir den

Pataca, der sich dicht an das Schaufenster des Spielwarenladens gedrängt hat: er ist starr vor Schreck.

Oben, auf der Brüstung des Kirchturms läßt sich jetzt mit Mühe ein kleines Grammophon mit einem Schalltrichter erkennen: auch weiterhin ertönen die gequetschten Töne.

Auf dem Platz setzen die Faschisten ihre Schießerei fort: die einen stehend, andere mit gebeugtem Knie, um besser zielen zu können. Die Waffen stoßen weiße Feuerzungen aus, die Schüsse verlieren sich in kurzen Rauchwölkchen.

Ein paar von den Geschossen treffen den Trichter und den Kasten des Grammophons. Die Melodie wird für ein paar Takte unterbrochen, ertönt jedoch weiter.

Der kahlköpfige Faschist zielt jetzt langsam und akkurat mit der Pistole, er schießt. Er zielt nochmal mit unerschütterlicher Ruhe. Dann schießt er wieder.

Das Grammophon stürzt getroffen von der Brüstung des Kirchturms, rollt über das Dach des Gebäudes und zerschellt auf dem Boden. Auf der Piazza del Comune erbebt, an Friedhofsschmuck erinnernd, das Riesenbild des Duce im rötlichen Licht einer Myriade von Fackeln. Von ferne hört man Geschrei, die Siegesrufe der Faschisten.

Auf dem Platz vor der Kirche sehen wir den zerbeulten Grammophontrichter liegen. Der Gerarca beginnt unvermittelt aus voller Kehle ein Lied zu singen, in das sofort alle übrigen einfallen.

    Gerarca: Zu den Waffen! Zu den Waffen! Zu den Waffen, wir sind Faschisten.

    Alle: . . . der Schrecken der Kommunisten!
Wir hier vereint im Bunde,
kämpfen bis zur Todesstunde!
Wir kämpfen bis aufs Blut,
bis zum letzten Atemzug.

Dann entfernen sich die schwarzen Gestalten auf dem verlassenen Corso, singend und marschierend.

In einiger Entfernung folgen ihnen Giudizio und der Bettler. Der dickbäuchige Zwerg blickt nach oben und zeigt mit seinem Stöckchen auf den Kirchturm.

Sitz der nationalen faschistischen Partei. Innen. Nacht. Frühling.

Tittas Vater schreitet, von einem uniformierten Faschisten fest am Arm gehalten, durch einen schlechtbeleuchteten Korridor. Ihnen voran geht der Sekretär des Gerarca mit einer erloschenen Zigarette im Mund. Ein dürrer Bursche mit einem dunklen, glatten Gesicht und dem Schnurrbart des Levantiners. Die kleine Gruppe bleibt vor einer verschlossenen Tür stehen. Der Sekretär zündet in aller Ruhe die Zigarette wieder an, nimmt mit derselben Ruhe einen tiefen Zug, dann öffnet er noch langsamer die Tür, während er dem Maurermeister einen langen, argwöhnischen Blick zuwirft und ihm den Rauch ins Gesicht bläst. Die drei treten in ein Zimmer und bleiben auf der Schwelle stehen.

Gleich neben der Tür sitzt rittlings auf einem Stuhl der kahlköpfige Faschist.

Der Sekretär weist auf den Neuankömmling in seinem Rücken.

Tittas Vater, immer noch fest im Griff des Faschisten, der ihn begleitet, schaut geradeaus und sieht jenseits einer halbgeöffneten Tür Don Balosa, der ein paar Schritte näher kommt, wie um zu sehen, um wen es sich handelt.

Die schwarze Gestalt eines Faschisten taucht halb hinter dem Türflügel auf.

Auf der Schwelle zwischen seinen beiden Begleitern schaut sich Tittas Vater um und blickt in die Mitte des Zimmers. Es ist ein nur schwach beleuchteter Raum mit vergilbten, düsteren Wänden. In einer Ecke lehnt ein Bündel von Wimpeln an der Wand, an der ein Fresco, das das Leben unter dem Faschismus darstellt, im Abblättern begriffen ist.

In der Mitte des Raumes steht breitbeinig mit hohen schwarzen Stiefeln und den Händen hinter dem Rücken ein Unteroffizier der Miliz, der gerade mit sarkastischem Wohlwollen einen verstörten und gedemütigten Zivilisten verabschiedet: sein Hemdkragen offen, die Krawatte gelockert, die Haare wirr.

Mit zögernden Bewegungen nimmt der Mann seinen Hut von einem Stuhl vor dem Schreibtisch, hinter dem wir den Gerarca erahnen. Er sieht sich unsicher um, dann geht er auf die Tür zu, während er mit langsamen kleinen Bewegungen den Hut abwischt.

Unteroffizier der Miliz (in toskanischem Dialekt): Du bist frei, du kannst nach Hause gehen. Hast du gesehen? . . . Die ach so bösen Faschisten . . . Niemand hat dir was angetan, keiner hat dir ein Haar gekrümmt.

(off) Fehlt nur noch, daß man dir einen Kaffee spendiert! Gute Nacht, mein Junge!

Tittas Vater und seine Begleiter treten zur Seite, um ihn hinauszulassen. Der Mann macht die Tür hinter sich zu.

Gerarca (off): Bringt ihn her!

Während er ihn immer noch mit beiden Händen festhält, stößt der Begleiter den Baumeister bis vor den Schreibtisch, wo er ihn endlich losläßt, aber hinter ihm stehen bleibt.

Der Sekretär des Gerarca – eine schwarze Silhouette – kommt herbei und stellt sich neben die Säule, so daß wir ihn von hinten sehen. Tittas Vater blickt besorgt rundum und sieht am anderen Ende des Raumes ein paar Faschisten, denen wir schon begegnet sind: den Schwerbeschädigten in seinem Rollstuhl, der uns in einer Art ›splendid isolation‹ den Rükken zukehrt, und drei weitere Schergen, die wir während des nächtlichen Streifzugs gesehen haben. Sie tragen schwarze Pullover mit Rollkragen wie die Kampfflieger. Einer lehnt an der Wand, der andere sitzt auf einem Diwan, der dritte kaut an einer Brioche, die er zuvor in seinen Cappuccino getaucht hat.

Gerarca (off): Nimm den Hut ab.

Der Befehl des Gerarca lenkt Tittas Vater von dem wenig Gutes verheißenden Anblick all dieser Faschisten ab. Der Mann dreht sich um, nimmt den Hut ab und deutet eine Entschuldigung an . . .

Tittas Vater: Verzeihen Sie . . .

Gleich hinter ihm steht immer noch unbeweglich und wachsam der Begleiter.

Tittas Vater (off): Eine Gewohnheit von mir . . . auch zu Hause.

Der hinter dem Schreibtisch sitzende Gerarca hebt den Kopf, als tauche er aus düsteren Gedanken auf, und beginnt seelenruhig mit dem Verhör, indem er sich bequem im Sessel zurücklehnt. Die Reitgerte, von der er sich offenbar niemals trennt, hält er in den Händen und zwischen den Fingern eine Zigarettenspitze mit einer brennenden Zigarette.

Gerarca: Und wie kommt es, daß du eintrittst, ohne den römischen Gruß zu erweisen?

Tittas Vater bemüht sich, der Bemerkung mit Harmlosigkeit zu begegnen.

Tittas Vater: Ich wußte nicht, daß er obligatorisch ist. Von Politik verstehe ich offengestanden nichts.

Der Begleiter, der zwar etwas weiter abgerückt ist, aber immer noch hinter ihm steht, kämmt sich jetzt sorgfältig das Haar.

Gerarca (off): Setz dich!

Der Mann wirft einen unsicheren Blick in den anderen Teil des Raums, dann läßt er sich dem Gerarca gegenüber nieder, er fühlt sich unbehaglich im blendenden Lichtkegel der Tischlampe.

Gerarca (off): Soso, du verstehst nichts von Politik, sieh da! Wieso hat man dich dann einmal sagen hören:

Düster und herrisch, die fahrigen Hände um die Reitpeitsche gekrampft, spricht der Gerarca klar und deutlich den Satz aus: »Wenn Mussolini so weitermacht, dann weiß ich nicht« ...? (off)

Was wolltest du denn mit diesem ›Dann weiß ich nicht‹ sagen?

Tittas Vater, den Hut zwischen den Händen, ist verwirrt und weiß nicht, was er antworten soll.

Tittas Vater: Aber ... ich habe niemals etwas Derartiges gesagt ... Grundsätzlich spreche ich nur von meiner Arbeit. Möglicherweise habe ich einmal so etwas gesagt wie: ›Ich weiß nicht, wie das ist mit der Politik, ich weiß nicht wie sie funktioniert‹, aber ...

Der Faschist, der Tittas Vater hergebracht hat, sitzt jetzt an der Schreibmaschine und nimmt das Protokoll des Verhörs auf.

Gerarca (off): Eine Drohung?

Tittas Vater: Nein, absolut nicht!

Gerarca (off): Mißtrauisch gegenüber dem Faschismus?

Tittas Vater: Aber nicht doch ... wieso?

Der Chef der Miliz bewegungslos, drohend.

Gerarca: Oder subversive Propaganda?

Tittas Vater antwortet mit schwacher Stimme.

Tittas Vater: Nein, ... dafür liegt kein Grund vor ...

Der Gerarca beugt sich über den Schreibtisch, um die Zigarettenspitze abzulegen, und fragt dann in völlig verwandeltem, honigsüßem Ton ...

Gerarca: Und von dem Grammophon ist dir wohl auch nichts bekannt?

Im starken Licht der Lampe denkt Tittas Vater wenig überzeugend nach und fragt dann, ohne seinen Ausdruck zu wechseln ...

Tittas Vater: Das Grammophon?

Der Gerarca läßt wütend die Reitpeitsche auf den Schreibtisch sausen und schnarrt kurz angebunden:

Gerarca: Glaub ja nicht, daß du bei mir den Schlauen spielen kannst. Gib Antwort!

Tittas Vater versucht sich zu verteidigen, doch verrät sein Ton jetzt beginnende Angst.

Tittas Vater: ... Aber ich schlief ja noch ... die da haben mich geweckt ...

Er zeigt auf zwei schwarze Silhouetten in Uniform, die uns im Vordergrund den Rücken zuwenden.

... ich habe nicht einmal Zeit gehabt, eine Krawatte umzubinden!

Der Gerarca erhebt sich, macht ein paar Schritte und wirft dann, über die Schreibtischkante gebeugt, ein:

Gerarca: Die Krawatte oder das Schleifchen der Anarchisten?

Tittas Vater: Nein ... Was denn für ein Schleifchen?

Dann kommt er mit langsamem, noch unschlüssigem Schritt hinter dem Schreibtisch hervor und durchquert das Zimmer. Der Baumeister folgt ihm mit dem Blick.

Tittas Vater beobachtet abwartend den Gerarca. Hinter ihm klappert der Faschist weiter auf seiner Maschine.

Gerarca (off): Hör mal, willst du nicht auf den Sieg des Faschismus ein Gläschen trinken?

Der Mann deutet den Schatten eines Lächelns an und wagt sogar, einen scherzhaften Ton anzuschlagen.

Tittas Vater: Also, wissen Sie ... ich für meine Person ... Zu dieser Tageszeit ...

Der Gerarca steht jetzt bei der Gruppe seiner Leute und entgegnet mit spöttischem Gleichmut:

Gerarca: Warum nicht? Warum nicht zu dieser Tageszeit? ...

Ohne jeden Übergang dreht er sich mit hocherhobenen Armen im Kreis und fängt hysterisch zu fluchen an.

... Verdammte Dummköpfe! Weshalb stellt ihr unsere

Geduld derart auf die Probe ... (überlappend) Weshalb müßt ihr uns denn zwingen, euch den Kopf zurechtzusetzen, damit ihr einseht, daß der Faschismus euch beschützen und euch Würde und Mut zurückerstatten will ... Ach, zur Hölle mit euch allen, ihr Ignoranten, ihr Bestien!

Inzwischen schiebt einer seiner fanatischen Anhänger, ein hochgewachsener, beleibter Kerl in schwarzem Trikot, den Rollstuhl mit dem Invaliden an den Schreibtisch heran, so daß er sich ungefähr gegenüber Tittas Vater befindet.

Ohne die geringste Bewegung und ohne den Blick oder die Stimme zu heben, sagt der Invalide in schmeichlerischem Ton:

Invalider (in neapolitanischem Tonfall): Du mußt jetzt auf den Sieg der Faschisten trinken, mein lieber Freund!

Der Fanatiker nimmt aus den Händen des Milizsoldaten eine Flasche und ein Glas entgegen. Er zieht mit den Zähnen den Kork aus der Flasche und gießt, dicht neben Tittas Vater postiert, die Flüssigkeit in das Glas, stellt darauf die Flasche auf den Schreibtisch, nimmt den Korken aus dem Mund und reicht dem Sitzenden das Glas.

Invalider (off): Auf diese Weise wirst du dir zugleich den Kopf und die Därme freimachen! Trink!

Tittas Vater nimmt das Glas in die Hand, betrachtet prüfend die durchsichtige dickliche Flüssigkeit, riecht daran und sieht dann nach oben zum Schergen.

Tittas Vater: Aber das ist ja Rizinusöl!

Scherge (off): Ah? Du willst es nicht trinken?

Diesmal lehnt der Maurermeister sich energisch auf. Er setzt das Glas nachdrücklich auf den Tisch und antwortet mit aller Entschiedenheit:

Tittas Vater: Nein! Ich trinke es nicht! Und weshalb sollte ich es auch trinken? Was habe ich denn getan, daß ich das trinken soll? (er schnaubt vor Wut)

Der große, dicke Scherge, die Hände auf dem Rücken verschränkt, tritt mit gleichmütiger Miene hinter Tittas Vater ein paar Schritte näher. Plötzlich schnellt er herum, packt mit roher Kraft die Arme des vor ihm Sitzenden und nimmt ihm damit jede Bewegungsfähigkeit.

Tittas Vater: He! ... Was machst du denn da?

Tittas Vater versucht sich loszureißen, windet sich fluchend auf seinem Stuhl, aber der Faschist hält ihn unerbittlich wie in einem Schraubstock fest.

Tittas Vater: Laß mich los! ... Was soll denn das? ... Warum? Nein! Nein, he! Nein!

Der Spießgeselle, der noch immer seinen Cappucino trinkt, setzt die Tasse ab, kommt ohne Eile näher heran und hält dann mit einer Hand dem Unglücklichen die Nase zu, während ihm der andere von oben aufs Kinn schlägt, damit er den Mund aufmacht.

Spießgeselle (lacht): Nur immer ganz brav! Mach den Mund auf! Mach das Mündchen auf! So ists recht ... Du willst doch nicht, daß ich böse werde? Hinunter damit, trink nur, trink ... Trink, das tut dir gut. Trink, trink! Nur alles hinunterschlucken ... So ... (lacht).

Schließlich nimmt er das Glas vom Schreibtisch und zwingt sein Opfer, es bis auf den Grund zu leeren: er führt das alles mit zur Schau getragener lässiger Sicherheit aus, während der Schwerbeschädigte mit der Ungerührtheit eines Mahnmals daneben sitzt.

Tittas Vater (keucht – schluckt – gurgelt)

Auf der Seitenlehne des Diwans sitzend, die Beine in den großen Stiefeln übereinandergeschlagen, betrachtet der Gerarca die Szene mit einer Mischung von Zorn und Ekel; er gestikuliert, fuchtelt mit der Reitpeitsche in der Luft herum und ruft hysterisch:

Gerarca: Sieh mal, wie kann sich ein Mann in deinem Alter nur so erniedrigen. Was für eine abscheuliche Szene! Eine Schande!

Tittas Vater (keucht)

Auf einem Sofa lümmelt sich ein Milizsoldat und sieht finster und unbewegt die Szene mit an.

Das erste Glas ist jetzt leer. Tittas Vater bäumt sich stöhnend auf. Sein Kinn, sein Hemd und sein Mantel sind mit Rizinusöl beschmiert. Er beugt sich vor, als ob er sich erbrechen wolle, würgt und hustet. Der Schwerbeschädigte ist dem Vorgang mit großem Ernst gefolgt. Sein eines Auge ist halb geschlossen, ein paar spärliche Haare kleben auf der Stirn. Mit zwei kurzen Rucken, wie ein Huhn, wendet er den Kopf nach rechts.

Invalider (betrübt): Das ist es eben, was einen so schmerzt ...

Er wendet mit zwei weiteren kleinen Rucken Tittas Vater den Blick zu und fährt in seiner Rede fort:

... dieser Eigensinn, absolut nicht begreifen zu wollen ... weshalb?

Wieder zwei kurze Rucke nach rechts, und er wiederholt schmerzerfüllt:

... weshalb?

Tittas Vater (off, mit halberstickter Stimme): Das genügt! Das genügt, ihr feigen Hunde!

Spießgeselle (off): Was machst du denn da? Kotzt du mir auf die Schuhe? Ah, es paßt dir wohl nicht? (lacht)

Der Gerarca fächelt sich mit seinem Hut Luft zu, sein Gesicht ist schweißbedeckt, ihn ekelt. Die beiden Folterknechte zwingen Tittas Vater, auch noch das zweite Glas Rizinusöl zu schlucken.

Spießgeselle (von hinten): Aber wo es doch auch die kleinen Kinder nehmen, wenn ihr Bäuchlein ihnen wehweh macht. Bei dir ist der Kopf, der wehweh macht. Vorwärts, nimm noch einen Schluck, dann kannst du auch wieder klar denken!

Auch diesmal wirft sich der Arme nach vorn, halb erstickt von dem ekelerregenden Gesöff.

Tittas Vater (erstickte Laute – Husten – röchelnd): Das werdet ihr mir bezahlen! Das werdet ihr mir bezahlen!

Spießgeselle (von hinten): Gut, gut, schick uns nur die Rechnung!

Die Schergen neben ihm sind bereit, von neuem zu beginnen.

Straße vor Tittas Haus. Außen. Nacht. Frühling.

Tittas Mama geht vor dem Hause auf und ab. Sie ringt voller Ungeduld und unbezähmbarer Angst die Hände. Die Schläge vom Glockenturm der Kirche klingen hell durch die Nacht.

Tittas Mutter: Madonna, schon zwei Uhr!

Die Frau fährt zusammen, streckt die Hände jemandem entgegen und ruft mit gebrochener Stimme:

Aurelio!

Sie läuft ihrem Gatten entgegen: ganz hinten in der Straße erkennt man eine winzige Gestalt, den Arm auf die Mauer eines niederen Gebäudes gestützt.

Mein Aurelio! Was ist denn passiert?

Der Mann löst sich von der Mauer und macht ein paar kleine, unbeholfene Schritte, während er sich den Bauch hält.

Die Frau eilt ihm entgegen, umarmt ihn und hilft ihm beim Gehen. Die beiden kommen mit raschen kleinen Schritten, immer wieder innehaltend, näher.

Räume in Tittas Haus. Küche. Innen. Nacht. Frühling.

Tittas Mutter hebt einen großen Kessel mit heißem Wasser vom Feuer und leert ihn in einen Bottich, in dem ihr Gatte sitzt. Der Mann ist von hinten zu sehen. Er hält schweigend den Kopf gesenkt. Die Mutter ist völlig aufgelöst und weint leise schluckend vor sich hin. Sie stellt den Kessel auf den Boden, trocknet sich die Augen mit der Hand, ergreift einen Schwamm und beginnt den mit Haarbüscheln besetzten Rücken ihres Mannes zu waschen.

Tittas Mutter (schluchzend): Du willst ja nicht hören! Du hast ja nicht auf mich hören wollen!

Der Mann läßt alles mit sich geschehen wie ein kleines Kind.

Du wirst noch sehen! . . .

Die Frau gießt von neuem Wasser über den Rücken ihres Mannes, trocknet sich wieder die Augen mit dem Handrücken und holt dann aus einem Winkel ein großes Leintuch hervor.

(von hinten) Steh auf.

Tittas Vater steht auf, steigt nackt aus dem Bottich, und die Mutter hüllt ihn in das Leintuch.

Hier, trockne dich ab . . . sonst erkältest du dich.

Während der Mann sich abzutrocknen beginnt, erscheint Titta in der Küchentür. Er ist im Nachthemd und trägt ein Haarnetz. Er tritt zögernd ein und schaut verwundert seinen Vater an.

Titta: Papa!

Tittas Mutter: Marsch, ins Bett!

Titta dreht sich nach seiner Mutter um, ohne zu begreifen.

Titta: Mama, was ist denn . . .

Tittas Mutter (off): Geh ins Bett!

Dann beginnt er plötzlich zu lachen und rennt mit zugehalte-
ner Nase hinaus auf den Korridor.

Titta: Mein Gott, wie der Papa stinkt! (lacht)

Halbnackt ins klitschnasse Tuch gehüllt springt der Vater auf,
um Titta nachzulaufen, der unter brüllendem· Lachen verschwindet. Der Mann bleibt unter der Küchentür stehen, ballt
die Faust, als wolle er jemanden zermalmen.

Tittas Vater: Wenn der, der den Spitzel gemacht hat ...

Pataca ruht selig versunken in seinem Bett, das Haarnetz ist
ihm tief in die Stirn gerutscht. Bei diesem Lärm öffnet er nur
ein Auge und läßt sich auch dann nicht aus der Ruhe bringen,
als die wutbebende Stimme seines Schwagers zu ihm dringt.

Stimme von Tittas Vater: ... der ist, den ich dafür halte,
wandert er besser aus ...

Zitternd vor Wut schließt Tittas Vater mit dem erstickten
Schrei:

... aber gleich in einen anderen Erdteil!

Dann, buchstäblich von Zorn geschüttelt, blickt er in die Luft
und kündigt grauenhafte Vorhaben an:

(im Dialekt) ... weil ich ihm sonst den Kopf abbeiß, die
Eier beiß ich ihm ab!

Tittas Mutter (off, überlappend): Aurelio! Aurelio! Sei
doch still, um Himmels willen! Mir zuliebe. Aurelio! Sei
doch still. Sei still!

Tittas Vater (off): Zum Henker mit allen!

Der Mann verschwindet durch eine Tür.

In seinem Zimmer beschränkt sich Pataca darauf, sich in seinem
Bett behaglich umzudrehen. Dann entschlummert er wieder. In
der Küche schluchzt Tittas Mutter, verzweifelt, das Gesicht in
den Händen vergraben.

Tittas Mutter: Nein! Nein! Nein!! (weint)

Grand Hotel. Außen. Tag. Frühling.

Ein strahlender Sonnentag. Imponierend die dem Meer zuge-
wandte Barockfassade des Grand Hotel.

Stimme des Advokaten: Das Grand Hotel ...

Terrasse des Grand Hotel. Außen. Tag. Frühling.

An die Balustrade der halbverlassenen Terrasse tritt unser alter Bekannter, der Advokat, diesmal in sommerlicher Kleidung, unter einem eleganten Tropenanzug aus Leinen ein Seidenfoulard um den Hals geschlungen.
In selbstgefälligem und leicht gerührtem Ton vertraut er sich uns an.

> *Advokat:* ... Ich nenne das Grand Hotel ›die alte Dame‹; jährlich komme ich her, um hier den Honig der Liebe zu saugen. Ich schenke Zärtlichkeit und verlange nach ihr.
> Ich bin der einzige aus unserem Städtchen, der das Grand Hotel regelmäßig besucht.
> Ah ja, es heißt allerdings, die Gradisca sei hier gewesen. Vielmehr, erst aufgrund jenes unglaubwürdigen Abenteuers wurde sie Gradisca genannt.
> Ihr wahrer Name ist Ninola. Also, es heißt, eines Winterabends vor nunmehr drei Jahren ...

Straße nahe beim Grand Hotel. Außen. Nacht. Winter.

Im Innern eines luxuriösen schwarzen Wagens, der langsam in die Einfahrt zum Grand Hotel einbiegt, sitzen die Gradisca und der Stadtschreiber, der an diesem Abend besonders strahlend und zufrieden aussieht. Lächelnd und mit großem Eifer redet er auf seine Begleiterin ein.

> *Stadtschreiber:* Ich beschwöre dich, Ninola, mach einen guten Eindruck! Der Prinz ist sehr schön, mußt du wissen, und wenn du siehst, daß er zufrieden ist, sag ihm was von den Arbeiten an der Strandpromenade, er kann alles mit einem Wort in Ordnung bringen, weißt du. Sei wohlerzogen, sprich italienisch, keinen Dialekt, er ist der Prinz, weißt du, und nicht irgendein hergelaufener Nichtsnutz! Und dann ist das ja auch für dich eine sehr günstige Gelegenheit, Ninola! Die Strandpromenade ...

Die Gradisca hört aufmerksam und äußerst besorgt zu, während sie immer wieder einen Blick aus dem Fenster wirft und hin und wieder von dem Licht einer Laterne angestrahlt wird.

Beim Wenden beleuchten die Lichtkegel des Autos das Eingangstor des Grand Hotel. Zwei Soldaten halten, mit gemessenen Schritten hin und her gehend, davor Wache.
Einer von ihnen öffnet das Tor.

Halle des Grand Hotel. Innen. Nacht. Winter.

Die riesige Halle des Grand Hotel liegt dunkel und verlassen da. Die großen Diwane sind mit weißen Tüchern zugedeckt, der gewaltige Kronleuchter in leichten Stoff gehüllt.
Nun erscheint die Gradisca, die etwas verloren und unentschlossen um sich blickt, dann durch die schweigende Halle geht, über einen aufgerollten Teppich steigt, der vor der prunkvollen Treppe liegt, die in die oberen Stockwerke führt, und hinaufzusteigen beginnt.

Zimmer im Grand Hotel. Innen. Nacht. Winter.

Das Zimmer des Prinzen, wie es sich dem zögernden Blick der Gradisca darbietet: hinter einem mächtigen Lampenschirm aus Libertyseide eine großzügige Suite, überladen mit Teppichen, Wandbehängen, Diwanen und Sesseln; Alabasterlampen verbreiten ein weiches gedämpftes Licht. Neben einem Tisch in der Nähe einer hohen Glastür steht der Zeremonienmeister in Tights: er schenkt Champagner ein, indem er sich vornüberbeugt und auf einem Bein balancierend das andere elegant nach hinten streckt.
Einige Generale mit Helmbüschen schwanken in ihren schweren Stiefeln vor und zurück und lachen sonderbar langsam und abgehackt: der eine dumpf, der andere schrill.
Die Gradisca taucht hinter dem seidenen Lampenschirm auf und bleibt beobachtend und wie bezaubert stehen.
Der Zeremonienmeister zieht sein Bein wieder zurück, die beiden Generale machen, immer noch lachend, eine Verbeugung.
Alle drei trinken.
Durch die Glastür tritt feierlich schweigend und faszinierend in seiner strahlendweißen Uniform der Prinz auf – eine Operettenfigur. Er bewegt sich, als sei er tief in Gedanken versunken.

Er setzt sich auf einen Diwan, lehnt sich bequem zurück und streckt ein Bein von sich. Mit fast religiöser Scheu umsteht ihn sein kleines Gefolge.

Der Generalstabchef, der auf seinem Diwan sitzen geblieben ist, kann der Versuchung nicht widerstehen, noch einen letzten flüchtigen Schluck aus seinem Sektglas zu nehmen.

Bei diesem Anblick schließt die Gradisca mit einem verträumten Seufzer die Augen.

Der Zeremonienmeister und die beiden Generale verlassen auf Zehenspitzen das Zimmer.

Der Generalstabchef warnt den Prinzen mit einer scherzhaften Geste, macht dann ebenfalls kehrt und entfernt sich mit so übertriebener Diskretion, daß man vermuten könnte, er wolle damit sein wenig würdevolles Schwanken überspielen.

Die Gradisca beugt sich ein wenig vor, um verwundert dieser ganzen in Plüsch gebetteten Pantomime mit dem Blick zu folgen.

Der Prinz rafft sich inzwischen aus seiner künstlichen Ruhe auf, erhebt sich vom Diwan, macht in Gedanken versunken ein paar Schritte, bleibt dann stehen und richtet seinen Blick auf den Gast.

Die Gradisca ist von diesem Blick wie gelähmt. Nur mit Mühe gelingt es ihr, mit einem Kopfnicken und einem schüchternen Lächeln, einen Gruß anzudeuten.

Mit gesenktem Kopf, die Hände hinter dem Rücken verschränkt, verschwindet der Prinz hinter einem Vorhang, allem Anschein nach von unheilbaren Sorgen bedrückt.

Allein geblieben, beginnt die Gradisca die Jacke ihres roten Kostüms aufzuknöpfen, hält aber inne, als sei ihr eine großartige Idee, ein bestechender Einfall gekommen.

Sie nimmt etwas wie eine erregende Generalprobe vor, schaukelt geschmeidig mit den Hüften und setzt sich auf die Armlehne eines Diwans. Mit einem Lächeln wendet sie sich der Stelle zu, wo der Prinz möglicherweise auftauchen könnte, und klappert aufgeregt mit ihren langen Wimpern.

Jetzt wiegt sie sich in den Hüften und setzt sich dann, beengt von ihrem roten Kostüm, wieder auf die Armlehne. Sie nimmt ihre Perlenkette in den Mund und knabbert daran mit betont weiblicher Begehrlichkeit.

Jetzt taucht sie hinter dem Diwan in schwarzer Unterkleidung auf, auf dem Kopf trägt sie immer noch ihre rote Baskenmütze. Mit den sinnlichen Bewegungen einer Strip-tease-Tänzerin, allerdings immer noch etwas verkrampft, streicht sie das Unterkleid auf ihrem Körper glatt.

Auf dem Diwan sitzend bleckt sie die Zähne, bläht lüstern die Nüstern und spitzt die Lippen zu einem feurigen Kuß.

Es folgt eine Reihe von gezierten neckischen Posen, wie sie Pin-up-Girls vor der Kamera einnehmen.

Einen Augenblick lang verharrt sie in einer gewissermaßen unbefriedigten Ratlosigkeit, hört jemanden kommen, ist sofort wieder aufgeregt, flüchtet und verbirgt sich hinter dem Vorhang eines Himmelbetts. Sie guckt hervor und schaut verstohlen zum Prinzen hin: Er ist jetzt in einen prächtigen Morgenrock aus schwarzem Samt gehüllt, den er über einem weißen Seidenpyjama trägt; dies gibt der aristokratischen Versunkenheit einen Einschlag priesterlicher Würde.

Mit einer Hand entlockt er dem Flügel gedankenverloren einige Töne, geht langsam zum Eiskübel, nimmt die in eine Serviette gehüllte Flasche heraus und gießt sich einen Kelch Champagner ein.

Der abwesende Blick des Prinzen gleitet flüchtig über den Diwan, auf dem einige Reste der Strip-tease-Szene liegen: die rote Jacke des Kostüms, die Handtasche, die Handschuhe und am Boden die Schuhe, von denen einer umgefallen ist. Die Kamera fährt auf die durchsichtigen Vorhänge des Himmelbetts zu.

Die hoheitsvolle Gestalt nähert sich mit entrücktem Blick, ein leichtes Lächeln auf den Lippen, dem Bett, bleibt stehen, führt den Kelch an die Lippen und nippt daran.

Der Vorhang des Himmelbetts hebt sich, und wir erkennen die Gradisca, die mit der roten Mütze auf dem Kopf unter der Bettdecke liegt.

Sich mit dem Leintuch bedeckend, richtet sie sich im Bett zum Sitzen auf. Mit einem Ausdruck williger Hingabe wendet sie sich dem Prinzen zu und haucht erregt:

> *Gradisca:* Herr Prinz . . . gradisca.[1]
>
> *Stimme des Advokaten* (off): Und seither hat Ninola den Spitznamen ›Gradisca‹ . . .

[1] bedienen Sie sich

Halle des Grand Hotel. Innen. Tag. Frühling.

Unser Mentor in seinem Tropenanzug aus Leinen, mit dem
Whiskyglas in der einen, der Zigarette in der anderen Hand,
läßt sich auf einem Diwan nieder und fährt fort, für uns die
Erinnerung an die großen Momente des Grand Hotel in einem
Ton vertraulicher Begeisterung heraufzubeschwören.

>   *Advokat:* ... Ich allerdings glaube kaum an diese Ge-
>   schichte und ebensowenig an alles, was Biscein erzählt. Er
>   ist nämlich ein geborener Lügner. Er erfindet eine Ge-
>   schichte nach der anderen. Sie müssen wissen, daß vor
>   zwei Jahren im Grand Hotel ein Emir mit seinen dreißig
>   Frauen angekommen ist. Und ich war gerade da! Ich habe
>   ihn ankommen sehen!

Einfahrt des Grand Hotel. Außen. Tag. Frühling.

Ein Autobus hält am Bürgersteig vor dem Eingang des Grand
Hotel. Eine Wagentür wird aufgerissen, und zwei arabische
Leibwächter mit dem Fez auf dem Kopf steigen aus, einen
Krummsäbel an der Seite und eine Peitsche in der Hand. Mit
energischen, fast brutalen Gesten, harte Kehllaute ausstoßend,
vertreiben sie die wenigen Passanten.

>   *I. und II. Araber* (Befehle in ihrer Sprache)

Einer der Araber stößt ein Ehepaar grob zurück. Der Mann
begehrt auf.

>   *Mann:* Wer ist denn dieser Neger? Hände weg!

Hinter den beiden Wachen steigen nach und nach die Haremsdamen aus dem Wagen. Sie sind in weiße Gewänder gehüllt –
nur Schlitze für die Augen sind frei – und haben große weiße
Bündel in den Händen.
Biscein kommt auf seinem Dreiradwagen angeradelt und hält,
um sich den exotischen Aufzug anzusehen.
Einer der Wächter gestikuliert aufgeregt mitten auf der Straße,
um die wenigen Neugierigen fernzuhalten, wendet sich dann
wieder den Frauen zu und winkt gebieterisch mit der Peitsche.

>   *I. Araber* (arabische Befehle)

Die weiße Schar der Haremsdamen beeilt sich, getrieben von
den wütenden Kommandos der Wächter, die Straße zu über-

queren. Jenseits der vorbeihastenden Prozession erkennen wir undeutlich Biscein und sein Dreirad.

Gesicht Bisceins mit seiner roten Säufernase, wie er aufmerksam und mit gierigen Blicken der malerischen Karawane folgt.

Biscein: Ostcia la figa!

Auch der Chinese mit dem Krawattenbündel über dem Arm beobachtet lächelnd das Defilee dieser weißen Phantome, die unter dem wütenden Geschrei der Wachen durch das Eingangstor laufen und das Hotel betreten.

Halle Grand Hotel. Innen. Tag. Frühling.

Ein Brunnen sprudelt in der Mitte des großen Salons. Im Hintergrund spricht der Chefportier am Telefon. Er legt auf, klatscht in die Hände und befiehlt mit einer knappen Geste:

Chefportier: Heda! Schnell!

Ein Kellner im Frack kommt eilfertig die Treppe herunter, während drei Zimmermädchen mit weißen Häubchen und weißen Schürzen herbeieilen, um auf den ersten drei Stufen Aufstellung zu nehmen.

Die Herde von Haremsdamen durchquert die Halle. Die Eunuchen treiben sie vorwärts und halten sie mit Peitschenschlägen und rauhen, wütenden Befehlen zusammen. Ihnen folgen zwei Leibwächter des Emirs. Sie tragen den Fez und europäisch geschnittene Jacken über den Pluderhosen.

Sie verneigen sich gleichzeitig und begrüßen den Chefportier und seinen Vertreter, die sich ihrerseits, einer nach dem anderen, verbeugen.

Chefportier: Bonjour.

Und nun erscheint auch der Emir, ein kleiner, rundlicher Mann mit einem großen Turban auf dem Kopf und schweren Diamantohrringen. Die beiden Leibwächter werfen sich ihm zu Füßen, aber der Sekretär weist den Emir geflissentlich auf den Chefportier und seinen Vertreter hin, die darauf warten, den Gast willkommen zu heißen.

Sekretär: Oh, Baldassare!

Das Männchen macht zwei wiegende Schritte auf den wichtigeren Angestellten zu und streckt ihm das Händchen hin, welches jener mit einer ehrfurchtsvollen Verbeugung drückt.

Chefportier: Excellence! Bien arrivé?

Emir: Il fait froid, eh?

Chefportier: Ah, oui!

Einer der Eunuchen drängt gewaltsam die Frauen in eine Ecke neben dem Lift. Die Damen stehen unbeweglich da und lugen durch die Schlitze der Schleier.

Von seinem Diwan aus beobachtet sie ungerührt der Advokat. Hinter ihm taucht der Photograph auf, er trägt das Stativ mit dem Apparat. Ein Liftboy öffnet eine Aufzugstür.

Einer der beiden Aufseher zählt jetzt mit der Peitsche die Frauen. Ein anderer fettwanstiger Araber, unter dessen Fez lange Haare hervorwallen, macht ihn auf den Photographen aufmerksam, der eben die Damen aufnimmt.

Fetter Araber: Gib acht! Da ist ein Photograph!

Der Wächter läßt die Peitsche durch die Luft sausen und befiehlt den Frauen sich umzudrehen. Er zieht drohend seinen Krummsäbel und stürzt sich zum Schlag ausholend auf den Photographen. In seinem schwarzen Umhang pflanzt sich der Mann vor seinem Apparat auf, um ihn zu schützen.

I. *Araber* (auf arabisch): Dreht euch um!

Photograph: Oho, was willst du denn? Hör mal, du machst mir ja den Apparat kaputt! Bist du verrückt?

Inzwischen drängt der zweite Eunuch die Frauen des Emirs in den Lift.

Photograph (off): Was hat diese schwarze Fresse hier zu fluchen?

II. *Araber* (in arabischem Singsang): Los jetzt, Mädchen! Wir gehen hinauf zum Essen!

Im Hintergrund entfernt sich der Photograph mit seinem Apparat.

Photograph: Ich muß doch die Aufnahmen machen! Schick doch mal das Arschloch weg! (off) Baldassare! Baldassare!

Der Wächter steckt den Krummsäbel unter den neugierigen Blicken des Advokaten, der sich nach ihm umgedreht hat, wieder in die Scheide.

Der fette Araber wendet sich uns zu, und wir bemerken, daß er außer über einen üppigen Haarwuchs auch noch über einen wallenden schwarzen Bart verfügt. Er verneigt sich langsam . . .

Sekretär des Emirs (off): Cette année nous avons tout le troisième étage . . .

... vor dem Emir, der von seinem Gefolge begleitet hinter dem großen Lampenschirm aus Libertyseide die Halle durchquert.
Der Sekretär fährt beflissen mit seinen Informationen fort:

> *Sekretär des Emirs:* ... et la cuisinière c'est madame Jolanda, vous vous rappelez, Excellence? C'est la grosse femme ...

Bei dieser Erinnerung schickt sich der Emir an, mit seiner süßlich weichen Stimme zu sagen:

> *Emir:* La différence qu'il y a ...

hält aber plötzlich inne und bleibt vor den drei auf den ersten Treppenstufen aufgereihten Zimmermädchen stehen.
Er streckt die Hand aus, um eines der Mädchen zu streicheln.

> *Emir:* Oh, la brunette! Elle est mariée?

Vor einem zweiten Mädchen reckte er sich auf die Zehenspitzen und fragt sie:

> Tu es mariée?

Er küßt sie und schließt:

> Pas mariée.

Nach Erledigung dieser satyrhaften Galanterie bewegt sich der rundliche Monarch auf die Aufzüge zu, während der Sekretär ihn gutmütig an geheimnisvolle Gebote und Verpflichtungen seiner Religion erinnert.

> *Sekretär* (überlappend) lacht: Il faut aller! Oh lala! Le temps de la chasteté n'est pas encore fini, mon grand prophète.

Unersättlich jedoch kehrt der Emir mit seinen Gedanken zu der dicken Köchin Jolanda zurück.

> *Emir:* Alors, la différence qu' il y a entre la femme ...

Der Advokat erhebt sich etwas von dem Diwan, um mit einem respektvollen Neigen des Kopfes zu grüßen.

> *Sekretär des Emirs* (off): Il faut attendre ..

Der kleine Hofstaat betritt den Lift.

> *Sekretär des Emirs* (von hinten): ... la métamorphose des vents d'automne ... (lacht)

Endlich gelingt es dem Emir, die Erinnerung an die Köchin Jolanda in einem grandiosen scharfsinnigen Bild einzufangen, das er zweimal eindringlich wiederholt:

> *Emir* (überlappend, von hinten): La différence qu'il y a entre la femme du chimpanzé et la mosquée de Bagdad ...
> ... Il fait froid ...

La différence qu'il y a entre la femme du chimpanzé et la mosquée de Bagdad ...

Der Chefportier kehrt zu seinem Pult zurück und wendet sich mit gebieterischen Gesten ans Personal.

Chefportier: Zurück auf eure Etagen. Auch du da, geh!

Der Photograph läuft hinter ihm her und hüpft aufgeregt protestierend um ihn herum.

Photograph: (überlappend): Ich muß die Aufnahmen machen! Sag du es ihnen, ich bin ja schließlich nicht der letzte Dreck! Eine einzige nur, ich muß ja leben, oder etwa nicht? Ich bin nicht zu meinem Vergnügen hier!

Chefportier (überlappend): Was kann ich dazu tun? Man kann sie nicht photographieren. Was willst du denn photographieren? Die Bettücher etwa?

Inzwischen erzählt uns der Advokat vergnügt und begeistert weiter.

Advokat: Der Emir schloß allnächtlich die dreißig Schlafzimmer ab.

Ja, soweit stimmt die Sache, aber da gibt es noch den Bericht von Biscein, der mit allen Wassern gewaschen ist ... (lacht)

Strandpromenade am Grand Hotel. Außen. Nacht. Frühling.

Im Dunkeln kommt Biscein, kräftig in die Pedale tretend, auf seinem Dreirad angefahren. Er hält und schaut an der Fassade des Grand Hotel hinauf.

Stimme des Advokaten: Stellt euch vor, dieser Blödian behauptet, noch in der gleichen Nacht ...

Biscein (überlappend): Kauft bei Biscein. Fave! Balose! Lupini! Bruscolini!

Wir sehen, wie von einem Balkon ein festes, zusammengedrehtes Leintuch herabgelassen wird.

Biscein beugt sich mit erregtem gurgelndem Lachen über sein Lenkrad, so als wolle er nicht recht glauben, was er sieht.

Auf dem Balkon bewegen zwei in ihre weißen Gewänder gehüllte Haremsdamen gleichzeitig einladend ihre Köpfe.

Von einem anderen Balkon werfen drei weitere Haremsdamen ein zweites am Balkon befestigtes Bettuch herab.

163

Biscein (off, quietscht vor Vergnügen)
Auch diese nicken ebenso bestimmt und gebieterisch.
Diesmal sind es sogar vier, die das Leintuch von der Terrasse
herunterwerfen.
Biscein lächelt einen Augenblick ungewiß, dann wendet er das
Dreirad und geht entschlossen auf das Leintuch zu, das vor der
Fassade herunterhängt, er kann ein freudig-geiles Grunzen nicht
verkneifen.
Biscein (im Dialekt): Ich bin da! Da bin ich; Mädchen-
ädchen!
Die vier Haremsdamen wiederholen ihr einladendes Kopf-
nicken.
Biscein klettert flink an dem Seil aus Bettüchern hinauf und
langt bei den weißen Phantomen an. Begeistert ruft er aus:
Biscein: Ran, Biscein! Ran, Biscein! Ran, Biscein!

Zimmer der Haremsdamen. Innen. Nacht. Frühling.

Im Halbdunkel erkennt man einen kreisförmigen Raum in
orientalisierendem Stil. Im Hintergrund erblickt man durch
eine muschelförmige Öffnung hindurch die Krone einer Palme
und das tiefe Blau des Nachthimmels.
Rings an den mosaikgeschmückten Wänden auf Ruhebetten lie-
gende schattenhafte Gestalten. Im Mittelpunkt des Raumes
befindet sich ein ebenfalls rundes Becken mit Wasser, dessen
helle Reflexe an den Wänden spielen.
Die dunkle Silhouette dringt auf Zehenspitzen in das Zimmer
ein. Mit zitternder Stimme flüstert er ekstatisch:
Biscein: Ostcia la fi ...
Der lautlos schleichende Eindringling lächelt, seine Augen
leuchten. Dann zieht er aus dem Kittel, den er über dem
schmierigen Wollpullover trägt, eine Flöte hervor und stimmt
wie ein Schlangenbeschwörer eine einschmeichelnde Melodie an.
Ja ... Ja ...
Beim Ton der Flöte erheben sich eine nach der anderen die Gestalten auf den Ruhebetten: es sind die Haremsdamen, die sich
im Odaliskenkostüm kniend mit den sinnlichen Bewegungen
des Bauchtanzes zu wiegen beginnen.
Bisceins schlaue Äugelchen lachen begehrlich, während seine

164

Hände, deren plumpe Finger in Wollhandschuhen stecken, die Flöte mißhandeln.

Im Dunkel schimmert und glitzert es, und im Raum wird es hell. Wir entdecken, daß das Funkeln von den schweren Diademen ausgeht, die auf den Köpfen weiterer Odalisken thronen, deren Oberkörper aus dem Wasser des Beckens herausragen.

Wie ihre Gefährtinnen beginnen auch diese nun die Arme weich und schlangenartig zu bewegen.

Wir haben vor uns die dunkle Silhouette Bisceins, der sich über seine Flöte neigt, um angespannt das immer schneller werdende Durcheinander von Bewegungen anzufeuern.

Mit einemmal wendet der Mann sich zu uns um und fängt ganz außer Atem an aufzuzählen.

> *Biscein* (im Dialekt): Ich habe sie alle fertiggemacht. 1-2-3-4-5-6-7-8-9 ...
> *Stimme des Advokaten* (lacht): Er sagt, ob schön oder häßlich ...

Halle des Grand Hotel. Innen. Abend. Frühling.

Der Saal liegt im Dunkeln.

> *Advokat:* ... in jener Nacht habe er 28 geschafft! (lacht)

Die großen Lampen mit den Seidenschirmen werden hell, und wir sehen den Advokaten, der, nachdem er sich eine Zigarette angezündet hat, bemerkt:

> *Advokat:* Aber hier liegt der Hase im Pfeffer!

Er geht durch die Halle und bemerkt mit gespielter Beiläufigkeit:

> Ich brauche nur daran zu denken, daß ich es in meiner besten Zeit in einer Nacht nur auf sieben Nummern gebracht habe, und das war damals schon ein europäischer Rekord!

Er kommt weiter auf uns zu, rupft von einer Pflanze Blätter ab und zeigt uns damit, daß er im Grand Hotel seit langem Stammgast ist.

> Die Wahrheit sieht anders aus. Die ›alte Dame‹ schließt nur meine Wenigkeit in ihre Arme. Ich bin schon hier, wenn die ersten Vorbereitungen für die Saison beginnen.

Er bleibt stehen, lauscht.

165

Ich erkenne die Wagen schon am Zuschlagen der Türen
... Da! Das ist ein Mercedes Benz ... das ein Alfa Romeo ... das ein Isotta Fraschini ...
Verschiedene Wagentüren fallen geräuschvoll zu.
Furzgeräusch.
Bei diesem nachgerade gewohnten Ton seufzt der Advokat in geduldig getragener Enttäuschung.

Terrasse Grand Hotel. Außen. Nacht. Frühling.

Durch das Blattwerk der Pflanzen hindurch sehen wir Leute an den Tischen sitzen. Einige Paare tanzen.
Wir sehen den nackten Rücken einer Dame, um den sich der Arm des Kavaliers legt.
Titta und seine Freunde spähen hinter den Blumentöpfen hervor.
Titta ruft mit gedämpfter Stimme.
Titta: Onkel! Onkel! Onkel!
Im Hintergrund der Terrasse spielt das kleine Orchester eine langsame Melodie.
Pataca, der in einer weißen Smokingjacke mit einer jungen Ausländerin tanzt. Er drückt sie an sich und säuselt ihr ins Ohr:
Pataca: Bist du Polin? Nur Polinnen haben solches Feuer in den Augen!
Conte Poltavo, die ewige Zigarette im Mund, stellt sich hinter Ciccio, um besser sehen zu können.
Titta: Naso, mein Onkel tanzt doch gut, nicht?
Anwesend ist auch noch Gigino Penna Bianca, der sich in Begleitung zweier Gefährten auf einem Sessel räkelt. Der Schönling des Ortes reckt sich etwas und beginnt mit schmachtenden Blicken zwei Amerikanerinnen zu fixieren – wahrscheinlich Mutter und Tochter –, die mit verwundertem Lächeln den Blick erwidern und, den Kopf im Takt der Musik wiegend, leise mitträllern.
Penna Bianca schließt verzückt die Augen.
Der Gerarca, an diesem Abend ebenfalls in weißem Smoking, sitzt an einem Tischchen in Begleitung des Sekretärs, zweier Mädchen und des Philosophieprofessors. Er erzählt gerade einen Witz.

Gerarca: ... Und bittet ihn, sie mit durch die Wüste zu nehmen. ›Gern‹, sagt der Abessinier, ›aber ich habe nur ein Fahrrad.‹ – ›Das macht nichts‹, antwortet die Araberin, ›ich steige einfach hier auf‹, und setzt sich ihm auf die Stange ...

Pataca trennt sich von der Dame, erweist dem Gerarca den Faschistengruß und verbeugt sich vor den Damen.

Pataca: Comandante! Meine Damen!

Gerarca: Ciao! (fährt in der Erzählung seines Witzes fort): ... Sie fahren also durch die Wüste, und schließlich steigt die Araberin ab. Da erst bemerkt sie, daß das Rad ein Damenrad ist! Es hatte gar keine Stange.

Seine Tischgesellschaft kann sich vor Lachen kaum halten.

Philosophieprofessor: Ich kannte ihn nicht so. Ich kannte ihn mit der Pointe vom Weichkäse ...

Pataca entfernt sich und tanzt wieder, seine Dame an sich drückend.

Pataca: Du bist also eine Tschechin! Nur Tschechinnen haben solches Feuer in den Augen!

Ausländerin (von hinten): Ich kann auch Italienisch: Bellissimo ... buonasera ... Michelangelo ... Fanculo[1] ... O sole mio ...

Während das Orchester den Slow beendet und zu einer Rumba übergeht, entschließt Penna Bianca sich zur direkten Attacke: Ohne sein Opfer je aus den Augen zu lassen, nimmt er mit Bewegungen, die aus dem ›Leitfaden für Verführer‹ stammen, die Zigarette aus dem Mund, wirft sie zu Boden und tritt sie aus, steckt die Hände in die Taschen und nähert sich der Beute mit langsamen, sicheren Schritten, während er ab und zu vielversprechend die Unterlippe vorschiebt, was bei ihm schon ein nervöser Tick geworden ist.

Er bleibt vor der Amerikanerin – der Mutter – stehen, die ihm, bereits erobert, von unten her zulächelt. Ihre Tochter – ein puppenhaftes Mädchen mit einer großen Schleife im Haar – schnippt weiter mit den Fingern im Takt der Rumba. Das ›späte Mädchen‹ – sie trägt einen großen Turban auf dem Kopf und kiloweise Juwelen am Hals und an den Armen – erhebt sich voller Begeisterung und sinkt in die Arme des schönen

[1] Arschficken

167

Gigino, der sie an sich drückt und sie, unentwegt in ihre Augen blickend, fortführt.

Den üppigen Busen an den Kavalier gepreßt, streicht die Dame kurz und unmißverständlich über seine Schulter.

Wir sehen von hinten die Gruppe der Buben, die auch weiterhin zwischen den Pflanzen hindurchspähen.

> *Titta:* Onkel! Onkel!
>
> *Conte Poltavo:* Achtung, hier kommt der Stockfisch!
>
> *Titta:* Verdammt, der Stockfisch!

Auf die wiederholten Rufe, die Titta an seinen Onkel richtet, sieht ihn der Kellner – Stockfisch – und verscheucht die Jungen.

> *Kellner:* Weg! Weg da!

Titta und seine Freunde verlassen ihr Versteck hinter den Pflanzen und laufen die Stufen hinunter.

> *Titta:* Mistkerl! Mistkerl! Mistkerl! Mistkerl!
>
> *Ciccio:* Wir lassen die Luft aus seinen Fahrradreifen!

Aber fast gleich darauf bleiben sie stehen, machen ganz sachte wieder kehrt und spähen zwischen den Säulchen der Balustrade hindurch. Jetzt ist die Terrasse voll von tanzenden Paaren.

Mit der Gewandtheit des geübten Tänzers läßt der Pataca seine Dame einen kühnen Schwung vollführen und führt sie an der Hand in Richtung des Orchesters im Hintergrund der Terrasse.

Unser Tagedieb zeigt auf irgend etwas im Dunkeln, atmet tief die Meeresbrise ein und fragt die Ausländerin:

> *Pataca:* Meer sehen? Spazieren con me, runter? Andiamo!

Pataca verschwindet die Treppe hinunter, die willige Begleiterin hinter sich herziehend.

Der schnurrbärtige Friseur, der im Geschäft der Gradisca arbeitet, löst sich aus dem Orchester, kommt näher, um das Verschwinden Patacas zu beobachten, während er spöttisch mit den Fingern auf einem Tischchen trommelt.

Bei dieser mondänen Abendveranstaltung im Grand Hotel darf natürlich auch unser Advokat nicht fehlen.

Auch er ist zu Avancen geneigt, aber als Mann von Kultur, der er ist, gibt er auch seinen Annäherungsversuchen eine exquisit literarische Note.

> *Advokat:* Leopardi – Gedichte schreiben. Sie kennen Leopardi?

Eine nicht mehr ganz junge Ausländerin mit harten Zügen und

einem Federbusch auf dem Kopf, was ihr eine gewisse Ähnlichkeit mit einem Carabiniere verleiht, sitzt allein an einem der Tischchen und antwortet bedauernd:

Ausländerin: Nein, weil ist erstes Mal ich hergekommen ...

Der Advokat läßt dieses bedeutungslose Mißverständnis durchgehen, während er sich beeilt, die Position Leopardis am italienischen Dichterhimmel durch ein unmißverständliches Beispiel darzustellen. Mit einer äußerst klaren Geste hält er die eine Hand erläuternd über die andere. Der Abstand ist vielleicht ein bißchen übertrieben.

Advokat: Dante Alighieri hier, Leopardi hier, nicht?

Reuevoll korrigiert er sich sofort und nähert die ›Leopardihand‹ der oberen.

... Oder besser, hier.

Ausländerin (off): Aha, gutt!

Ein Kellner stellt etwas zu trinken auf den Tisch. Der Advokat hebt sein Glas und trinkt auf das Wohl der Dame, dann voller Romantik auch auf den Mond.

Ausländerin (off): Skål!

Sie trinkt und spreizt geziert den kleinen Finger ab.

Die Musikanten setzen jetzt ihre Instrumente ab. Man hört nur noch ein paar Klavierklänge.

Pataca kommt, die Treppe heraufsteigend, mit Siegermiene auf die Terrasse zurück. Er glättet seine Jacke, bringt sein Haar in Ordnung und tut ein paar Schritte in Richtung auf Penna Bianca und die Amerikanerin, die noch immer auf der verlassenen Terrasse tanzen. Während er ostentativ seine Hosen abklopft, nähert sich Pataca der Estrade, auf der die beiden Friseure – die Musikanten des Ortes – ihre Notenblätter zusammenlesen.

Barbier: Lallo, wie ist es gegangen?

Pataca (von hinten): Wie soll es schon gegangen sein? Mit den Deutschen ist es schon immer glattgegangen. Sie ist bis über die Ohren verliebt!

An ein Säulchen gelehnt berichtet er erschöpft vom Ausgang seines Abenteuers. Er tut das bescheiden, um so die Glaubhaftigkeit seiner Erzählung zu unterstreichen.

Pataca: Sie hat mir den unumstößlichen Beweis dafür gegeben, sie erlaubte mir, ihr die Gunst von hinten zu erweisen.

Gigino und die Amerikanerin tanzen.
Penna Bianca läßt sich von der berauschten Umarmung seiner Partnerin mit der lässigen und offenbar ungerührten Hingabe des großen Liebhabers mitnehmen.

Grand Hotel. Außen. Nacht. Frühling.

Das Grand Hotel. Alle seine Fenster sind erleuchtet, und die Fahnen an ihren Stangen flattern.
Es ist schon spät, wieder ist ein Abend zu Ende gegangen, langsam verlöschen die Lichter.

Vorgarten mit Eingang zum Irrenhaus. Außen. Tag. Sommer.

Das Irrenhaus ist ein großes, im Grünen liegendes Gebäude. Unter der hohen Vorhalle, die durch ein Drahtnetz abgeschlossen ist, befinden sich ein paar der Insassen: manche tragen einen weißen Kittel, andere normale Kleidung. Alle klammern sich an das Netz, als ob sie jemanden oder etwas erwarteten.
    Stimme Tittas: Onkel Teo war Papas Bruder. Im Sommer holten wir ihn einmal im Monat mit der Kutsche ab.
Auf der Straße springt Titta in die Höhe, um über die Umfassungsmauer zu blicken, und schwenkt die Arme zum Gruß.
    Titta: Onkel! Onkel! (off) Wir sind da!
Hinter dem Maschendraht beginnt ein hochgewachsener, magerer Mann in den Vierzigern mit auf der Brust gekreuzten Armen bei diesem Anruf mit kleinen, aufgeregten Schritten zurückzuweichen und lacht vor Freude.
Dann verschwindet er hinter einer Tür. Es ist Tittas verrückter Onkel. Er heißt Teo.
Ein aufgedunsener junger Mann, der sich in das Gitter gekrallt hat, verharrt unbeweglich lächelnd.
    Titta: Onkel! Der Papa kommt gleich!
Titta geht dem Vater entgegen, der beim Gartentor des Irrenhauses steht.
Auf der anderen Straßenseite steht der Wagen des Kutschers Madonna.

Tittas Vater (in Richtung der Kutsche): Jetzt kommt er.

In der Kutsche steht der Großvater und sitzen die Mutter und Tittas kleinerer Bruder. Unter einem Sonnenschirm sitzend, fächelt sich die Mutter mit einer Hand etwas Luft zu.

Durch die Gitterstäbe des Garteneingangs sehen wir die Angehörigen von Teo warten. Der Vater wischt sich mit einem Taschentuch den schweißnassen Hals.

Nun öffnet sich die Eingangstür, Teo läuft, gefolgt von einem Wärter, ins Freie, bleibt jedoch plötzlich auf der obersten Stufe der Treppe, die in den Garten führt, stehen.

Ratlos schaut er zu seinen Verwandten hinunter.

> *Tittas Vater* (off): Da ist er ja!
> *Titta* (off): Ciao, Onkel!
> *Tittas Vater* (off): Wie geht es dir, Teo?
> *Wärter:* Gehen wir!

Ein Insasse des Hauses sitzt vornübergebeugt, in seine Gedanken versunken, auf einer kleinen Bank.

Teo steht immer noch wie erstarrt oben auf der Treppe.

> *Titta:* Er freut sich, Mama!

Der Großvater, von hinten, im Wagen, ruft ihn und schwenkt die Arme.

> *Großvater:* Teo! (zu Miranda gewandt) Wie gut er aussieht!
> *Tittas Mutter:* Ja, es geht ihm gut! Ich sehs! Ich sehs!
> *Großvater* (überlappend, von hinten): Es geht ihm gut, nicht wahr? Laßt mich durch!
> *Tittas Mutter:* Sei vorsichtig beim Aussteigen.

Er steigt vorsichtig aus dem Wagen, die Schwiegertochter hält ihn an der Hand.

Der Wärter nähert sich mit den Schlüsseln in der Hand der Gartentür, wo Titta und sein Vater warten, und öffnet.

Auch Teo beginnt jetzt zögernd näher zu kommen.

Der Wärter winkt ihm, er solle sich beeilen.

> *Wärter:* So, hier ist er!

Teo, wieder heiter, kommt auf Titta zu und küßt ihn.

> *Titta* (von hinten): Ciao, Onkel!
> *Tittas Vater* (von hinten): Ciao, Teo! Teufel auch!
> *Titta* (von hinten): Wie geht es dir?
> *Teo:* Und wie geht es dir?
> *Titta* (von hinten): Oh, mir geht es gut, ich gehe zur Schule.

Sieht ihn kichernd und kopfschüttelnd an.

Dann wendet er sich dem Bruder zu und läßt sich mit in den Taschen versenkten Händen von ihm küssen und befragen, während er selbst sich darauf beschränkt, zu kichern und fortwährend den Kopf zu schütteln.

> *Tittas Vater:* Und du weißt doch, wohin wir dich heute mitnehmen? Rat mal ein bißchen! Wir fahren zu uns aufs Land und essen dort Ravioli. Freut dich das, Brüderchen?
>
> *Teo:* Ohhhhh!
>
> *Tittas Vater:* Sieh mal, wer da ist! Auch der Papa ist da, jawohl!
>
> *Teo:* Ohhhhh!

Der Alte empfängt den Sohn mit ausgebreiteten Armen und drückt ihn zärtlich an sich.

> *Großvater:* Schön, schön, mein Junge! Wie geht es dir? Gib deinem Papa einen festen Kuß!
>
> *Teo* (von hinten – überlappend): Was macht ihr denn hier? (kichert)

Tittas Vater wendet sich dem Wärter zu.

> *Tittas Vater* (von hinten): Es geht ihm besser, nicht wahr?
>
> *Wärter:* Er ist normal.

Der Großvater und Teo stehen jetzt neben dem Wagen. Die anderen sitzen schon. Sie finden kein Ende mit Begrüßungen und Fragen, während der Großvater keinen Augenblick – vielleicht vor Aufregung, aus Befangenheit oder aber auch nur Vergeßlichkeit – zu kichern aufhört.

> *Großvater:* Hast du gesehen, wie groß dieser Teufelskerl da geworden ist? Er ist jetzt in der Quinta.
>
> *Teo:* Ja.

Teo küßt Tittas jüngeren Bruder.

Titta hat sich neben Madonna, der sich umdreht, um Teo die Hand zu geben, auf den Bock gesetzt.

> *Madonna* (von hinten): Signor Teo, wie geht es Ihnen! Gut?
>
> *Teo:* Ohhhhh!
>
> *Titta:* Mama, die Plätzchen! Gib ihm die Plätzchen, Mama!

Der Großvater zeigt auf Madonna.

> *Großvater:* Und der war neulich abends besoffen – Miranda, wir sind alle da!
>
> *Tittas Mutter:* Wie geht es Ihnen, Teo?

Teo: Mir geht es gut. Sogar besser! (lacht)

Tittas Mutter: So ists recht! Bravo, Teo! Das freut mich!

Titta: Mama, die Plätzchen!

Tittas Mutter: Ja doch, ich habe sie hier!

Titta: Onkel, die Mama hat Plätzchen für dich!

Tittas Mutter: Warte doch einen Moment!

Großvater (zu Teo, überlappend): Steig ein! Steig ein!

Hinter der Gruppe stehen Tittas Vater und der Wärter und plaudern.

Teo steigt in den Wagen.

Tittas Vater verabschiedet sich von dem Wärter.

Tittas Vater: Also, wir kommen vor dem Abend zurück. Wir sehen uns noch.

Wärter: Alles Gute!

Der Vater will schon gehen, als ihm etwas einfällt. Er nimmt ein paar Zigarren aus seiner Tasche und schenkt sie dem Wärter, der sich bedankt und dann die Gartentür zuschließt.

Tittas Vater: Da, rauch sie auf meine Gesundheit!

Wärter: Oh, danke!

Beruhigt über den Gesundheitszustand des Bruders, schaut der Mann jetzt heiterer zu dem Wagen hinüber.

Tittas Mutter (off): Nein, nein, nein! Nein, nicht hier! Dies ist Aurelios Platz. Setzen Sie sich da vorn hin, Teo. Da ist es besser ...

Großvater (off): Setz dich hier neben den Papa ...

Landstraße. Außen. Tag. Sommer.

Der Wagen fährt auf einer baumbestandenen Straße durch die besonnte und von goldgelben Weizenfeldern hell schimmernde Landschaft. Am Horizont erkennt man eine dunkelgrüne Baumreihe. Ununterbrochen zirpen die Grillen.

Neben dem Kutscher sitzt Titta. Drinnen im Wagen haben nebeneinander Teo und der Großvater, auf dem Rücksitz gegenüber Tittas Vater und Mutter Platz genommen; zu ihren Füßen hockt Tittas Bruder, mit dem Gesicht gegen den Wagenschlag.

Teo hält die Schachtel mit den Plätzchen auf den Knien und knabbert unaufhörlich mit zerstreuter Gier unter den mitleidigen, lächelnden Blicken des Großvaters. Teo betrachtet die Landschaft, vielleicht sieht er eine Kirche, denn plötzlich dreht er sich um und fragt seine Schwägerin:

> *Teo:* Lebt Don Pazzaglia noch?

Man sieht die Mutter unter ihrem Sonnenschirm und Tittas Vater.

> *Tittas Mutter:* Aber ... Don Pazzaglia ist doch schon vor zehn Jahren gestorben.

Der Großvater lächelt.

> *Großvater* (lacht): Hahaha ... Ist schon eine ganze Weile weg.

Teo hört mit dem Plätzchenknabbern auf und antwortet ernsthaft.

> *Teo:* Letztes Jahr hat er noch gelebt!
> *Tittas Mutter* (off): Das war Don Amedeo!
> *Teo:* Ist Don Amedeo auch gestorben?
> *Großvater* (lacht).

Während er fragt, wendet er immer wieder den Kopf zur Seite wie angezogen von einem Geräusch oder einem Bild, das nur für ihn wahrnehmbar ist.

Die Schwägerin antwortet mit gespielter Natürlichkeit:

> *Tittas Mutter:* Nein, Don Amedeo lebt!

Tittas Vater beobachtet den Bruder mit gutherziger Aufmerksamkeit. Sein Körper wirkt entspannt, seine Augen jedoch blicken wachsam und klar.

Mit einem Plätzchen in der Hand fährt Teo in gehobenerer Stimmung in seiner Rede fort.

> *Teo:* Na eben, das habe ich ja gesagt! Ich habe ihn letztes Jahr gesehen, wie er mit einer Blumenvase in der Hand dahergekommen ist ...

Er schüttelt den Kopf und schließt vergnügt:

> ... Wer weiß, wo er da hingegangen ist? (lacht lautlos vor sich hin)
> *Großvater:* (kichert)

Weniger zum Lachen aufgelegt sind jedoch Tittas Eltern: die Mutter zupft mit gesenktem Blick die Jacke um ihre Schultern zurecht. Der Vater wirft ihr einen Blick zu, mit dem er versucht, die Situation etwas zu entschärfen.

Teo widmet sich erneut, während er abwesende Blicke auf die Landschaft wirft, seinen Plätzchen.

Der neben ihm sitzende Großvater wärmt jetzt, zu seinem anderen Sohn gewandt, alte Geschichten auf.

Großvater: Als Teo acht Jahre alt war, hatte er einen sehr guten Kopf. Weißt du, Aurelio, du darfst mir das nicht übelnehmen, aber Teo war in der Schule weit gescheiter als du. Er war der Klügste von allen.

Titta, den wir nur teilweise sehen, plaudert mit Madonna.

Titta (von hinten, überlappend): Kennst du Tante Desolina? Sie hat ein großes Gut. Jetzt haben wir uns mit ihr verzankt, und sie lädt uns nicht mehr ein. Sie hat fünf Pferde, eines davon ist ein deutsches.

Mit vor der Brust gekreuzten Armen stimmt Tittas Vater überzeugt zu.

Tittas Vater: Aber gewiß doch. Es macht mir gar nichts aus, das zuzugeben. Es stimmt, und auch jetzt ist er es noch.

Dann beugt er sich zu seinem Bruder vor und lächelt liebevoll:
... gefällts dir bei uns, Teo? Du hast doch Appetit, was, Teo?

Seine Frau folgt der Unterhaltung zurückhaltend und immer noch mit gesenktem Blick.

Der Großvater fährt in lobendem Ton in seinen Erinnerungen fort.

Großvater: Denn wenn er zum Beispiel bei der Messe ministrieren wollte, konnte er die lateinischen Worte ›Dominus sum condominus e vobisco‹ auswendig, nicht wahr, Teo? Erinnerst du dich noch, wie du ministriert hast?

Teo hebt die Augen von seiner Schachtel, sieht den Vater an und denkt einen Moment lang nach. Nein, er erinnert sich nicht. Er fängt wieder zu essen an.

Inzwischen redet auf dem Kutschbock Titta weiter mit Madonna.

Titta (überlappend, von hinten): Was kostet jetzt so ein Pferd?

Madonna (von hinten, überlappend): So seine fünf Riesen.

Titta (von hinten, überlappend): Donnerwetter! Aber es hat dich gern? Wenn du zum Beispiel in einer Menschenmenge bist, erkennt es dich dann am Geruch? Geht es nicht anderswohin?

Madonna (von hinten, überlappend): Das weiß ich nicht!

Ich hab es noch nie ausprobiert.
Titta wendet sich zu seinem Onkel um und erklärt ihm mit
sichtlichem Vergnügen:

> *Titta:* Onkel, da drüben ist das Meer! Sieh mal hin, es ist
> ein blauer Streifen. Papa, darf ich mal das Pferd lenken?
> *Tittas Vater* (von hinten): Nein!
> *Titta:* Was soll ich dann hier?
> (off): Los, laß mich doch lenken!

Der Vater antwortet ganz ernsthaft.

> *Tittas Vater:* Das wäre das erste Mal, daß ein Esel ein
> Pferd lenkt.

Er lacht schallend mit einer Hand vor dem Mund und sieht
seine Frau dabei an.
Sie nickt ihm mit einem schnell wieder erloschenen Lächeln zu.

> *Miranda* (lacht mit geschlossenem Mund)

Ohne mit Kauen aufzuhören, konzentriert sich jetzt Teo darauf, hinauszuschauen ...

> *Titta* (von hinten): Wenn wir hier durchfahren, kommen
> wir da nicht eher an?
> *Madonna* (von hinten): Das ist ein scheußlicher Weg ...

... und das sich bewegende Rad des Wagens mit den Speichen
anzustarren, die beim Drehen ineinander verschwimmen.

> *Madonna* (off): Da gibt es Löcher so tief wie Schützengrä-
> ben, da fallen wir mit dem ganzen Wagen hinein.

Teo hat sich etwas nach draußen gebeugt und beobachtet fasziniert.

> *Tittas Vater:* Was ist los? Ist etwas nicht in Ordnung?

Miranda bemerkt, daß Teos eine Tasche prall gefüllt ist, und
macht ihren Mann darauf aufmerksam.

> *Tittas Mutter:* Die Tasche ...

Teo setzt sich wieder auf und zeigt kopfschüttelnd, voller Bewunderung für dieses unbegreifliche Phänomen, auf das Rad.

> *Teo* (lächelt, kaut)
> *Tittas Mutter:* Weshalb haben Sie das da in der Tasche?

Teo zieht zwei große Steine hervor.

> *Teo* (fröhlich): Steine!

Er dreht sie in den Händen hin und her und betrachtet sie.

> *Tittas Mutter:* Aber die Steine sind doch schwer, nicht?
> *Teo:* Aber sie sind sehr schön, die Steine!
> *Tittas Mutter:* Sicher.

Er zeigt sie mit kindlicher Begeisterung herum, während Tittas Eltern ratlose Blicke wechseln.

Dann neigt er sich zum Großvater und flüstert ihm etwas ins Ohr.

> *Großvater:* Aha, ja! (zum Kutscher) Halt, Tino, halt, anhalten!
>
> *Tittas Vater:* Warum, was gibt es denn jetzt?
>
> *Großvater:* Teo muß mal pinkeln ...
>
> *Tittas Vater:* Ach so!
>
> *Tittas Mutter:* ... wenn er muß ...
>
> *Tittas Vater:* Vorsicht!

Teo steckt die Steine wieder in die Tasche, wickelt die Schachtel ein und steht auf.

Man sieht Teos hohläugiges, betroffenes Gesicht unter den belaubten Bäumen.

Teo steigt aus dem Wagen.

> *Tittas Vater* (von hinten): Vorsicht beim Aussteigen! (zum Großvater) Du auch?
>
> *Großvater:* Na und?

Auch der Großvater steigt aus dem Wagen.

> *Titta:* Oh! Mach schnell, Großvater, ich habe Hunger, weißt!

Teo sieht sich nach einem geeigneten Plätzchen um. Er macht ein paar Schritte auf der Straße und betritt dann einen Damm oberhalb eines Grabens. Dort bleibt er mit leicht gespreizten Beinen stocksteif stehen. Der Großvater geht hinter ihm her und beginnt, sich die Hose aufzuknöpfen.

> *Großvater:* Der Vater von meinem Vater hat immer gesagt: ›Um gut durchs Leben zu kommen, muß man pissen so oft wie ein Hund.‹

Er zeigt auf die Landschaft.

> ... Sieh mal, wie wundervoll, Teo!

Tittas Eltern haben sich umgewandt, um zu kontrollieren, ob die Angelegenheit auch ohne Zwischenfall vonstatten geht.

Titta, auf dem Bock, bewegt die Zügel und schnalzt mit der Zunge.

> *Titta* (von hinten, schnalzend): Aaahh!

Während sie warten, fragt der Maurermeister den Kutscher:

> *Tittas Vater* (von hinten): Eine hübsche Stute! Wie alt ist sie?
>
> *Madonna:* Drei Jahre und zwei Monate. Sie hat nur einen

177

Fehler; sie kann das Pfeifen der Züge nicht vertragen.

Tittas Vater (von hinten, lachend): Hast du gehört?

Titta (lacht)

Madonna: Und ich habe, Madonna, immer Dienst am Bahnhof ...

Ler Großvater hat zu pissen aufgehört.

... und muß die reinsten Salto Mortales machen, um sie bei der Stange zu halten! ...

Titta (off): Was gibst du ihr heute zu fressen?

Madonna (off): Eine schöne Schüssel voll Ravioli!

Während er sich die Hose wieder zuknöpft, dreht sich der Großvater um, sieht auf den Boden und merkt, daß Teo sich naß gemacht hat.

Großvater: Was hast du gemacht? Hast du denn deine Hose nicht aufgeknöpft?

Von seinem erhöhten Platz aus bemerkt Titta als erster, daß der Onkel sich vollgepißt hat. Amüsiert zeigt er auf ihn.

Titta: Papa, der Onkel hat in die Hose gepißt!

Die Insassen des Wagens schauen sich alle um. Tittas Vater streicht sich mit der Hand über den Kopf und flucht zwischen den Zähnen.

Tittas Vater: Zum Henker ... ts ts ts

Starrt seine Frau an:

... Normal! Scheißnormal!

Teo schüttelt erst das eine, dann das andere Bein, um seine Hose zu entleeren. Der Großvater breitet verzweifelt die Arme zu den im Wagen Sitzenden aus.

Großvater: Er hat sich die Hose nicht aufgeknöpft. Er hat es vergessen! ... (lacht)

Der Verrückte kehrt in heiterer Stimmung zum Wagen zurück und winkt inzwischen zum Meer hinüber.

Teo (von hinten): Titta! Du hast recht! Das Meer sieht von hier aus wie ein blauer Strich, ein ganz langer!

Titta fällt dem vergnügt lachenden Onkel ins Wort.

Titta: Onkel ... Onkel, du hast dich ja da unten naß-gemacht!

Die Mutter bringt ihren Sohn schroff zum Schweigen.

Tittas Mutter: Still jetzt!

Großvater: Er hat den Laden nicht aufgemacht!

Dann wendet sie sich mild an ihren Schwager.

Tittas Mutter: Das macht nichts, Teo. Nachher im Haus können Sie sich umziehen.

Großvater (off): Oh, ja, ja!

Oliva, Tittas kleiner Bruder, springt mitten im Weizenfeld auf und ab. Er verschwindet, kommt wieder zum Vorschein und ruft dem Bruder zu:

Oliva: Titta! Titta!

Tittas Vater (off): Komm her! ...

Der Vater steht im Wagen und gibt sich, von seiner üblichen mörderischen Wut gepackt, selber Ohrfeigen.

Tittas Vater (von hinten): Komm her! Oder ich werfe mich unter die Räder! ...

Oliva kommt angelaufen und steigt ein.

... Bleib dort sitzen! Verbrecher!

Madonna: Signor Aurelio, was soll ich tun? Fahren wir jetzt weiter?

Tittas Vater (von hinten): Ja, fahr zu!

Madonna (von hinten; zum Pferd): Hüüüh!

Der Wagen fährt wieder an.

Bauernhaus. Tenne. Außen. Tag. Sommer.

Der Großvater leert sein Weinglas, setzt es auf den Tisch, fährt sich über den Schnurrbart und erklärt äußerst befriedigt:

Großvater: Ahhhhh! ... Und gut gegessen haben wir heute ...!

Dann fährt er im Ton eines etwas senilen Patriarchen fort:

... Geht ruhig ...

Auf der Tenne des Bauernhauses steht eine lange Tafel mit den Resten des Mahls. Am Kopf der Tafel sitzt der Großvater, zu seiner Linken sein Sohn Teo. Am unteren Ende, etwas entfernt, Tittas Eltern. Hinter ihnen Minghino, der Bauer.

Großvater: ... Geht nur mit Minghino und seht euch die Quelle an.

Tittas Vater (überlappend): Gut, meinetwegen, wie ihr wollt ...

Großvater: Ich bleibe hier mit meinem Sohn Teo, und wir trinken ein gutes Glas Wein.

Die Hand des Großvaters tätschelt liebevoll die Teos, der mit der Miene eines alten Mannes aufrecht auf seinem Stuhl sitzt

und mit der Zurückhaltung eines unbestechlichen Gesundheits-
fanatikers einwirft:

> *Teo:* Sehr gern. Aber ein Glas Wein genügt. Wißt ihr,
> was ich jetzt mache?

Er gibt sich selbst einen Schlag auf die Wange, erwischt damit
die Fliege, betrachtet sie und fährt dann, zu seinem Bruder gewendet, fort:

> ... ein Nickerchen.

Die Insekten geben keine Ruhe, Tittas Mutter schlägt sich auf
den Hals, der Vater ins Gesicht, und Minghino kratzt sich am
Nacken.

> *Großvater* (off): Sehr gut, sehr gut!

Teo nimmt ein Ei aus dem Körbchen, das auf dem Tisch steht,
und starrt es fasziniert an.

> *Tittas Vater:* Bravo, hier im Schatten ist es gut für dich
> ... Schön, so ein Ei, Teo, nicht wahr?

Tittas Vater tritt zu seinem Bruder.

> *Tittas Vater:* Auch ich bin so. Jedesmal, wenn ich ein Ei
> sehe, könnte ich es stundenlang betrachten ...

Er nimmt ihm das Ei aus der Hand, und während er es den
Anwesenden zeigt, fährt er in seinen gewichtigen Überlegungen
fort:

> ... ich frage mich manchmal, wie die Natur es macht, so
> vollkommene Dinge hervorzubringen!

Der Großvater streichelt weiter die Hand des Sohns.

> *Großvater* (überlappend): Mein guter Teo.

Tittas Mutter, vom Vortrag ihres Gatten angenehm berührt,
wirft scherzend ein:

> *Tittas Mutter:* Mein Lieber, die Natur hat Gott gemacht,
> und der ist nicht so ein Dummkopf wie du!

Der Mann antwortet mit Nachdruck:

> *Tittas Vater:* Du, geh jetzt und kümmere dich um deinen
> eigenen Dreck!
> *Miranda:* Ja, ja!

Seine Frau entfernt sich in Begleitung von Minghino. Tittas
Vater klopft freundlich dem Bruder auf die Schulter.

> *Tittas Vater:* Also wir treffen uns hier wieder, nicht
> wahr? Ich empfehle mich, Papa!
> *Teo* (nickt mit merkwürdig glucksendem Lachen)

Er folgt den anderen und setzt sich wieder seinen Strohhut auf.

Tittas Vater: Minghino! Wie weit ist es denn ...

Erschlägt eine Fliege auf seinem Hals.

... verflucht noch mal! ... Wie weit ist es bis zur Quelle?

Minghino (von hinten, überlappend): Das beste Wasser von der Welt, Signora, es ist heiß, es ist heiß, wie kochendes Wasser!

Teo und der Großvater bleiben allein zurück. Der Verrückte blickt schweigend in die Luft, während er sich abwechselnd über beide Handrücken streicht.

Titta kniet auf dem Boden neben dem Strohschober. Er versucht einen Truthahn zu hypnotisieren, indem er ihn anstarrt und mit der Hand leicht berührt.

Titta: Onkel! Sieh mal! Ich schläfere ihn ein!

Er beginnt von neuem mit seinem Ritual. Der Truthahn hat sich nicht bewegt. Vielleicht ist er wirklich eingeschlafen, wohl aber aus eigenem Antrieb.

... Schlafe ... Schlafe ...

Ein kleiner Bub, der Sohn des Bauern, hat beschlossen, um die Fliegen fernzuhalten, sich unaufhörlich, gewissermaßen vorbeugend, selbst zu ohrfeigen.

Oliva kommt langsam näher, beugt sich über das Maul eines Esels und starrt ihn unablässig an: er will ihn hypnotisieren.

Titta (off): Oliva!

Titta zeigt auf etwas am Boden und erklärt lachend:

Titta: Oliva, da ist eine Kröte! Sie sieht ganz ähnlich wie Don Balosa aus!

Er nimmt einen Anlauf und schleudert mit einem Fußtritt die Kröte weit fort.

Titta: Fort mit dir, meine Schöne!

Auf der Tenne sitzt Teo unbeweglich, mit geschlossenen Augen ganz ruhig am Tisch.

Der Großvater hat sich zu Madonna gesellt, der sich in den Schatten der Kutsche gesetzt hat. Das Pferd grast etwas weiter weg.

Der Alte hat die Weinflasche in der Hand, bietet sie dem Kutscher an und fragt:

Großvater: Nun, wie ist er?

Madonna: Fabelhaft!

Großvater: Und er steigt einem nicht zu Kopfe. Und den stellen wir da hin, he?

Madonna: Das ist eine gute Idee.

Großvater: Opas Freund! Haha!

Der Großvater stellt die Flasche auf den Boden, und während er sich auf das Trittbrett des Wagens setzt, entfährt ihm ein Furz.

Madonna: Frische Bergluft! Ah!

Großvater: Hahaha!

Die beiden stoßen miteinander an.

Madonna: Evviva!

Großvater: Auf die Bergluft!

Ein kleiner Bub von etwa drei Jahren im Unterleibchen und ohne Hosen hebt mühsam von der Erde einen großen Ziegelstein auf und geht langsam, aber entschlossen auf ein Körbchen zu, in dem ein Neugeborenes liegt. Ein paar Schritte davon entfernt ist eine Bäuerin mit einem Männerhut über dem schwarzen Kopftuch beschäftigt, in gebückter Haltung mit einer Sichel Gras zu schneiden.

Bäuerin (singt vor sich hin)

Sie schöpft einen Augenblick lang Luft, sieht den Buben, errät, was er vorhat, und stößt einen Schreckensschrei aus ...

Ahhhh!

... und kommt gerade noch zur rechten Zeit, ihm den bereits über dem Körbchen hoch erhobenen Stein zu entreißen.

Bäuerin: Laß sofort den Stein fallen!

Sie wirft den Stein weit weg, packt den Buben beim Arm und schleppt ihn fort, ihm den Hintern versohlend.

Bäuerin: Galgenstrick!

Sie kommt zurück, um das Neugeborene zu wiegen, das zu brüllen begonnen hat, während der kleine Junge heulend an der Mauer lehnt und mit den Füßen stampft.

Der Bub: Weshalb denn? Nein! Nein!

Bäuerin (während sie das Kleine wiegt): Brav, brav!

(zu dem Buben) Ha, ich weiß, was du gewollt hast, du Bösewicht!

(zu dem Neugeborenen) Brav, sei brav!

Auf der Tenne steht noch der Tisch mit den Resten der Mahlzeit. Aber es ist niemand mehr da.

Nur das metallische Zirpen der Zikaden.

Bauernhaus mit Grundstück. Außen. Tag. Sommer.

Tittas jüngerer Bruder ruft laut über die Felder.

    Oliva (von hinten): Papaaaa!

Vom Feld her kommt die Stimme des Vaters.

    Tittas Vater: Was ist los?

    Oliva (von hinten): Der Onkel ist auf den Baum gestiegen!

Neben einem Tümpel am Fuß eines kümmerlichen Bäumchens stehen der Vater und die Mutter Tittas sowie Minghino. Auf die Rufe hin blicken sie zum Haus. Die Worte dringen nur undeutlich zu ihnen. Schon leicht gereizt schreit der Vater zurück.

    Tittas Vater: Was sagst du? (zu Miranda) Was plärrt er?

    Tittas Mutter: Ich habe nicht verstanden! . . .

Oliva stürzt seinen Eltern entgegen.

    Oliva (von hinten): Der Onkel ist auf den Baum gestiegen!

Eine große, dichtbelaubte Ulme am Rande der Tenne. Deutlich hört man von dort Teos Stimme.

    Teo: Ich will eine Fraaaau!

Zwischen den Zweigen erkennt man Teos ausgebreitete Arme.

    . . . Ich will eine Fraaaau!

Etwas näher, mitten im Laub, wiederholt der Onkel . . .

    . . . Ich will eine Fraaaau!

Der Großvater und Madonna. Beide blicken zum Baum hinauf.

    Großvater: Wo soll ich denn eine Frau für dich hernehmen, mein Sohn!

    Madonna: Teufel noch mal!

Titta kommt angerannt.

    Titta (überlappend): Großvater! Großvater! Was für eine Frau sollst du holen?

    Madonna (überlappend): Schau mal, wie weit es mit deinem Onkel gekommen ist!

    Großvater (überlappend): Komm, sei brav, komm runter, komm runter.

    Teo (off): Ich will eine Fraaaau!

Inzwischen erscheinen von dem Feldweg her keuchend Tittas Vater, Minghino und als letzte die Mutter. Voraus läuft Oliva, der unter dem Baum stehenbleibt und dem Vater ein Zeichen macht.

Oliva: Siehst du, da oben ist er, Papa!
Dann läuft er zu Titta.
    . . . Titta!
    Tittas Vater: Um Himmels willen!
Der Maurermeister streckt hilflos die Arme aus.
    Titta (off): Onkel Teo, gibt es da oben Vogelnester?
    Tittas Vater: Komm, Teo, komm runter, nicht daß dir
    noch was passiert!
Minghino zieht sich inzwischen die Schuhe aus, um auf den
Baum zu klettern . . .
    (zu Minghino) Was machst du da? Geh, hol eine Leiter!
Auf das Geschrei des Vaters hin läuft er fort und stottert et-
was Unverständliches.
    Minghino: Verdammt, ich . . . ich . . . ich halt mich da
    raus . . .
Tittas Vater kommt scheltend und knurrend näher.
    Tittas Vater: Was habt ihr denn gemacht? Ist das eure Art
    aufzupassen? Wie hat er es fertiggebracht, auf diesen Baum
    zu klettern?
Aus gehöriger Entfernung riskiert Titta eine Bemerkung.
    Titta: Papa, soll ich hinaufsteigen und ihn holen?
Der Vater deutet mit der Faust fürchterliche Prügel an.
    Tittas Vater: Dich schlag ich gleich ungespitzt in den Bo-
    den.
Aus gehöriger Entfernung riskiert Titta eine Bemerkung.
Teo uneingeschüchtert, brüllend seinen Wunsch vor.
    Teo: Ich will eine Fraaaau!
Tittas Mutter ringt die Hände und malt sich jammernd die
möglichen katastrophalen Folgen aus.
    Tittas Mutter: Wie hat er es denn geschafft, bis da hinauf-
    zuklettern? Wenn er herunterfällt, ist er zerschmettert!
    Tittas Vater (off): Miranda! Miranda! Geh ins Haus und
    bleib dort! Fang nicht an, hier ein großes Theater aufzu-
    führen!
Tittas Mutter streckt die Arme aus und wendet sich mit bitter-
böser Miene zu ihrem Mann.
    Tittas Mutter: Theater, hast du gesagt?
Tittas Vater geht auf den Großvater zu und fragt ihn in drohendem Ton:
    Tittas Vater: Ich will wissen: wie hat er das gemacht?

Der Großvater antwortet in weinerlichem Ton.

Großvater: Wir haben hier ein Glas Wein mit ihm getrunken, hier mit Tino zusammen ... und plötzlich ... im Nu ...

Tittas Vater: Und dann? Bravo, bravo!

Dann überläßt er dem Kutscher das Wort, der genauer wird.

Madonna: Signor Aurelio, wer hätte es denn überhaupt sehen können? Er ist hinaufgeflitzt wie eine Katze!

Inzwischen nähert sich hinter der Gruppe Titta hüpfend seinem Bruder.

Titta (überlappend): Onkel! Onkel, wirf das Nest herunter! Ja?

Hinten auf der Tenne steht die ganze Familie unter dem Baum. Etwas näher vor uns verfolgen – ebenfalls von hinten gesehen – ein Mann und eine Frau – zwei Landarbeiter mit krumm gebeugtem Rücken das ungewohnte Schauspiel.

Großvater (von hinten): Teo, was machst du denn da? Wirfst du deinem Vater Steine auf den Kopf?

Titta (von hinten): Er wirft mit Steinen!

Madonna (überlappend, von hinten): Also für einen Verrückten ist er wirklich verrückt!

Tittas Vater (von hinten): Teo, komm runter! ... Es genügt jetzt!

Am Fuß des Baumes beißt Tittas Vater ganz plötzlich in den Strohhut, wendet sich um und geht davon, während er sich einmal mit der einen, einmal mit der anderen Hand selbst ohrfeigt.

Tittas Vater: Ich bringe mich um! Verdammte Scheiße! Ein Scheiß ... Scheiß ... Scheißleben! ...

Minghino kommt mit einer langen Leiter. Der Großvater setzt eine Jammermiene auf.

Großvater: Aurelio, aber bitte, fang du nicht auch noch so an.

(Zu dem Sohn auf dem Baum) Teo, komm runter, siehst du denn nicht, daß dein Bruder wütend wird?

Auch Madonna jammert.

Madonna: Signor Teo, seien Sie doch kein Kindskopf! ... (off) Kommen Sie runter! ... Los!

Hoch oben im Baum schüttelt Teo den Kopf. Dann schreit er mit ausgebreiteten Armen ...

Teo: Ich will eine Fraaaau!

Der Großvater macht sich keine Sorgen mehr. Er kichert und erklärt, zu Madonna gewendet, durchaus verständnisvoll:

> *Großvater:* Schließlich ist das ein mehr als normales Verlangen, er ist jetzt zweiundvierzig Jahre alt!

Der realistisch denkende Kutscher antwortet nur:

> *Madonna:* Ja, aber der fällt runter.

Der Alte läßt sich wieder von seinen Erinnerungen mitreißen: Kolbenbewegung des Arms, leises Pfeifen.

> *Großvater:* Ich jedenfalls mit zweiundvierzig Jahren ... (Pfiff) da will man immer! Aber jetzt genug damit, Teo, komm runter!

Der Baum vor dem Hintergrund der Felder. Darunter stehen der Großvater, Madonna und Tittas kleiner Bruder.

> *Großvater* (von hinten): Komm runter, Teo!

Minghino lehnt die Leiter an den Baum, Titta hilft ihm dabei.

> *Titta:* Onkel, denk an das Nest!

Der Bauer fängt an hinaufzusteigen.

> *Minghino* (im Dialekt, stotternd): Ich bin hier mit der Leiter, Signor Teo! Minghino kommt herauf.
>
> *Oliva* (von hinten, überlappend): Onkel, laß mich auch raufkommen!
>
> *Minghino* (off, stotternd): Verdammt, was treibt der auf dem Baum?

Zwischen den Blättern Teo, der einen Stein herunterwirft ... ... der mitten auf Minghinos Kopf landet. Der Bauer schreit auf vor Schmerz und steigt wieder herunter, während er eine Hand auf seinen Hut legt.

> *Minghino:* Ahhhhh!

Unten an der Leiter stehend informiert Titta den Onkel vergnügt:

> *Titta* (lacht): Verdammt guter Schuß, Onkel! Mitten auf den Kopf. Bravo! ...

Nimmt dem jammernden Minghino den Hut vom Kopf ...
... Laß sehen.

> *Minghino:* Mein Kopf! (jammernd) Was soll ich jetzt machen ... Polonia! ...

und gibt dem Onkel ganz genaue Auskunft.

> *Titta:* Genau in die Mitte! Jetzt komme ich rauf, aber wirf nicht nach mir, ja.

Der Bauer entfernt sich jammernd.

Titta versucht, die Leiter hinaufzusteigen.

Wieder die Tenne mit der Ulme.

Titta: Die Vögel nehmen wir mit nach Hause ...

Auch Titta wird getroffen. Er springt von der Leiter und klagt:

Au! Das tut weh!

Oliva hüpft begeistert lachend herum.

Oliva (von hinten): Onkel!

Jetzt ist Madonna an der Reihe. Der kräftige Mann mit den Hosenträgern über dem Wollhemd und einer Melone auf dem Kopf geht angriffslustig auf den Baum zu.

Madonna: Ja, so etwas! Der da oben zielt ja auf den Kopf! Jetzt komme ich rauf ...

Großvater (von hinten, überlappend): Was soll denn das heißen? Willst du uns alle umbringen, sag?

Zwischen den Zweigen erscheint Teo, der dem Kutscher ironisch einladende Zeichen macht, daß er heraufkommen soll.

Madonna (off): Jawohl!

Am Fuß der Leiter droht Madonna mit erhobenem Arm.

Madonna: Paß auf, wenn du es mit mir zu tun kriegst, gehts bös aus!

Behende und sicher erklimmt der schwere Mann eine Sprosse nach der anderen. Ein Stein, der ihm die Melone einbeult, bringt ihn zum Stehen. Er brüllt:

... Ohhh!

Titta (off, lacht): Teufel, was für ein As! Madonna, er hat dich auch erwischt!

Mit zusammengebissenen Zähnen fluchend steigt er steif und sachte herunter, als wolle er keinen zweiten Stein riskieren.

Madonna: Verflucht, das ist ja ein Mörder! Der Schlag soll dich treffen!

Teo (off): Ich will eine Fraaaau!

Tittas Vater würgt noch immer an seiner Wut. Er läuft um das Haus herum und versetzt sich auch weiterhin, mit dem Strohhut zwischen den Zähnen, eine Ohrfeige nach der anderen.

Tittas Vater: Was soll ich jetzt tun?! Was soll ich jetzt tun?!! Was soll ich denn nur tun?!!

Einen Augenblick herrscht Waffenstillstand. Er setzt sich den Hut auf, lehnt sich an die Mauer, und während er mit dem Arm auf die Stätte des Grauens weist, macht er eine Bewegung, als gelinge es ihm nicht, zu einer vernünftigen Überlegung zu kommen.

. . . einen Dreck kann ich tun!

Dann aber kehrt der Zorn in machtvollen, unaufhaltsamen Wogen zurück. Er kommt hinter der Hausecke hervor, schleudert den Strohhut auf den Boden und beginnt, draufrumzutrampeln, daß die Erde bebt.

. . . Ich bin eine Null! Ein Trottel! Ein . . .

Der Bauer mit dem krummen Rücken, den wir schon gesehen haben, kommt näher und beobachtet den heftigen Ausbruch. Dann schaut er zu uns hin und lacht einen Augenblick.

Wir haben nur gerade Zeit, ein vorspringendes Kinn, einen verkniffenen Blick und unter dem Hut ein an den Ecken verknotetes Taschentuch zu sehen.

Da er sich beobachtet sieht, und ihm die Teilnahmslosigkeit gegenüber seiner Raserei unangenehm ist, beruhigt sich Tittas Vater auf der Stelle.

Er hebt den Hut auf, stülpt ihn sich auf den Kopf, pfeift sorglos vor sich hin und begibt sich dann mit der entschlossenen Miene eines Mannes, der eine Entscheidung getroffen hat, auf die anderen zu. Er klatscht in die Hände und befiehlt:

> *Tittas Vater* (pfeift leise vor sich hin): So! Jetzt geht es nach Hause! Tino! Tino! Spann das Pferd wieder an, wir fahren ab! Schnell! Wir fahren nach Hause! Alle! Auf gehts! Nach Hause!

Der stumme Zeuge wendet sich noch einmal lachend zu uns, dann beobachtet er wieder Tittas Vater, ohne Staunen.

Mehr wie von einem Spiel als von etwas Besorgniserregendem abberufen, macht Madonna ein paar unlustige Schritte auf die Kutsche zu und bemerkt:

> *Madonna:* Signor Aurelio, lassen Sie ihn denn allein da oben?

Tittas Vater geht ihm entgegen und erklärt gereizt:

> *Tittas Vater* (von hinten): Jawohl, mein Herr! Wir lassen ihn dort! Spann an! Wir fahren ab!
>
> *Madonna:* Schon gut! Wie Sie wollen . . .

Der Kutscher geht und holt das Pferd.

> *Madonna* (von hinten, überlappend): Heute nacht kann er sich da oben im Tau erholen! (zum Pferd) Hühhh!

Der Maurermeister geht quer über die Tenne auf seine Familie zu. Der Großvater und Titta stehen immer noch unter dem Baum.

Tittas Vater (von hinten): Papa! Titta! Ruf die Mama! Wo ist die Mama?

Titta: Und er bleibt da oben?

Tittas Vater (von hinten): Dem gehts da oben ganz gut! Ich will jetzt nach Hause!

Titta (überlappend): Onkel, hast du den Papa gehört? Er läßt dich dort!

Titta kommt schnell nach vorn gelaufen.

... Madonna! Laß mich das Pferd anspannen!

Ratlos und betrübt fragt der Großvater:

Großvater: Was machen wir da? Soll ich ihn da oben lassen? Er ist doch immerhin mein Sohn!

(Zu Tittas Vater) Aurelio, hör doch mal ...

Tittas Vater (off): Miranda!

Von allem unberührt, ruft der Onkel unerschütterlich von seinem Baum herunter:

Teo: Ich will eine Fraaaau!

Titta und Oliva gehen Madonna beim Anspannen des Pferdes zur Hand. Mitten auf der Tenne unternimmt der Großvater noch einmal einen letzten Versuch:

Großvater (von hinten): Teo, siehst du? Wir fahren, komm runter!

Titta (überlappend): Das ist mein Platz! Komm runter, Oliva! Oder ich lange dir eine!

Oliva (überlappend): Nein, jetzt bin ich hier, und ich bleibe auch oben! Jetzt bin ich dran!

Tittas Vater (off): Papa! Papa! Komm, wir fahren!

Großvater (dreht sich um): Aurelio, aber er ist doch krank ...

Tittas Vater macht eine Bewegung, als wolle er sich das Gesicht zerkratzen, und erklärt, röchelnd vor Zorn, ohne laut zu werden:

Tittas Vater: Wir tun nur so, als ob ...! Los jetzt!

Er geht auf den noch nicht abgedeckten Tisch zu, um seine Jacke zu holen. Der Großvater folgt ihm jammernd.

Großvater (von hinten): Laß mich hinauf ... Ich rede mit ihm! Ich bringe ihn runter, du wirst sehen!

Hinter dem Haus kommt Tittas Mutter eilig, mit einem Bündel in der Hand, zum Vorschein. Sie bleibt stehen, dreht sich um, als habe sie etwas vergessen, aber die wütenden Rufe ihres Mannes bewirken, daß sie darauf verzichtet.

Tittas Vater (off): Miranda! Miranda! Miranda!

Tittas Mutter: Jaaaa!

Der dichtbelaubte Baum. Vielleicht späht Teo durch die Blätter hindurch.

Tittas Vater (off): Steigt alle in den Wagen!

Die Tenne so, wie man sie vom Baum aus sieht. Die Familie ist im Begriff, in den Wagen zu steigen. Am Grabenrand hat sich das krummgebeugte Bauernpaar, dem wir schon begegnet sind, aufgepflanzt, um den Aufbruch mitanzusehen. Daneben die Kinder vom Gutshof.

Tittas Mutter versucht, in Erfahrung zu bringen, was jetzt geschehen soll . . .

Tittas Mutter: Aurelio, aber . . .

Tittas Vater drängt unerbittlich zum Aufbruch.

Tittas Vater: Wir fahren sofort ab. Was tust du da noch? Steig ein, los!

Der Großvater steht zögernd auf der Tenne und jammert vor sich hin.

Tittas Mutter: Los, Papa, komm, komm!

Großvater: Nie hat er so etwas gemacht! Der Arme!

Der Vater, der seine Jacke zurechtzieht, macht zwei oder drei Schritte auf den Baum zu und fragt wie beiläufig:

Tittas Vater: Und du, Teo, was machst du? Bleibst du hier? Wir fahren jetzt ab, weißt du. Es ist schon spät. Es ist schon beinah Nacht. Dann ist hier niemand mehr, der dich zurückbringt . . .

Teo unbeweglich in den Zweigen.

Tittas Vater (off): Willst du hierbleiben?

Tittas Vater breitet resigniert die Arme aus.

Tittas Vater: Also gut, ciao!

Er wendet sich um und geht auf den Wagen zu, in dem die anderen schon Platz genommen haben.

Titta: Wenn wir ihm vielleicht mit der Flinte eins draufbrennen würden . . .

Tittas Mutter: Teo, kommen Sie runter.

Im Baum bleibt alles still.

Im Wagen blicken alle erwartungsvoll nach oben. Tittas Vater bewahrt nicht lange eine Ruhe, die ihm gar nicht liegt, sondern steht auf und schreit wütend:

    Tittas Vater: Zum Kuckuck, Teo, kommst du jetzt herunter oder nicht? . . .

    Tittas Mutter (überlappend): Aurelio, sei lieb! Führ dich nicht so auf!

    Tittas Vater: . . . Du siehst, wir fahren jetzt ab! (Zu Madonna) Los!

Der Wagen setzt sich in Bewegung . . .

    Tittas Mutter: Teo, kommen Sie herunter! Teo!

    Titta und Oliva: Ciao, Onkel! Ciao, Onkel!

. . . und verschwindet hinter der einen Seite des Hauses.

    Teo (off): Ich will eine Fraaaau!

Der Wagen hält. Tittas Vater steigt aus und schleicht vorsichtig zur Hausecke.

Langsam reckt er den Kopf hinter der Kante der Mauer hervor. Plötzlich kommt ein Stein geflogen. Der Mann zieht sich zurück und denkt einen Augenblick lang unbeweglich nach.

Vom Wagen her bemerkt Titta dazu lachend:

    Titta: Hoppla, heut hat es der Onkel auf alle abgesehen!

Nun beschließt der Vater eine plötzliche Programmänderung: er geht zur Kutsche und nötigt alle, wieder auszusteigen.

    Tittas Vater: Los, steigt alle aus! Lüpft eure Hintern!

    Titta: Was machen wir jetzt, Papa? Und warum?

    Oliva: Ich auch, Papa?

    Tittas Vater: Stellt keine saublöden Fragen! (zum Großvater) Was heulst du? Alle raus!

    Tittas Mutter: Ja, bist du jetzt auch verrückt geworden?

    Tittas Vater: Tino, du fährst jetzt schnell zum Asyl, hol die Krankenwärter und komm sofort zurück, oder ich stürze mich in den Ziehbrunnen! . . .

    Madonna (von hinten, überlappend): Gut, ja, ich gehe schon! (Ruft dem Pferd etwas zu).

Der Wagen setzt sich in Bewegung.

Madonna lenkt ihn auf die Straße, treibt das Pferd an und verschwindet im Galopp.

    Tittas Vater (off): . . . Was gibt es da zu heulen? Es ist doch alles nur zum Lachen! Eine Komödie ist das alles! Ach, zum Teufel . . .

Tenne des Bauernhauses. Außen. Sonnenuntergang. Sommer.

Im Schein der untergehenden Sonne wirkt der Baum wie eine dunkle Masse. Teo ist immer noch da oben, man sieht seine schwarze Silhouette. Sein Schrei ist jetzt zu einer Art von Geheul geworden.

    Teo: Ich will eine Fraaaau!

Im durch das Lichtchen unter dem Bild der Muttergottes kaum erleuchteten Hauseingang sitzt die Bäuerin, drückt ihr Neugeborenes an die Brust und macht das Zeichen des Kreuzes. Zu ihren Füßen scharrt ein Schwein. Die beiden größeren Kinder sehen schweigend zu.

Am Tisch auf der Tenne sitzt der Großvater und preßt weinend die Fäuste auf seine Augen. Ihm gegenüber hat Tittas Mutter, auch sie bekümmert, ihren kleineren Sohn, Oliva, auf dem Schoß und drückt seinen Kopf fest an ihre Schulter, als wolle sie verhindern, daß er diese herzzerreißende Klage mitanhört.

    Teo (off): Ich will eine Fraaaau!

    Großvater: Hörst du, Miranda? Der Ärmste...

    Tittas Mutter (zu Oliva): Bleib hier! Sei brav und bleib hier!

Jetzt taucht Minghino mit einem weißen Verband um den Kopf und einem Alpini-Hut in der Hand auf. Tittas Mama wendet sich um, sieht ihn an und fragt ihn:

    Tittas Mutter: Fühlen Sie sich jetzt besser?

    Minghino: Ach, woher denn!

Die schwarze Linie der Felder. Der Baum. Die kleine Silhouette des Verrückten.

    Teo: Ich will eine Fraaaaaaaaau!

Tittas Vater steht unbeweglich da und starrt völlig verzagt zum Baum hinauf. Er setzt den Strohhut auf den Kopf und preßt die Hände auf die Ohren, um auf dramatische Art seinem Kummer Luft zu machen.

    Teo (off): Ich will eine Fraaaaau!

    Tittas Vater: Ich kann es nicht mehr hören! Bringt ihn doch zum Schweigen! Genug jetzt! Genug! Genug!

Titta kommt etwas näher, jedoch nicht allzunahe, und ruft schüchtern:

    Titta: Papa! Papa!

Fast automatisch hört der Vater auf zu jammern.

Tittas Vater: Was willst du?

Titta: Soll ich die Volpina holen?

Der wütende Luftsprung des Mannes wirkt wie eine Explosion. Der Körper zuckt blitzschnell zusammen, dann bohren sich die Absätze in den Boden.

Jetzt tauchen die Scheinwerfer des Krankenwagens auf, der auf der Landstraße im bleichen Abendlicht naht. Es ist jetzt schon fast dunkel.

Titta (off): Da schau, Papa!

Der Großvater steht auf und kommt über die Tenne näher.

Titta (off): Mama, sie sind da!

Der Krankenwagen hält am Straßenrand.

Tittas Vater: Guten Abend, Herr Doktor!

Der Arzt im weißen Kittel, mit grauem Haar und gewichtigem Körperbau, ist schon ausgestiegen und richtet an Tittas Vater, der auf der anderen Seite des kleinen Grabens zwischen dem Fahrweg und dem Gutshof steht, eine Frage.

Arzt: Was ist denn passiert?

Tittas Vater: Er ist auf dem Baum.

In aller Ruhe sieht sich der Arzt in der Landschaft um.

Arzt: Ein hübsches Plätzchen, gute Luft! Gehört das alles Ihnen?

Tittas Vater: Oh, Herr Doktor, was sagen Sie da, es ist doch nur ein kleines Häuschen.

Inzwischen helfen die beiden Krankenwärter der Zwergnonne aus dem rückwärtigen Teil des Wagens heraus, indem sie sie unter den Achseln fassen und auf die Erde stellen: sie ist ein höchstens achtzig Zentimeter großes Geschöpf und sieht unter der großen Haube mit den gestärkten Flügeln wie ein Pilz aus. Der Krankenwärter hält sie mit der Hand unter einer Achsel fest, während sie über den Graben steigt.

Die kleine Prozession bewegt sich in Richtung auf den Baum: die Zwergnonne, der zweite Krankenwärter und als letzte der Arzt und Tittas Vater, die miteinander reden.

Tittas Vater: Seit fünf Stunden hockt er jetzt da oben!

Arzt: Wo?

Tittas Vater: Da oben! Jetzt kann man ihn nicht sehen, weil er sich mitten im dicksten Laub aufhält.

Arzt: Und was haben Sie ihm getan?

Tittas Vater: Nichts. Er hat gebrüllt und mit Steinen nach uns geworfen! Soll das das ganze Leben lang so weitergehen?

Titta beobachtet den Vorbeizug der Gruppe, dann dreht er sich um und macht seine Mutter auf die Zwergin aufmerksam.

Titta: Sieh mal die Zwergnonne!

Die Mutter hat sich nicht gerührt, sie sitzt immer noch am Tisch mit dem kleineren Sohn im Arm. Sie hält seinen Kopf zwischen ihren Händen, damit er von diesem ganzen Schauspiel nichts sieht. In einiger Entfernung sitzt der Großvater mit gefalteten Händen und einem Ausdruck kindischer Besorgnis auf dem Gesicht.

Titta (off): Mama!

Tittas Vater (off): ... Herr Doktor ... Ich weiß nicht ... aber ist es nicht besser ...

Arzt (off): Keine Sorge. Sie macht das schon!

Mit raschen Schritten gelangt die Hilfsmannschaft an den Fuß des Baumes.

Tittas Vater (off): Der arme Kerl ... Es ist ein Fluch für ihn ... und für uns.

Arzt (off): Was für ein Lüftchen! ...

Ohne ein Wort zu sagen, klettert die Zwergnonne energisch mit Hilfe der angelehnten Leiter auf die Ulme.

Krankenwärter: Da ist er ja! Du schöpfst wohl etwas frische Luft? (lacht)

Titta (off): Sie steigt rauf und holt ihn runter.

Tittas Vater ist sachte näher gekommen, um zuzusehen. Unruhig setzt er den Hut auf und nimmt ihn wieder ab.

Die Zwergnonne bleibt auf der letzten Sprosse der Leiter stehen, winkt ein bißchen mit der Hand, beugt sich in dem dunklen Laubwerk etwas vor.

Die Zwergnonne (in ausgeprägtem Dialekt): Ja, bist du jetzt wirklich verrückt geworden? Komm runter, ich habe keine Lust auf solche dummen Scherze!

Man sieht den Baum mit seinen großen schwarzen Ästen. Alle stehen unbeweglich und erwartungsvoll da. Die Zwergnonne beginnt jetzt, wieder hinunterzusteigen.

Teo kommt hinter ihr her. Etwas weiter abseits von der Ulme stehend, verfolgt Titta die verschiedenen Phasen des Vorgangs, um sie aufgeregt seiner Mutter zu schildern, die sie nicht selber sehen kann.

Titta: Donnerwetter, so 'ne Macht, Mama! Sie bringt ihn wirklich herunter, Mama . . . Sie hats geschafft, daß er runtersteigt. Er ist ganz glücklich.

Die Zwergnonne und Teo sind unten angelangt. Tittas Vater flüstert mit einem von Schweiß und Erregung glänzenden Gesicht dem Bruder etwas zu.

Tittas Vater: Teo! Teo!

Krankenwärter (off): Die Schwester bringt dich zur Vernunft, he?

Die beiden Krankenwärter haben Teo gutmütig bei den Armen gefaßt.

(on) Siehst du, diese Schwester ist ein Teufel! Sie hat ihn gleich herunterbekommen.

Sie bleiben vor dem Doktor stehen, der väterlich, aber etwas zerstreut Teo die Wange tätschelt und ihn ohne besondere Teilnahme tadelt.

Arzt: Da ist er ja! Na! Wolltest wohl wieder einmal den Schelm spielen, was?

Teo lächelt und freut sich wie ein Kind, das sich einen Streich ausgedacht hat.

Teo: Nein!

Arzt: Wieso nein! Und was hast du da oben dann gemacht?

Der eine Krankenwärter scherzt, ohne den Griff zu lockern, der andere kichert.

Krankenwärter (im Dialekt): Er hat gezählt, wie viele Kerne die Feigen in dieser Jahreszeit haben . . . Nicht wahr, Teo?

Arzt: Ja, ja, schon gut! . . . Geh nach Hause! Nach Hause . . . Bringt ihn nach Hause.

Der Arzt entläßt Teo und die Krankenwärter, die sich, von der Zwergnonne gefolgt, entfernen.

Er macht ein paar Schritte und breitet dann die Arme mit der schicksalsergebenen Gebärde eines überlasteten Arztes aus und sagt zu Tittas Vater:

Arzt: Was wollen Sie machen? An manchen Tagen ist er normal und an manchen nicht. Wie wir alle übrigens.

Die kleine Gruppe geht über die Tenne. Titta winkt dem Onkel zu.

Titta (von hinten): Ciao, Onkel!

Teo: Oh, Titta!...

Titta (von hinten): Ciao!

Teo: Sei brav, was! (kichert)

Titta: Ja.

Auch der kleine Bauer mit dem krummen Rücken winkt.

Teo: Man hat von da oben Giginos Dorf sehen können ...

Krankenwärter: Wirklich?

Teo: Wie lange ist es jetzt schon her, daß ich ihn nicht mehr besucht habe ...

Teo, die beiden Wärter und die Zwergnonne übersteigen den Graben und langen beim Wagen an.

Corso des Orts. Außen. Tag. Sommer.

Über die Straße hat sich Schatten gesenkt und kriecht nun auch auf die sonnenbeschienene Seite herüber. Im Gegenlicht die derbe Gestalt des Friseurs mit dem Schnurrbart. Er spricht mit jemandem am Fenster.

Schnurrbärtiger Friseur: ... Zwischen elf und Mitternacht! Ja, mit Gaghettas Boot!

Er faßt seinen Kollegen unter und geht mit ihm die Straße entlang.

Er will nicht kommen. Er hat Angst, wir fahren aber, nicht?

Tittas Freunde: Ciccio, Naso, Gigliozzi.

Sie kommen mitten auf der Straße einher und plaudern über etwas, was ihr Ziel zu sein scheint.

Naso: Die ist wie ein schwimmender Palast!... Dreißig Stockwerke! Sie hat sechzehn Schornsteine und reicht unter der Wasserlinie noch tiefer als darüber.

Ciccio (überlappend): Ach, geh! Stell dir vor, was Sandokan mit einem solchen Schiff machen würde!

Eine Frau, die hinter sich ein Türchen geschlossen hat, geht zusammen mit einer Freundin eilig auf der Sonnenseite der Straße entlang.

Straße vor Tittas Haus. Außen. Tag. Sommer.

Tittas Vater geht seiner Frau und dem kleineren Sohn voraus.
Sie biegen um die Ecke des Hauses. Oliva entfernt sich von der
Mutter und läuft schnell zu Titta, der einen Drachen steigen
läßt.

    Tittas Mutter (von hinten): Komm her! (Zu ihrem Mann)
    Ruf deinen Sohn!
Zwei Männer im Badekostüm treten rasch in die Pedale ihrer
Fahrräder.

Strandpromenade. Außen. Tag. Sommer.

Auf der breiten Strandpromenade eilen andere Leute im schwin-
denden Tageslicht alle in der gleichen Richtung.
An dem Mäuerchen eine geordnete Gruppe von Waisenkindern, angeführt von Don Balosa und dem alten Priester. Eine
Ordensschwester beschließt den Zug.
Mitten auf der Fahrbahn fährt die Kutsche Madonnas im Trab
vorbei, drinnen sitzen Leute im Badekostüm.
Zwei elegante Damen mit Fahrrad, von denen eine ihr Gefährt
an der Hand führt, während die andere nur ganz schwach in
die Pedale tritt, werden von der Kutsche überholt.
Die beiden Damen kommen an einem dickbäuchigen Badegast
vorbei, der, sein mächtiges Hinterteil schwenkend, unbeirrt seines Weges geht.
Ein Balilla, der im Schrittempo fährt, überholt den Dicken.

Strand. Außen. Tag. Sommer.

Eine große Menge von Leuten am Ufer.
In Begleitung ihrer unzertrennlichen Schwestern räkelt sich die
Gradisca im Sand. Sie trägt ein elegantes weißes Matrosen-
kleid.
Von vier Personen gehalten gleitet ein Tretboot ins Wasser, wo
schon andere mit Leuten überfüllte Boote sich auf dem Wasser
bewegen.

    Frauenstimme: Amelia! Amelia! Bringst du die Wasserme-
    lone?

Zweite Frauenstimme: Severino! Severino! ...

Gradisca (von hinten): Wohin ist denn Ronald Colman verschwunden, ich seh ihn nicht mehr.

Zweite Stimme: ... Wo ist dieses Affengesicht denn geblieben? Wenn ich den zu fassen bekomme, schlage ich ihm alle Zähne ein!

Tittas Freunde, alle im Badekostüm, stürzen sich auf ein Boot, in dem bereits Naso sitzt und den Freunden aufgeregt die Ankunft der Gradisca verkündet.

Naso: Die Gradisca! Die Gradisca!

Die Buben klatschen begeistert Beifall.

Tittas Freunde: Hoch die Gradisca! Gradisca die Schöne! Gradisca, dreh dich um, nur einen kleinen Augenblick!

Beglückt durch diese Huldigung, dankt die Gradisca, wie eine Diva lächelnd. Auch eine der Schwestern lächelt, aber ironisch, und bemerkt dazu:

Gradiscaschwester: Wie häßlich ihr seid!

Inhaber des ›Fulgor‹-Kinos (off): Hello, sisters (lacht) ...

Die drei Damen wenden sich nach der Seite zu, aus der der Ruf gekommen ist, und wir entdecken den Kinobesitzer, der mehr denn je Ronald Colman ähnelt, in einem makellosen Sommeranzug. Er hilft der Gradisca, in sein Boot zu steigen.

Inhaber des ›Fulgor‹-Kinos: Das ist unser Dampfer! Bitte, nehmen Sie Platz! ...

Gradisca (überlappend, von hinten): Welche Eleganz! ...

Inhaber des ›Fulgor‹-Kinos (off): Oh, you wonderful, Gradisca!

Tittas Freunde schieben das Boot ins Wasser und springen dann selbst hinein. Ein anderes Fahrzeug gleitet ins Meer.

Ein Seemann versetzt dem Boot der Gradisca einen kräftigen Stoß, so daß es sich, gelenkt vom Kinobesitzer, vom Ufer löst.

Kleine Gradiscaschwester: Ich setze mich hierher. Ach, Ninola, nimmst du meine Tasche, sie fällt mir sonst noch ins Wasser. Gib gut darauf acht, ich habe ›Il mio amore sei tu‹ darin!

Die Schwester macht Miene, einen Fuß ins Wasser zu tauchen, zieht ihn aber sofort fröstelnd wieder zurück.

Gradisca: Sag mal, und wenn ich jetzt rudern wollte? (lacht)

Mole. Außen. Tag. Sommer.

Auch auf der Mole wimmelt es von Leuten, die aufs Meer hinaus wollen.

Giudizio, in einem verschlissenen graugrünen Pullover mit kreuzweis darüber gebundenem Schal, seiner unförmigen Mütze und den fingerlosen Wollhandschuhen läuft mitten unter den anderen Leuten, spricht aber zu uns umgewandt und legt uns dabei eine Reihe ziemlich zweideutiger, ironischer Fragen vor, die im Off die nun folgenden Bilder begleiten.

> *Giudizio:* Wohin gehen denn ... alle diese Leute? ... Wohin zieht sie ihr aufgewühltes Herz? Wohin gehen sie? Aaaah! Wie gern würde ich es Ihnen sagen! Aber leider kann ich das nicht. Und warum? Weil ... weil die Sache tatsächlich noch in der Schwebe ist ... und sich entwickelt ... das Schöne ist, daß du zu mir sagst: ›Wo gehts denn hin?‹

Inzwischen haben wir Gelegenheit, den Advokaten zu sehen, mit dem Fahrrad an der Hand – ob er es mit ins Boot nimmt? Gigino Penna Bianca in Begleitung seiner Mama, einer strengen Dame mit harten Zügen.

Biscein neben dem mit Wassermelonen behängten Wagen läßt seine Schelle ertönen und bietet mit singender Stimme seine Ware feil.

> *Biscein* (überlappend): Kauft bei Biscein! Anguria-uria[1]! Gelati-ati! Duroni di menta-enta!

Der Stadtschreiber mit einem Gesicht, das in der Sonne noch mehr glüht, lächelt uns mit einer Scheibe Wassermelone in der Hand zu und verkündet:

> *Stadtschreiber* (überlappend): Heute ist ein besonderer Tag für unsere Stadt, für unser ...

Er verbeugt sich, um eine Dame zu grüßen.

> ... Contessa!

Ein dicker Bademeister klatscht in die Hände und ruft schnaufend:

> *Bademeister* (überlappend): Es geht los! Abfahrt! Abfahrt! Abfahrt! Es geht los!

Er hilft einer Nachzüglerin beim Einsteigen in ein großes Boot, das am Ufer liegt und schon mit Passagieren angefüllt ist.

[1] Wassermelonen

Nachzüglerin (überlappend, im Dialekt): Da bin ich! Wenn du mich ins Wasser fallen läßt, zahlst du mir ein neues Kleid.

Andere Leute steigen in ein zweites großes Boot, das am Ufer liegt.

Vom Quai her wirft ein Matrose alte Decken in das Boot, die ein Passagier im Fluge auffängt.

Passagier (überlappend): Holla! Holla! Wir können abfahren. Der Sturm krümmt uns kein Härchen.

Nachdem die Operation beendet ist, geht der Matrose zu Giudizio und streicht ihm über die Schulter, um ihn von seinem versponnenen Monolog abzulenken.

Giudizio: Wohin fahren all diese Menschen ...? Aufs offene Meer hinaus? Wohin ...?

Seemann: Los, jetzt genügts, Giudizio, hau ab! Geh uns nicht auf die Nerven.

Das Geschwader der Boote verläßt langsam den Hafen.

Terrasse Grand Hotel. Außen. Tag. Sommer.

Auf der höchsten Terrasse des Grand Hotel, die mit wehenden Fahnen geschmückt ist, halten sich einige der Professoren des Gymnasiums auf. Die Mathematiklehrerin und Professor Fighetta plaudern, an das Geländer gelehnt, in altjüngferlichem Einvernehmen.

Griechischprofessor (überlappend): Nein, in Bisceglio, in Bisceglio ... Mama tut die Petersilie immer erst hinterher daran ...

Mathematiklehrerin: Oh, die kenne ich gut! Sie meinen die Canocchie, aber weshalb tun wir in Cesenatico sie vorher dran?

Nicht weit davon entfernt zieht Direktor Zeus bei dem Physikprofessor, der sich mit einem langen Fernrohr auf einem Stativ abmüht, Erkundigungen ein.

Direktor: Sagen Sie, wie viele Kilometer von uns entfernt fährt die ›Rex‹ vorbei?

Der Physikprofessor hebt den Kopf vom Okular und erklärt mit Bestimmtheit:

Physikprofessor: Acht! Aber dank Herrn Galilei sehen wir sie, als seien es bloß vierhundert Meter!

Dann sieht er lächelnd den Direktor an, der voller Staunen dazu bemerkt:

    Direktor: Fabelhaft!

Der erstere beugt sich wieder über sein Fernrohr; der andere sucht das Meer mit den Blicken ab.

    Physikprofessor: Es sieht direkt so aus, als fahre sie auf uns zu!

Offenes Meer. Außen. Tag. Sommer.

Überfüllte Barken und Tretboote fahren aufs Meer hinaus. Die Ruder heben und senken sich wie Libellenflügel.

Mole. Außen. Tag. Sommer.

Die lange Barriere aus Zementblöcken streckt sich ins Meer hinaus.

Am Horizont die langsame Prozession der Fahrzeuge. Die Volpina taucht auf. Beschwingt geht sie auf den Zehenspitzen dicht an den Blöcken vorbei, die Hände in die Seiten gestemmt.

Sie schwingt sich auf einen der Zementblöcke und sitzt dort breitbeinig. Im Hintergrund das Meer.

Corso des Orts. Piazza delle Erbe. Außen. Tag. Sommer.

Der Corso liegt verlassen und still in der glühenden Sonne da. Ein Palazzo wirft auf die Straße einen breiten schwarzen Schatten: ein gähnender Abgrund in der blendenden Helle.

Auf dem Platz liegt ein Hund hechelnd in der Sonne.

Meer und Mole. Außen. Tag. Sommer.

Ein Mann im Wasser. Es ist Pataca. Er macht Zeichen nach der Mole hin.

    Pataca: Ihr werdet sehen, die Wette verliert ihr! Für mich ist das nur ein kleiner Ausflug! Ich bin ein Torpedo!

Er beginnt ins offene Meer hinauszuschwimmen.

Offenes Meer. Außen. Tag. Sommer.

Auf einem großen Fischerboot sitzt der Inhaber des Café ›Commercio‹ mit anderen zusammen auf der Reling.

> *Caféinhaber:* Herr Advokat, wieviel mag die ›Rex‹ wohl wiegen?
>
> *Bademeister* (überlappend): Minghino!

Der Advokat – er hat tatsächlich sein Fahrrad mit aufs Boot genommen – sieht einen Augenblick zu dem Mann hinüber, läßt sich auf kein Gespräch ein, sondern dreht sich um und betrachtet eingehend den Horizont mit leicht gereizter Miene. Sollte der da der geheimnisvolle nächtliche Provokateur sein?

> *Bademeister* (off, singt): ›Sul mare luccica l'astro d'argento . . .‹
>
> Ich komme mir dabei immer ganz klein vor.

Statt dessen antwortet der kahlköpfige Faschist, der in schwarzem Badekostüm auf der Kajüte steht. Auch Giudizio sitzt da oben.

> *Kahlköpfiger Faschist:* Ich würde sagen, zweieinhalbmal soviel wie das Grand Hotel!

Der Nachbar des kahlköpfigen Faschisten, ein Mann mit einem Strohhut auf dem Kopf, gibt auch seinen Senf dazu.

> *Mann mit Strohhut:* Zweieinhalbmal das Grand Hotel und den Augustusbogen!
>
> *Ein Mann* (off): Plus meine Eier! (lacht)

Alle schütteln sich vor Lachen.

Der dicke Bademeister singt weiter, auf dem Bootsrand sitzend.

> *Bademeister:* ›Sul mare luccica l'astro . . .‹

Hinter ihm sieht man das Boot mit den Waisenkindern und Don Balosa an Bord.

Wir bemerken auch noch andere große und kleine Boote, die sich über den Wasserspiegel verteilen. Sie schwanken leicht auf und ab.

> *Philosophieprofessor* (off): Vai o Velite del mare . . .

Der dicke Bademeister hört zu singen auf und wendet sich jäh zum Philosophieprofessor um. Dieser steht in einem Bademantel, über dem man noch zwei weiße Kragenecken sieht, da und deklamiert mit nervöser Emphase ein paar Verse. Das Schlingern des Fahrzeugs läßt ihn schwanken.

Philosophieprofessor: ... Tu passi ... E il tuo fato ... io
seguo ... nei flutti ... guardando la scia ... luccicare ...
Er weist auf das Meer rundherum; hinter ihm steht lächelnd
der Advokat und nickt begeistert.

Philosophieprofessor (off): ... Chi sei o barbaro nume? ...
Im Heck des Bootes verewigt der Photograph Gigino Penna
Bianca, der zärtlich an seine Mama gelehnt dasitzt.

Photograph (von hinten): Hör zu ... Gigino, rück noch etwas näher an die Mama heran.

Gigino Penna Bianca: Mama, komm näher.

Photograph (überlappend): Signora, wenn Sie noch etwas
mehr zu Ihrem Sohn hinrücken wollten ... So ists gut!
Der dicke Bademeister und ein Passagier hissen Pataca, der
schwimmend bis hierhergelangt ist, an Bord.

Pataca: Verdammt, Kinder! Da gibts eisige Strömungen!
Er zittert, schnauft, außer Atem, und läßt sich erschöpft nieder.
Er zieht ein paar kurze schwarze Hosen an. Auf dem Kopf
hat er das übliche Netz.

... meine Eier sind jetzt so klein wie getrocknete Boh-
nen ... Brr! (erschauert)
Der Stadtschreiber delektiert sich an einem Teller voller Frutta
di mare und wirft die Schalen ins Wasser.

Stadtschreiber (zu Pataca): Bist du wirklich vom Ufer bis
hierher geschwommen?

Pataca: Woher denn sonst? Im Freistil.
Der rotwangige Schreiber schüttelt lächelnd den Kopf.

Stadtschreiber: Teufel auch, was bist du für ein Kindskopf! (lacht)
Das schnelle Motorboot des Gerarca zieht einen weiten Bogen
um die Gruppe der wartenden Boote.
An Bord erkennt man undeutlich ein paar weibliche Gestalten,
die herüberwinken.
Das kleine Boot der Gradisca. Während Ronald Colman langsam, mit sportlicher Gemessenheit, rudert, wendet die Gradisca
sich um und beobachtet aufmerksam das Fahrzeug des Gerarca.
Dann setzt sie sich wieder hin und wirft ihm einen beleidigt-
schmachtenden Blick zu.
Auf dem Fischerboot hat Pataca den cremefarbenen Bademantel angezogen und macht seinen Nachbarn auf den hohen Besuch aufmerksam.

Pataca (von hinten): Der Commandante mit seinem Motorboot!

Die beiden stehen auf und erweisen den Faschistengruß.

Patacas Nachbar (von hinten): Heil!

Pataca (von hinten): Heil! Evviva!

Offenes Meer. Außen. Sonnenuntergang. Sommer.

Im dunkelroten Schimmer der untergehenden Sonne wartet die nunmehr etwas verstreute Flottille. Man hört die Stimme Patacas, der hingerissen singt.

Pataca (off): Voglio ballare ... con te ...

Die Zeit will und will nicht vergehen. Im Gegenlicht die dunklen Silhouetten der Passagiere.

Gigino Penna Bianca, der Advokat und eine Dame spenden der Darbietung Patacas Beifall, der nach einer Pause fortfährt:

... tutta la notte ...

Pataca (off): così!

Auf dem großen Boot leistet sich der Philosophieprofessor eine galante Erholung, indem er mit einer Dame tanzt. Näher bei uns gibt Biscein mit einer Melonenscheibe in der Hand eine seiner Lügengeschichten zum besten.

Biscein: ... Am dritten Tag fahre ich mit meinem kleinen Boot hinaus, stoße den gewohnten Pfiff-iff aus (pfeift) ... Da springt doch plötzlich der Delphin-in in die Höhe, legt seinen Kopf auf den Bootsrand, sieht mich an und sagt: Mama!

Im letzten rötlich schimmernden Tageslicht heben die Zuhörer, nur als dunkle Gestalten sichtbar, den Teller, von dem sie essen, nach Biscein hin in die Höhe und protestieren.

Passagiere (im Dialekt): Du kannst uns im Arsch lecken! Vaffanculo! Ma vaffanculo.

Noch beim Tanzen verteidigt die Dame des Philosophieprofessors den Erzähler.

Dame: Nun wieso? Es stimmt. Delphine sind höchst intelligent, auch mein Zahnarzt hat mir das gesagt.

Offenes Meer. Außen. Nacht. Sommer.

Tittas Vater sitzt in einem kleinen Boot neben seiner Frau, die schweigend den Kopf auf die Brust gesenkt hat. In ihrem Boot befindet sich auch ein Maurer, den wir schon auf der Baustelle gesehen haben; er raucht schweigend.

Der Maurermeister sitzt mit auf der Brust gekreuzten Armen da, betrachtet den sternenbesäten Himmel. Er wendet sich an den Maurer, aber es ist, als führe er ein Selbstgespräch.

> *Tittas Vater:* Da, sieh nur, wie viele das sind, oh, Millionen und aber Millionen Sterne. Himmel noch mal! Ich frage mich, wie, zum Teufel, das ganze Durcheinander aufgebaut ist. Denn für uns, mal ganz offen gesagt, ist es im Grunde doch ziemlich leicht! Ich muß ein Haus bauen: ... soundsoviele Ziegelsteine, soundso viele Zentner Zement, aber da oben ... Heilige Madonna ... Wo, frage ich mich, leg ich da ein Fundament, he? ... Schließlich sinds ja keine Konfetti!

Jetzt sehen wir auch Oliva, der sich über den Rand des Bootes beugt und ins dunkle Wasser blickt. Im feuchten Dunst erkennt man schattenhaft weitere Fahrzeuge. Tittas Vater dreht sich zu seiner Frau um, die fröstelnd vor sich hin döst.

> *Tittas Vater:* Miranda! Was machst du, schläfst du? Gib Antwort.
>
> *Tittas Mutter:* Hm?
>
> *Tittas Vater:* Frierst du? Willst du meine Jacke?
>
> *Tittas Mutter:* Wieso? Was willst du denn?

Plötzlich gereizt, drängt er weiter:

> *Tittas Vater:* Los jetzt, nimm die Jacke!
>
> *Tittas Mutter:* Nein, ich will sie nicht!

Kurz entschlossen reicht Tittas Vater die Jacke dem Maurer, der sie Tittas Mutter um die Schultern legt.

> *Tittas Vater:* Los, nimm sie um die Schultern! Als wenn ich nicht wüßte, was für Geschichten du machst, wenn du dich erkältest! Ich kenne dich doch!
>
> *Tittas Mutter:* Aber müssen wir denn hier noch lange bleiben? Es ist ein Uhr!
>
> *Tittas Vater:* Was weiß denn ich! Sie hatten gesagt, gegen Mitternacht. Außerdem, auch wenn sie sich verspätet: sie kommt immerhin aus Amerika!

Auf dem großen Fischerboot befindet sich auch der Blinde von Cantarel mit seiner Ziehharmonika. Mit seiner schwarzen Brille, zwei diabolischen Haarbüscheln zu beiden Seiten des Kopfes, den kantig-scharfen Zügen, spuckt er nach rechts und links und wendet sich mit einer beleidigenden Aufforderung an alle.

> *Der Blinde von Cantarel* (im Dialekt): Geht, leckt mich doch am Arsch! Alle miteinander!

Gigino Penna Bianca und ein Matrose lachen amüsiert.

> *Matrose:* Na, so was von Freundlichkeit!

Der Blinde von Cantarel fängt an, eine traurige, wehmütige Melodie zu spielen. Er begleitet sich selbst mit theatralischen und nicht ganz ungefährlichen Bewegungen seines Kopfes: einmal wirft er ihn nach hinten, dann läßt er ihn plötzlich schlaff herunterhängen, dann wieder biegt er ihn in nervösen Zuckungen zur Seite.

Die Musik erfüllt die Nacht mit einer melancholischen Stimmung. Auch die Gradisca ist traurig. In einem Bekenntnisdrang, den wir als aufrichtig empfinden, blickt sie ins Wasser und sagt:

> *Gradisca:* Und jedesmal habe ich mir Illusionen gemacht ... Statt dessen war immer alles gleich wieder zu Ende ... und so ...

Sie wendet sich zu Ronald Colman hin:

> ... weißt du, wie alt ich bin?

> *Kinobesitzer* (von hinten, lacht)

Die Schwestern lachen. Die kleinere sitzt auf dem Boden des Bootes und blickt aufmerksam einmal Ronald Colman und einmal ihre Schwester an.

> *Gradisca:* Oh! Ich schäme mich nicht die Spur, die Wahrheit zu sagen, vielmehr ... ich sag immer noch ein bißchen mehr ... Dreißig Jahre!

> *Kinobesitzer* (von hinten): Erstaunlich, my darling!

> *Gradisca:* Ach! Und sitze immer noch hier und warte!

Die Gradisca lehnt sich in ihrem Sitz zurück und spricht sich weiter aus. Die jüngere Schwester legt den Kopf auf ihre Knie und nickt verträumt zustimmend, während ihre große Schwester weiter von ihren Sehnsüchten spricht.

> *Gradisca:* Ich möchte eine Begegnung, die anhält, ein ganzes Leben lang ... Ich möchte eine Familie haben, Kinder,

einen Mann, mit dem man am Abend noch ein bißchen
plaudern kann ... Vielleicht bei einer Tasse Kaffee ...
Und manchmal auch zusammen ins Bett gehen, denn was
nötig ist, ist nötig ...
Die kleinere Schwester lacht.
Aber mehr als das bedeutet mir das Gefühl, und ich habe
so viel Gefühl in mir ...
Die Stimme der Gradisca wird in ihrer Rührung immer leiser.
Die kleinere Schwester hebt langsam den Kopf und blickt zu
ihr auf.
Wem aber soll ich es schenken? Wer will es schon?
Die schönen Augen der Gradisca füllen sich in ihrem Leid mit
Tränen.
Sie trocknet sie mit der einen Hand vorsichtig und ein wenig
beschämt.
Kleine Gradiscaschwester: Was machst du denn da? Weinst
du etwa? Wie dumm sie ist... Haben Sie gesehen? Sie
weint!
Kinobesitzer (von hinten): Sie weint, weil sie ein zartfüh-
lendes, sensibles Mädchen ist. Oh, yes!
Die kleine Schwester steht auf und umarmt zärtlich die Gra-
disca, küßt sie auf die Wangen und setzt sich wieder.
Kleine Gradiscaschwester (überlappend): Komm her, ich
geb dir einen Kuß.
Gradiscaschwester (off): Nein, sie hat ganz recht, denn ihr
Männer seid ja alles Lumpen, jawohl!
Kleine Gradiscaschwester: Aber geh, noch bin ich ja da!
(Gelächter)
Kinobesitzer (von hinten): Nicht weinen!
Gradisca (seufzt)
Ein gespenstischer Lichtschein fällt auf das Fischerboot. Die
Passagiere sitzen unbeweglich, in erschöpfter, schläfriger Er-
wartung da.
Tittas Vater, seine Frau und der Maurer dösen mit hängenden
Köpfen vor sich hin.
Im Nebel schwankt das Boot, in dem Tittas Angehörige sitzen,
leicht hin und her.
Titta und Oliva liegen im Heck und schlafen.
Unerwartet erscheint aus dem Dunkel ein schwarzer, mit Lich-
tern übersäter Berg, der unter mächtigem Rauschen der aufge-

wühlten Fluten näher kommt. Der rauhe Ton einer Sirene durchdringt die Luft.

Oliva ist der erste, der auf den Füßen steht.

Oliva: Da ist sie!

Titta (off): Papa! Papa! Die ›Rex‹!

Nun erheben sich auch der Vater, die Mutter und der Maurer schwankend zwischen Schläfrigkeit und Staunen.

Titta (off, schreit): Die ›Rex‹! Heeeeh!

Jetzt sieht es tatsächlich so aus, als stürze sich der schwarze Schatten des riesigen Ozeandampfers auf die wimmelnden Boote.

Alle (Schreie, Rufe, verschiedene Stimmen)

Auf allen Booten herrscht ein aufgeregter Wirrwarr. Alle sind aufgestanden und schwenken grüßend die Arme in einem Durcheinander von Schreien, Rufen und Beifall.

Alle (Schreie, Rufe, verschiedene Stimmen)

Der Riesenleib der ›Rex‹ zieht vorbei. Ihr Bug durchschneidet das Wasser, das hoch aufspritzt.

Auf dem Fischerboot grüßen und schreien alle uns vertrauten Personen aufgeregt und bewegt durcheinander.

Bademeister: Wieviel Geld da drinsteckt!

Passagier: Da, brings nach Amerika!

Kahlköpfiger Faschist: Es lebe die ›Rex‹, das größte Werk des Regimes!

Philosophieprofessor: Gleite dahin, du Riese des Meeres! Trage stolz deinen lateinischen Namen, ›Rex‹! Rex maris! Rex orbis! Rex oceanorum!

Biscein: Evviva! Kauft bei Biscein! Kauft bei Biscein! Kauft bei Biscein-ein! Evviva!

Stadtschreiber: Ich vertrete den Bürgermeister! Gute Fahrt! Es lebe Italien! (Geschrei)

Der Blinde von Cantarel nimmt die Brille von dem schillernden Weiß seiner Augäpfel – in der absurden Hoffnung, etwas sehen zu können; dann fragt er:

Der Blinde von Cantarel: Wie ist sie? Wie ist sie? Wie sieht sie aus? Wie sieht sie aus?

Niemand antwortet ihm. Alle schwenken weiter begeistert grüßend die Arme.

Dort oben, auf dem fahnengeschmückten beleuchteten Deck des Schiffs, meint man Gestalten zu erkennen, die nach unten blicken. Man hört Musik.

Männerstimme: Angeber! Angeber! (Furzgeräusch)
Die Gradisca grüßt begeistert und wirft Kußhändchen. Die
Schwestern und Ronald Colman rufen begeistert ...
 Kinobesitzer: Hello! Welcome! (lacht)
 Kleine Gradiscaschwester: Schöön!
 Gradiscaschwester: He! Wir sind hier! He!
Die hohe Bordwand des Oceanliners ist mit leuchtenden Bull-
augen übersät. Aus den riesigen Schornsteinen steigt langsam
weißer Rauch.
 Titta (off): Addio!
 Gradiscaschwester (off): Hoch! He! Evviva!
Tittas Vater nimmt den Hut ab und bleibt so stehen, beein-
druckt durch diese Vision der Kraft. Titta winkt mit einem
Arm. Die anderen sehen schweigend zu.
 Titta: Addio! Addio!
 Gradiscaschwester (off): Hoch! Hallo! Evviva!
Die Gradisca weint, denn trotz des eben abgelegten Bekennt-
nisses ist sie immer noch überzeugt, daß ihr Herz weiter für
jene Herren schlägt, die mit der ›Rex‹ reisen. Sie trocknet ihre
Tränen und grüßt von neuem.
 Gradiscaschwester: Hoch! Hallo!
 Kinobesitzer: Hello! Good-bye! Good-bye!
Der ungeheure Koloß zieht davon wie ein wundervoller
Traum. Die ›Rex‹ ist jetzt nur noch ein kleiner Lichterkranz,
ein Sternzeichen unter den vielen anderen am Himmel.
Aber die Nacht verschlingt auch dieses. Noch ein fernes Auf-
heulen der Sirene.
Jetzt rauschen die dunklen Wogen des Kielwassers heran.

Tittas Haus. Außen. Tag. Herbst.

Es ist früh am Morgen. Der Sommer ist schon seit einiger Zeit
vorbei. Es ist kalt. Hinter beschlagenen Fensterscheiben erkennen wir mit Mühe den Großvater, der hinauszublicken versucht. In dem Bemühen, besser zu sehen, streift er mit der
Hand über das Glas, um die Feuchtigkeit wegzuwischen, aber
der Beschlag bleibt.
Auf dem Vorplatz geht das Licht an. Der Großvater öffnet die
Glastür und tritt hinaus. Er bleibt auf dem Vorplatz stehen

und sieht nichts vor sich als die dichte Nebelwand, die alles rings um ihn ausgewischt hat.

Großvater: Na so was!

Garten und Straße vor Tittas Haus. Außen. Tag. Herbst.

Im dichten grauen Nebeldunst sehen wir von der Straße aus nur schwach die Umfassungsmauer des Hauses, die Gartenpforte, das schwache Licht, das aus einem Fenster dringt, die kahlen Zweige eines Baumes.

Etwas beunruhigt ruft der Großvater den Namen des Dienstmädchens.

Großvater (off): Gina!

Die Gartentür. Es erscheint die schattenhafte Gestalt des Großvaters, den Hut auf dem Kopf und den Mantel umgehängt. Er kommt langsam weiter nach vorn, während er die Hände vorstreckt aus Angst, irgendwo anzustoßen. Schließlich klammert er sich an die Stäbe der Gartentür.

Wie um sich selber Gesellschaft zu leisten, sich in dieser wattierten leblosen Stille Mut zu machen, stellt er mit lauter Stimme fest:

Großvater: Also, man sieht überhaupt nichts! Oh!

Der Alte macht die Gartentür auf, geht hinaus und bleibt stehen, zaudernd, wie jemand, der die Orientierung verloren hat. Vor ihm gibt es keine Straße, gibt es nichts mehr.

Großvater: ... Nur 1922 hat es einen solchen Nebel gegeben! ...

Er wendet sich nach rechts und geht zögernd an der Umfassungsmauer entlang, mit der Hand tastend, um einen Anhaltspunkt zu haben.

Er hilft sich damit, daß er laut sagt, was er tut.

... Aha, also ich taste mich an dieser Mauer entlang.

Erschrocken wendet er sich um, weil er etwas hinter sich gehört hat. Er streckt die Hände vor, aus Furcht, es könnte jemand mit ihm zusammenstoßen.

... Oho! Oho! Langsam! Langsam! Halt! ...

Eine schwarz vermummte Gestalt mit einem Tragkorb auf dem Rücken kommt klingelnd auf einem Fahrrad daher.

Großvater (off): ... Hier bin ich! Ein Mensch steht hier. Sachte! ...

Die dunkle schwankende Masse streift um ein Haar den Alten, der sich um sich selber dreht, als spiele er blinde Kuh . . .

. . . Sachte, hab ich gesagt! Sachte!

und entfernt sich, vom Nebelvorhang verschluckt.

> *Großvater:* Der Teufel soll dich . . .! (murmelt Verwün-
> schungen vor sich hin)

Es herrscht wieder Stille.

> *Großvater* (erneut): Gina! Gina!

Er erwartet eine Antwort, einen Ruf, der nicht kommt. Er wendet sich und schaut sich um, um die Richtung wiederzufinden.

> *Großvater:* Wo bin ich denn jetzt? Alles ist verschwunden!

Nimmt den Hut ab. Er hat ein Taschentuch fest in der Hand, als könne es ihm Trost und Stütze bieten, fährt sich dann damit über den Kopf, über den Nacken, den Hals, von lähmender Unruhe ergriffen.

Setzt den Hut mit beiden Händen wieder auf und fährt erschreckt in seinen Betrachtungen fort.

> *Großvater:* Es kommt mir vor, als stünde ich im
> Nichts . . .

Dreht sich um und starrt die undurchdringliche, dichte Mauer an.

> *Großvater* (von hinten): . . . Wenn der Tod so aussieht,
> dann ist das keine schöne Sache . . . Alles verschwunden
> . . . die Leute, die Bäume, die kleinen Vögel in der Luft,
> der Wein . . .

Er wendet sich zu uns um und schließt diese letzten Prophezeiungen mit einer heftigen, unmißverständlichen Armbewegung.

> *Großvater:* . . . Alles im Arsch!

Pferdegetrappel und Räderrollen lassen ihn herumfahren.

Ein dunkler, undeutlicher Schatten taucht aus dem Nebel auf. Beim Näherkommen zeichnet er sich deutlicher ab: es ist die Kutsche Madonnas. Das Pferd, unheimlich unter seiner Winterdecke, scheint mit dem dick vermummten Kutscher zu einer Einheit verschmolzen zu sein.

> *Großvater* (off): Heh, Tino! . . .

Madonna bringt das Pferd zum Stehen.

Der Großvater blickt hilflos, flehend nach oben.

> *Großvater:* Ich habe mich verirrt, ich finde mein Haus
> nicht mehr. Wo bin ich?

Die hochragende schwarze Gestalt beugt sich ein wenig herab und erklärt mit schroffer Stimme:

Madonna: Was heißt, ›Wo bin ich‹? Sie stehen ja vor Ihrem Haus!

(off): Da ist es, schauen Sie doch hin!

Der Großvater starrt auf die Nebelwand vor sich und erkennt eine Gartentür. Er wendet sich um und bedankt sich erleichtert.

Großvater: Vielen Dank!

Madonna (off, zu dem Pferd): Hüh!

Der Großvater geht ganz vorsichtig vorwärts, um die Straße zu überschreiten, stößt aber nach ein paar Schritten mit einer kleinen Gestalt im Kapuzenmantel zusammen, die eben schnell aus der Gartentür kommt.

Oliva (pfeift)

Ein Ausruf des Mißvergnügens:

Großvater: Ohhh!...

Dann bemerkt er, daß er mit Oliva zusammengestoßen ist.

... Wohin gehst du denn bei diesem Nebel, sag?

Oliva: Ich gehe zur Schule. Ciao, Großpapa! (beginnt wieder zu pfeifen)

Der Großvater sieht ihn im Nebel verschwinden. Er macht zwei oder drei Schritte, erreicht die Gartentür und wendet sich noch einmal um, verstört und verwirrt.

Großvater: Sieh dir das an!

Kastanienallee. Außen. Tag. Herbst.

Mit dem Schulranzen auf dem Rücken geht Oliva jetzt durch die Roßkastanienallee, deren Boden mit glitschigem Laub bedeckt ist. Niemand ist vor oder hinter ihm.

Die Bäume sind schwarze Massen, Gestalten von Fossilien oder Fabeltieren. Die kahlen Äste sehen wie Arme aus, die einen ergreifen wollen.

Oliva läuft schnell, die Kapuze über den Kopf gezogen und mit gesenktem Blick.

Zwei Scheinwerfer durchbohren den Nebel. Sie gehören zu einem Lastwagen, der langsam heranschaukelt und wieder verschwindet – unwirklich. Im undurchdringlichen Grau eine

furchterregende Masse: es scheint das riesige Skelett eines ur-
weltlichen Tieres zu sein, das auf dem Boden liegend die Beine
in die Luft reckt, oder dann sind es die Spanten eines gestran-
deten Schiffs.
In der Stille ein sonderbares Geräusch. Oliva bleibt stehen und
beißt sich angstvoll auf die Lippen.
Dann faßt er Mut und geht mit gesenktem Blick und zusam-
mengepreßten Lippen weiter.
Direkt vor ihm, neben einem Busch mit wirrem Gezweig, tauchen die enormen Umrisse eines Ochsen auf. Es ist ein großer
Schatten, der zu zittern scheint, vielleicht wegen des dampfen-
den Atems, der stoßweise aus den Nüstern des Tieres dringt.
Tittas Bruder wagt nicht einmal zu schreien. Rückwärtsgehend
wie ein Krebs bewegt er sich mit schlotternden Knien.
Der Ochse starrt ihn ruhig, unbeweglich an. Dann wendet er
sich ab, um aus einer Pfütze zu saufen.
Olivas kleine Gestalt mit Kapuze und dem Ranzen auf dem
Rücken, das Gebüsch, der saufende Ochse.
Das mächtige Tier hebt den Kopf, beobachtet noch einmal den
Kleinen und verschwindet dann friedfertig hinter der Dornen-
hecke.
Oliva macht zwei Schritte auf den Zehenspitzen, um zu spä-
hen, dann rennt er schnell davon und verschwindet im Nebel.

Bahnhofsstraße. Außen. Tag. Herbst.

Die matt leuchtende Bahnhofsuhr hängt da oben im Leeren.

Mole. Außen. Tag. Herbst.

Im undurchdringlichen, unendlichen Grau die verschwimmen-
den Umrisse der Fischerboote, die gespenstisch wirkenden Se-
gel, der stumpfe Glanz des Wassers.
Die hochaufragende Heckwand eines vor Anker liegenden
Schiffs. Einige Matrosen, zwei dunkle Gestalten, stehen da und
blicken hinüber zu ...
    Biscein (off): Ich Norwegen gewesen ...
... Biscein, neben seinem Dreirad, er erklärt ihnen laut schreiend und gestikulierend seine erotischen Abenteuer im Norden.

... zwei Frauen ... schön ... groß ... norwegische-egische.
Die beiden norwegischen Seeleute – aber sollen wir Biscein
Glauben schenken? Ob sie wirklich Norweger sind? – paffen
ihre Pfeifen, sie mit den Zähnen festhaltend.
   ... Fave, Balose, Lupini, Bruscolini ...

Strand. Außen. Tag. Herbst.

Ein Hund streunt durch das weite Grau.
Man kann nicht mehr unterscheiden, wo der Sand aufhört und
das Wasser beginnt.
Die Brandung wird lauter, und verängstigt weicht das Tier zurück.

Terrasse des Grand Hotel. Außen. Tag. Herbst.

Die weite Terrasse liegt verlassen in einem feuchtkalten Fried-
hofsgrau. Windböen wirbeln Roßkastanienblätter vom Boden
auf. Titta und Ovo winken ihren Kameraden, sie sollten näher
kommen.
   Ovo: Hallo, da ist offen. Man kann durch!
Die übrige Bande läuft an der Balustrade entlang und trifft
mit den beiden ersten zusammen.
   Titta (von hinten): Naso! Naso! Hierher! Komm und sieh
   dir das an! Schau mal, wie schön!
Naso stellt sich dicht hinter Titta, der bereits durch den Spalt
in der Mitte der Tür linst.
   Naso: Der letzte ist immer der Dumme!
Dicht zusammengedrängt, einander über die Schulter schauend,
spähen Ciccio, Candela und Ovo durch eine zweite Tür.
Titta folgt langsam, aufmerksam und mit angehaltenem Atem
dem Verlauf der Spalten, um besser zu sehen.
Das verdutzte Profil Nasos, der sich vorbeugt.
Er sieht den schweigend daliegenden Saal mit der versiegten
Fontäne, die mit weißen Tüchern bedeckten Diwane und die
breite Marmortreppe: es ist die Halle des Grand Hotel.
Naso löst sich von der Tür und steigt langsam, mit gesenk-
tem Kopf, die wenigen Stufen hinunter: abwesend, ganz in

irgendwelche Phantasievorstellungen vertieft. Tatsächlich beginnt er sich leicht zu wiegen, während er eine schmachtende Melodie aus irgendeinem amerikanischen Film vor sich hinsummt. Auch Titta steht nicht mehr an der Tür, sondern tritt, sich wiegend und in die gleiche Melodie einstimmend, näher zu Naso. Jetzt tut Naso so, als spiele er Saxophon. Er bläst in das unsichtbare Instrument und entfernt sich tanzend, von Titta gefolgt, der in den Armen eine gleichfalls unsichtbare Dame zu halten scheint: in seinem Fall wird es sich bestimmt um die Gradisca handeln.

Titta (singt)

Gigliozzi hat sich mit seiner üblichen finsteren Miene auf die Stufen gesetzt und beschränkt sich darauf, mit zwei Stöcken ungelenk und lustlos den Takt zu schlagen.

Titta tanzt mit einer Hingabe, die immer sehnsüchtiger wird. Candela deutet schüchtern Tanzschritte an. Ciccio entlockt unbeholfen einer Geige Klänge, die mit Sicherheit Aldina Cordini gewidmet sind. Ovo, der Kleinste und auch der Skeptischste von allen, beobachtet gleichgültig seine Gefährten.

Ein kleiner Bursche mit runden Augengläsern – er gehört gewöhnlich nicht zu Tittas Bande – tanzt mit der Grazie einer Libelle der Balustrade entlang.

Candela hat sich aufgerafft: er wiegt sich mit steifen Beinen, geschlossenen Augen, die Hände in den Taschen seines Regenmantels vergraben, die Augenringe dunkler denn je – ein gezähmter, schwankender Frankenstein.

Auch Titta gibt sich jetzt völlig entrückt, mit geschlossenen Augen, seinen Tanzbewegungen hin.

Titta: Wo aber bist du, meine Liebe du?

Naso versucht jetzt einige der üblichen Mätzchen nachzuahmen: mit einem Fuß auf der Stufe, beugt er sich fast bis auf den Boden und bläst auf seinem Saxophon ein endloses Solo.

Gigliozzi rührt abwesend wie ein Automat die beiden Stöckchen.

Nach einer drohend zwischen den Zähnen hervorgestoßenen Verwünschung tut Ovo so, als habe er eine Maschinenpistole in der Faust und gebe damit eine Garbe ab. Das Knattern ahmt er mit einem lauten Furzgeräusch nach.

Ovo: Conte Poltavo, dies ist der letzte Tanz Ihres Lebens! (imitiert Schüsse)

In stillschweigendem Einvernehmen sinkt Conte Poltavo, tödlich getroffen, zusammen, findet aber noch Zeit, mit Daumen
und Zeigefinger einen todbringenden Revolverschuß abzuge-
ben.

> *Conte Poltavo:* Ooh! (imitiert Schüsse)

Ovo streckt sich steif auf den Stufen aus mit weitaufgerissenen
Augen, seine Zunge erschlafft in einem letzten stummen Furz.
Conte Poltavo, im Tweedmantel, mit weichem grauem Hut und
zwischen den Lippen baumelnder Zigarette, wird wieder leben-
dig und rappelt sich hoch – ein phlegmatischer Snob. Ciccio
entlockt seiner Violine weiter flehende Liebesbotschaften. Candela dreht sich mechanisch um sich selbst, ein nachtwandelnder
Kavalier.
Titta tanzt, träumerisch seine eingebildete Gradisca umschlin-
gend. Auf der grauen, düsteren Terrasse die Jungen, ganz versunken in ihre schmachtenden Phantasien.

Corso des Orts. Außen. Nacht. Herbst.

Ohrenbetäubender Lärm. Die Scheinwerfer eines Autos blitzen
am Eingang zum Corso auf. Staubwolken.
Ein paar Spruchbänder, quer über die Straße gespannt, flattern
im Wind. Auf ihnen steht: ›VII Mille Miglia!‹ Aufheulend verschwindet der Rennwagen hinter der Piazza del Comune, während Pataca zu den Freunden läuft, die vor dem Café ›Commercio‹ sitzen. Er schwenkt eine Zeitung, die sofort begeistert
konsultiert wird.

> *Applaus. Geschrei.*
> *Stimmen* (überlappend): Da, da . . . Er kommt, er kommt!
> – Ist es Brilliperi?
> *Pataca:* Nein, es ist Nummer 77.
> *Cafégast:* Varzi, du bist göttlich!

Ein zweiter Rennwagen bricht röhrend in den Corso ein. Der
Scheinwerferstrahl klettert an den Mauern hoch und beleuchtet
Ciccio, Ovo, Naso und Titta, die sich von einer Steinkanzel an
der Ecke eines Palazzo herunterbeugen.

> *Ovo:* Wer war das? Wer war das?
> *Titta:* Nummer 18! 18, Campari! Campari!
> *Ovo:* Es war Campari!

Der Wagen verschwindet, und der Erker liegt wieder im Schatten. Dennoch bemerken wir Ciccio, der zu dem vis-à-vis gelegenen Haus hinüberruft:

Ciccio: Aldina, willst du wissen, wer es war?

In reservierter Haltung auf dem Balkon der Conti di Lovignano sitzend, neben sich den pomadisierten Verehrer, antwortet die Cordini mit wohlerzogener Kühle.

Aldina Cordini: Wir wissen es, es war Campari.

Der neben der schweigenden Diomira stehende Conte bemerkt dazu mit seiner eindrucksvollen Stimme:

Conte di Lovignano: Ich habe ihn schon in Monza gesehen.

Ciccio zieht sich mit gesenktem Kopf enttäuscht zurück.

Dröhnen einer plötzlich auftauchenden Maschine.

Auf dem Balkon des Lovignanopalazzos wenden Gäste und Hausbewohner die Köpfe nach dieser Richtung.

Die Scheinwerfer des Wagens beleuchten die Fassade der Kirche, die Absperrung aus großen Strohballen auf der Piazza delle Erbe. Im Dunkel erscheint eine dichte Hecke von Schildern aus der Vertiefung rings um das Baptisterium, die von Sportfanatikern geschwenkt werden.

Das wütende Aufheulen eines ersoffenen Motors läßt sich im gleichen Augenblick vernehmen, in dem auch schon der Wagen mit Höchstgeschwindigkeit in die Straße einbiegt.

Jetzt rasen die Lichtstrahlen durch den Korridor zwischen den beiden Reihen von Neugierigen, die an die Mauer gepreßt applaudieren.

Bei der Ankunft des Wagens springt eine Gruppe von Enthusiasten im letzten Augenblick beiseite.

Der Rennwagen schießt pfeilschnell vorbei und verschwindet.

Vor dem Café Commercio ein atemberaubender Lärm von Händeklatschen und Kommentaren!

Sämtliche Vitelloni einschließlich Pataca kontrollieren ihre Zettel mit Namen und Zeit der verschiedenen Rennfahrer.

Beifall – Verschiedene Stimmen.

Pataca: Ah, da ist er! Es ist von Stuck!

Erneut beleuchtet der Scheinwerferstrahl eines Wagens die Kanzel, auf der Titta wie in Trance die Bewegungen eines Mannes macht, der einen Wagen fährt, die Hände um ein imaginäres Lenkrad gekrampft.

Corso des Ortes. Außen. Nacht. Herbst.

Die Scheinwerfer eines näher kommenden Rennwagens beleuchten eine gewaltige Menschenmenge, die, auf einem Teppich von farbigen Flugblättern stehend, eine Gasse bildet.
Unter dem Schriftband mit der Aufschrift ›ZIEL‹ versperrt eine vor Begeisterung brüllende und Handküsse austeilende Schar von Schulmädchen die Straße.

> *Applaus*
> *Freudenschreie*

In einem dieser Rennwagen sitzend, bedankt sich Titta in weißem Dreß und Sturzhelm. Aufgeregt und glücklich grüßt er nach allen Seiten.
Ein großer Blumenstrauß.

> *Gradisca* (off): Aber ja . . .

Von hinten her taucht die Gradisca auf, ganz in Weiß, und wirft ihm eine schmatzende Kußhand zu.
Mit einer scherzhaft gebieterischen Geste befiehlt Titta der Verliebten, sich neben ihn zu setzen.
Gradisca steigt in den Wagen, streicht sich das Kleid über dem schönen Hintern glatt, wiegt sich ein paarmal in den Hüften und setzt sich, erobert, neben Titta.

> *Gradisca:* Ah, endlich! Lalala-la!

Das Paar fährt ab, während hinter dem Wagen die Kameraden Tittas begeistert applaudieren.

Corso des Orts. Außen. Nacht. Herbst.

Auf dem Balkon der Lovignanos verfolgt die Cordini das Vorbeiflitzen eines Wagens, dann wendet sie sich mit einem zärtlichen Blick ihrem Liebhaber zu.
Ciccio, der diesen Blick aufgefangen hat, interessiert sich überhaupt nicht mehr für den Fahrer, der soeben vorbeigekommen ist. Er stützt sich ganz niedergeschlagen auf die kleine Kanzel und ist von Vergeltungsträumen erfüllt.
Tatsächlich sieht er sich selbst in schwarzem Rennfahrerdreß, einen weißen Seidenschal um den Hals, in den engen Fahrersitz eines Spider gequetscht.
Mit kreischenden Bremsen hält der Wagen unter dem Balkon

der Cordini. Ciccio schiebt die Schutzbrille auf die Stirn und ruft:

Ciccio: Aldina!

Überrascht und geschmeichelt blickt das Mädchen auf die Straße herunter und ist im Begriff, sich zu erheben.

Ciccio aber macht mit dem Arm eine unmißverständliche kraftvolle Bewegung, begleitet von einem verachtungsvollen Furzgeräusch. Die Cordini sinkt völlig verstört auf ihren Sitz. Ciccio schiebt die Brille wieder herunter, schaltet den Gang ein und fährt davon.

Corso des Orts. Außen. Morgengrauen. Herbst.

Im kalten schwachrötlichen Licht des Morgens tauchen die Scheinwerfer eines Rennwagens auf und dann dieser selbst, wie ein Geschoß den Corso hinuntersausend.

Er verschwindet in einer Staubwolke hinter der Piazza del Comune. Diesmal aber vermischt sich der erschreckende Lärm des Wagens mit dem Aufjaulen eines Hundes, der vom Rennwagen angefahren wird. Pataca löst sich aus der Gruppe seiner Freunde und läuft hin, um nachzusehen, was geschehen ist. Er bückt sich und kehrt wieder zurück, etwas in der Hand schwenkend.

Verschiedene Stimmen
Pataca: Ein Ohr! Da, seht her, ein Ohr!

Gäßchen des Orts. Außen. Abend. Herbst.

Im feuchten Dunkel einer kleinen Gasse beleuchtet das von oben herabfallende Licht einer Straßenlaterne die Inschrift: TABACCHI. Es ist jetzt Ladenschlußzeit, und der Rolladen des Geschäfts ist fast bis zum Boden heruntergelassen.

Titta macht ein paar Schritte, bleibt stehen, sieht sich zögernd um und geht dann auf den Laden zu.

Tabakladen. Innen. Abend. Herbst.

Die Tabaccaia ist gerade dabei, einen Sack Salz von einer Ecke des Ladens in eine andere zu schleppen, wobei sich ihr weißer Riesenbusen vor Anstrengung keuchend hebt.

>   *Titta* (off): Ists erlaubt?

Sie stellt den Sack in einem Winkel ab und wendet sich unwillig zur Tür.

>   *Tabaccaia:* Es ist geschlossen.

Titta kriecht unter dem Rolladen durch, richtet sich auf, bleibt aber unentschlossen bei der Tür stehen.

>   *Titta:* Darf ich hereinkommen, Signorina? Guten Abend.
>   *Tabaccaia* (off): Was willst du?
>   *Titta:* Eine Nazionale.

Die Tabaccaia zögert noch einen Augenblick, während sie den Jungen anschaut, dann, ohne zu antworten, packt sie einen zweiten Sack.

Zugleich eilfertig und schüchtern kommt Titta, um ihr zu helfen.

Er packt die Sackränder, um ihn allein wegzuheben.

>   *Titta:* Kann ich Ihnen helfen, Signorina?

Das ›Riesenweib‹ schiebt den Jungen mit einer groben Bewegung beiseite.

>   *Tabaccaia:* Sei vernünftig! Das kannst du nicht!

Sie hebt den Sack in die Höhe, stellt ihn auf die Waage und beugt sich, um ihn zu wiegen, wobei sie ihr mächtiges Hinterteil vorstreckt.

Titta bleibt wie angewurzelt stehen. Er ist beleidigt und protestiert.

>   *Titta:* Und weshalb soll ich es nicht können? (von hinten) Ich kann auch achtzig Kilo heben. Einmal habe ich sogar meinen Vater auf den Arm genommen!
>   *Tabaccaia* (von hinten): Das ist ja zum Lachen!

Titta versteht nicht gleich, mit vor Verwirrung glänzenden Augen ist er in den Anblick des runden Hintern der Tabakverkäuferin vertieft.

Schließlich stottert er, ohne sich ablenken zu lassen:

>   *Titta:* Wieso denn nicht? Wieviel wiegen Sie?
>   *Tabaccaia* (off): Das weiß ich nicht!

Mitten im Raum stehend, riskiert Titta die Frage:

Titta (von hinten): Wollen Sie mal sehen, wie ich Sie hochhebe?

Tabaccaia (von hinten): Ah so?

Die Tabakverkäuferin richtet sich jetzt bei der Waage auf und geht, Titta völlig ignorierend, ohne Eile auf den Rolladen zu. Sie nimmt dabei ihre Schürze ab und wirft sie auf ein Tischchen.

Titta dagegen läßt sie keinen Augenblick aus den Augen. Mit einem harten Ruck schließt sie den Rolladen ganz, wendet sich dem Jungen zu, zieht ihr Jäckchen aus Angorawolle zurecht und stellt sich, die Hände in die Hüften stemmend, vor Titta auf.

Sie breitet die Arme aus, als stelle sie sich ihm vollkommen zur Verfügung, und sagt in einer Mischung aus Mißtrauen und Herablassung:

Tabaccaia: Dann wollen wir mal sehen.

Titta nimmt die Mütze ab und steckt sie in die Tasche, während er nicht sehr selbstgewiß bekräftigt:

Titta: Passen Sie auf . . . Ich hebe Sie wirklich hoch, ja!

Mit vor dem mächtigen Bauch verschränkten Händen erklärt die riesige Matrone nochmals:

Tabaccaia: Dann wollen wir mal sehen.

Titta bückt sich, umschlingt die Schenkel der Tabaccaia, hebt sie hoch.

Die Frau stößt spitze Schreie des Vergnügens und der Furcht aus. Tittas Arme umschlingen die Tabaccaia unterhalb des fleischigen Hinterns.

Das Gesicht des Jungen taucht schweißglänzend und erregt auf der einen Seite auf.

Tabaccaia (von hinten): Ah! Ah! Ich falle! Ah! Ah!

Titta (gluckst)

In der Luft schwebend, lacht die Tabaccaia und wehrt sich.

Tabaccaia: Ah! Ah! Dummkopf! Laß mich! Setz mich wieder ab!

Titta setzt seine nicht unbeträchtliche Last auf den Boden nieder und schnauft befriedigt.

Titta (von hinten): Ich habs geschafft!

Die Frau rückt ihren Busen zurecht und betrachtet den Burschen da vor sich mit ernster Miene.

Tabaccaia: Du bist aber stark!

Noch etwas außer Atem, aber geschmeichelt durch das Kompliment, macht Titta auf der Stelle den Vorschlag:

Titta: Haben Sie gesehen? Jetzt ... hebe ich Sie gleich noch einmal hoch.

Tabaccaia (von hinten): Das glaube ich nicht.

Titta: Aufgepaßt!

Der Junge bückt sich. Wir hören sein ersticktes Keuchen, als er sie hochhebt.

Als die Tabakverkäuferin wieder in der Luft schwebt, lacht sie vor Angst und Freude.

Titta (off, erstickte Laute): Mir ... ist das überhaupt nicht ...

Noch einmal das mächtige Gesäß der Frau.

Tabaccaia (von hinten, überlappend): So, jetzt reicht es aber! ...

Tittas gerötetes und von der Anstrengung verzerrtes Gesicht.

Der Junge stößt zwischen den Zähnen hervor:

Titta: Es ist überhaupt ... (er atmet schwer)

Mit geschlossenen Augen lacht die Tabakverkäuferin, es klingt wie Stöhnen.

Mit einem vor Anstrengung verzerrten Gesicht und Augen, die aus den Höhlen zu treten scheinen, besteht Titta eigensinnig darauf, dieser Fleischmasse Herr zu werden.

Tabaccaia (von hinten): Setz mich ab ... genug ...

Titta (überlappend): Seien Sie brav! (er atmet erschöpft)

Tabaccaia (von hinten): ... Genug! ...

Die Frau lacht jetzt nicht mehr, sie stöhnt nur noch, mit nach hinten geworfenem Kopf.

Der mächtige Hintern der Frau. Titta setzt die Tabakverkäuferin auf dem Boden ab, als tue er seinen letzten Atemzug. Plötzlich von irgendeinem orgiastischen Taumel erfaßt, schiebt er den Kopf unter die Achsel der üppigen Gestalt und hebt sie noch einmal hoch. Er seufzt vor Anstrengung wie ein Sterbender.

Der Widerstand der Frau wirkt einladend, mit gepreßter Stimme sagt sie:

Tabaccaia (von hinten): Ich habe dir doch nein gesagt! ... Idiot ...

Die Tabakverkäuferin hält in der rasenden Umarmung Tittas nur schwer das Gleichgewicht. Ihr Kopf schwankt wie von Sinnen hin und her und schlägt gegen die von der Decke hängende Lampe. Aber von grenzenloser Erregung gepackt, bemerkt sie es nicht. Mit geschlossenen Augen und dunkel gewordener Stimme flüstert sie bebend:

> *Tabaccaia:* ... Was machst du! ... Du läßt mich fallen ... Idiot ... Laß mich runter! ...
> *Titta* (off, überlappend): Sie haben mir ... schon immer gefallen ...

Aller Kraft beraubt, läßt Titta jetzt die Dicke heruntergleiten, während er in einem unverständlich gurgelnden Ton noch hinzufügt:

> *Titta* (überlappend): ... ich könnte ... sterben ...

Er taumelt und dreht sich um sich selbst wie ein Betrunkener, dann läßt er sich auf ein paar Salzsäcke fallen und atmet röchelnd.

Die Tabakverkäuferin atmet immer schwerer, während sie mit gepreßter Stimme hervorstößt:

> *Tabaccaia* (off): Du bist wirklich verrückt ... weißt du ... was ist nur mit mir passiert ... Mein Kopf ...

Auf die Säcke hingestreckt, den Rücken an die Wand gelehnt, murmelt Titta am Ende seiner Kräfte, aber befriedigt:

> *Titta:* ... Haben Sie gesehen? ... Wie oft ... ich es geschafft habe?! (gluckst)

Die noch immer schwankende Lampe wirft den gigantischen Schatten der Tabakverkäuferin, die immer atemloser keucht, an die Wand! Mit von sinnlicher Ekstase verzerrtem Gesicht streichelt sie sich selbst und drückt sich mit langsam kreisenden Bewegungen den Busen. Dann zieht sie eine enorme, nackte, weiße Brust aus der Jacke hervor. Ihre Seufzer sind jetzt zu kleinen Schreien der Begierde geworden.

Zugleich erschrocken und fasziniert ruft Titta aus:

> *Titta:* Ohhhh!
> *Tabaccaia* (off): Aber ja! ... Aber ja! mein Schätzchen ...

Die Tabakverkäuferin kommt näher, stützt ihr eines Knie auf einen Sack vor Titta, und packt den Jungen hinten am Genick:

> (on) ... Komm her ... auch du bist sehr lieb, weißt du!

Und bei diesem fast herausgeschrienen ›Weißt du‹ drückt sie brutal Tittas Gesicht gegen ihre gewaltige Titte. Titta erstickt fast unter so viel Fleisch, er kann nicht mehr atmen und klammert sich mit der einen Hand an dem mächtigen Busen fest.

Ohne ihren Griff am Nacken des Jungen zu lockern, streichelt die Tabakverkäuferin zärtlich sein Haar, dann drückt sie, vielmehr preßt sie, Tittas Kopf mit beiden Händen an sich und fleht:

> *Tabaccaia:* Ah! Ah! Mach mich wahnsinnig ... mach mich wahnsinnig, nur ein bißchen! ... Nur ein bißchen! ...
> *Titta* (überlappend, mit erstickter Stimme): Was ... was soll ich tun? ...
> *Tabaccaia:* Lutsche ... lutsche ...

Mit zurückgeworfenem Kopf, geschlossenen Augen und geöffneten Lippen stöhnt sie lustvoll.

In einem Moment des Dunkels, infolge des Schwankens der Lampe, sehen wir das Weiße ihrer Augen, die sie, der Agonie nahe, verdreht. Sie fleht:

> *Tabaccaia:* Ahh! Los! ... Ahhh! Ja! ... Ahh!

Titta hustet schmatzend. Das schweißbedeckte Gesicht des Jungen, der sich mit weitaufgerissenen Augen abmüht, drückt sich an die weiße Titte.

> *Titta* (Gurgeln, ersticktes Atmen)
> *Tabaccaia:* Ahh! Ahh! Ich gebe dir auch die da ... hier nimm! ... Ahh!

Die Tabakverkäuferin entblößt auch die andere Brust. Titta stürzt sich gierig nun auch auf diese und versucht die Brustwarze zu erfassen, was ihm aber nicht gelingt. Er öffnet und schließt den Mund, stöhnt, preßt gierig und ungeschickt den Kopf gegen diese Fleischmassen.

> *Titta* (schluchzende Laute)
> *Tabaccaia:* Aber was machst du denn? Du bläst ja ... Lutsche, Herzchen! ... Ahh! ...

Nach Atem ringend fragt Titta mit heiserer Stimme:

> *Titta* (überlappend): Ist es nicht gut so? ...
> *Tabaccaia:* Neeiein! ... Aber nein!

Kurz lustvoll aufschluchzend, beißt die Frau sich auf die Lippen, reißt die Augen auf und schließt sie wieder.

> *Titta* (off): So?!

Mit vollem Mund stößt Titta hervor:

> *Titta* (off): Liebste! ... Liebste! ...

Schweißgebadet sucht der Junge mit dem Mund die Brustwarze auf dem weißen Fleischberg.

> *Tabaccaia:* Du mußt saugen, du Idiot! Ah!

Titta vergräbt seinen Kopf zwischen den beiden enormen Brüsten.

... Was machst du denn da?! ... Ahhh!

Titta (überlappend, in einem kaum mehr verständlichen Röcheln): Ich bekomme keine Luft mehr!

Die Frau drückt den Kopf des Jungen gewaltsam an den Busen. Auf dem Sack sitzt jetzt die Tabakhändlerin neben Titta.

Titta: ... Ich krieg keine Luft mehr! ...

Mit einem unerwarteten Schubs schiebt die Frau den Jungen beiseite und sagt mit harter Stimme:

Tabaccaia: Laß mich in Ruhe! Geh, ich muß schließen.

Sie erhebt sich von dem Sack, auf dem Titta noch keuchend, halb erstickt sitzen bleibt, schiebt ihre Brüste gewandt wieder in die Wolljacke zurück und tritt an den Ladentisch. Hastig greift sie das Anfangsgespräch wieder auf, so als habe sie alles Geschehene bereits vergessen.

Tabaccaia: Was wolltest du? Eine Nazionale?

Nimmt eine Zigarette aus der Schachtel:

Da! Ich schenk sie dir.

Sie reicht sie Titta hin, der sich in der Zwischenzeit noch leicht schwankend erhoben hat und die Zigarette nimmt.

... Und nun hau ab!

Titta: Danke.

Mit würdevoller Miene bringt die Frau den Jungen zum Rollladen. Titta bückt sich, um ihn hochzuschieben, es gelingt ihm jedoch nicht.

Titta: Ich schaffe es nicht!

Die Tabakverkäuferin schiebt ihn brüsk beiseite.

Tabaccaia: Weg da!

Mühelos hebt sie den Laden.

Los, kriech durch!

Sie drängt den Jungen aus dem Laden.

Titta: Guten Abend ...

Seitengäßchen des Corso. Außen. Abend. Herbst.

Titta taucht im dunklen feuchten Gäßchen wieder auf, indem er unter dem Rolladen hindurch kriecht, den die Tabakverkäuferin gleich darauf mit einem harten Ruck schließt.

225

Vor dem geschlossenen Rolladen wiederholt der Junge, seine
Mütze in der Hand, betäubt:
　　Titta: Guten Abend.

Tittas Haus. Schlafzimmer. Innen. Tag. Winter.

Titta liegt krank im Bett. Er schwitzt, er hat Fieber. Nahe bei
ihm steht die Mutter, die sanft seinen Kopf anhebt und ihm
eine Tasse warme Milch an die Lippen führt.
　　Tittas Mutter: Los, trink, es tut dir gut.
Titta nimmt ein Schlückchen, protestiert aber gleich gereizt:
　　Ttita: Das ist glühendheiß, Mama!
　　Tittas Mutter: Aber nicht doch, das muß so sein.
Titta hustet, nimmt einen zweiten Schluck, läßt sich dann ins
Kissen fallen und klagt mit heiserer Stimme.
Mit lautlosen Bewegungen, um ihn nicht zu stören, stellt die
Mutter die Milchtasse auf die Kommode, schiebt die zuvor auf
die Stirn gerückte Brille herunter, glättet sich das Haar mit
beiden Händen und setzt sich wieder auf den Stuhl neben dem
Bett.
　　Titta (off): Au, au weh, Mama! . . .
Sie nimmt aus dem Arbeitskorb wieder die Socke, die sie stopfen
wollte. Tittas unruhige, nasale Stimme:
　　Titta (off, jammernd): Ah, ah! Hier ist eine Fliege, Mama!
　　Tittas Mutter: Wo ist eine Fliege?
　　Titta (off): Hier . . . nein da.
Tittas Mutter schiebt die Brille auf die Stirn und sieht sich ge-
duldig im Zimmer um.
Titta schließt die Augen und vergräbt sich unter seinen Decken.
　　Titta: Dies ist das einzige Haus, in dem es auch im Winter
　　Fliegen gibt!
Die Mutter hat sich wieder an das Stopfen des Strumpfes ge-
macht, den sie straff gespannt über das hölzerne Stopfei gezo-
gen hat.
　　Titta (off): Mama!
Die Mutter antwortet, ohne den Kopf von ihrer Arbeit zu he-
ben.
　　Tittas Mutter: Ja?
　　Titta (off): Wie ist das denn mit Vater und dir gewesen?

Tittas Mutter: Was gewesen?

Titta: Daß ihr euch begegnet seid, daß ihr euch gemocht und daß ihr euch dann geheiratet habt ...

Diesmal hört die Mutter zu nähen auf, schiebt wieder die Brille auf die Stirn und fragt gerührt:

Tittas Mutter: Aber was sind das für Geschichten?

Dann, mit einer nur schlecht von Verlegenheit überdeckten Zärtlichkeit, fängt sie an, sich der nun schon so weit entlegenen Dinge zu entsinnen:

... Wer erinnert sich schon noch daran! Du weißt ja, dein Vater gehört nicht zu denen, die viele Umstände machen. ... Er war damals Hilfsarbeiter in Saludecio und ...

Sie rückt die Brille wieder herunter und beginnt von neuem zu stopfen.

... und meine Leute, die etwas Geld hatten ... sahen ihn nicht sehr gerne ... Also ... Kurz und gut ... wir sind durchgebrannt, ohne irgendwas zu sagen ...

Sie lächelt bei dieser Erinnerung.

Ins Bett zurückgesunken, die Decke bis unters Kinn heraufgezogen, läßt Titta nicht locker.

Titta: Und der erste Kuß? Wann habt ihr euch den gegeben?

Die Mama lächelt tadelnd, um ihre Verlegenheit zu bemänteln.

Tittas Mutter: Mit was für Redensarten kommst du jetzt daher?

Dann aber erklärt sie doch eher amüsiert:

... Und dann weiß ich auch gar nicht, ob wir uns einen gegeben haben ... Das erste Mal, als wir uns sahen, hat er den Hut abgenommen und damit basta.

Titta hört schweißgebadet und zitternd zu.

Tittas Mutter (off): Das war das äußerste, was er fertigbrachte ... Weißt du, zu unserer Zeit wars nicht wie heute, wo sie alles mögliche anstellen!

Titta setzt sich plötzlich in seinem Bett auf und sagt weinerlich:

Titta: Ich stelle doch überhaupt nichts an, Mama!

Tittas Mutter (off): Bleib zugedeckt, verschwitzt wie du bist.

Die Mama tritt an das Bett und versucht Titta wieder hinzulegen. Sie hat ihm die eine Hand auf die Stirn gelegt, mit der anderen glättet sie die Bettdecke.

(on) Was willst du schon anstellen, wo du noch kurze Hosen trägst!

Fiebernd weint und stammelt Titta, als deliriere er.

Titta: Das ist es ja, daß ich kurze trage ... mach mir doch auch lange, der andere hat sie ja auch!

Tittas Mutter: Wer ist denn dieser andere?

Die Mutter wendet sich ab, um das Dienstmädchen zu rufen:

... Gina!

Das Zimmer mit der Kommode, an der die Mutter jetzt lehnt.

Tittas Mutter (von hinten): Gina!

Titta (off): Sie hat zu mir gesagt, ich soll ihr keine Liebesbriefe mehr schreiben, und ich habe gesagt: Warum? Darauf hat sie gesagt: Das ist meine Sache.

Die Tür geht auf, und es erscheint das Dienstmädchen.

Gina: Signora?

Tittas Mutter (von hinten): Nimm das Rad, fahr zum Doktor und sag ihm, er solle früher kommen.

Gina: Ja, Signora.

Nach kurzem Zögern setzt Gina noch hinzu:

Lassen Sie sich auch einmal anschauen, Sie haben mir neulich einen schönen Schreck eingejagt! ...

Die Mutter verabschiedet das Mädchen hastig und wendet sich wieder zum Bett.

Tittas Mutter (überlappend): Ja, schon gut. Geh nur, geh!

Sie stellt die Puderbüchse auf die Kommode, deckt Tittas Brust auf, nimmt die Puderquaste und trocknet vorsichtig die schweißbedeckte Brust des Jungen.

Während dieser ganzen Operation hört Titta nicht auf, seine eigenen Liebesprobleme leise weinend zu erörtern.

Die Mutter nickt verständnisvoll, interessiert sich aber nur für den Gesundheitszustand des Jungen.

Titta: ... Aber ich schicke ihr Liebesbriefe, wann es mir paßt, bitte!

... aus Afrika! Ich werde Arzt und gehe nach Afrika!

Tittas Mutter: Ja.

Titta: Das wird sie lehren!

Die Mutter deckt ihn wieder zu, legt die Puderquaste weg und entfernt sich.

Titta bleibt allein, dem Fieber und seinem Gefühl der Verzagtheit überlassen.

Kino ›Fulgor‹. Innen. Tag. Winter.

In dem von bläulichem Rauch durchzogenen Parkett sitzen
Tittas Freunde und sein kleiner Bruder. Mit auf die Leinwand
gebanntem Blick ahmen die Buben das Brüllen eines wilden
Tieres nach.
   Buben: Aaaahm!
Dann beginnen sie auf ihren Sitzen zu zappeln, als ein Tamtam
ertönt.
Das Parkett ist voll besetzt. Hinter dem Samtvorhang eines
der Notausgänge taucht Giudizio auf.
   Giudizio: Draußen schneit es! Es schneit!
Die Nachricht erzeugt Verwirrung. Tittas Freunde sind die er-
sten, die aufstehen und hinausstürmen.
   Naso (von hinten): Es schneit!
   Ciccio (von hinten): Es schneit!
   Oliva (von hinten): Es schneit! Es schneit, Ciccio!

Eingang des Kino ›Fulgor‹. Innen/Außen. Nachmittag. Winter.

Die Buben stürzen zum Ausgang, wo der Besitzer und die Kas-
siererin schon den fallenden Schnee bewundern.
Naso, der als erster erscheint, wendet sich zu seinen Gefährten
um und verkündet freudig:
   Naso (von hinten): Tatsächlich, es schneit!
   Oliva (von hinten): Naso, wir machen eine Rutsche, los!
   Ovo (von hinten): Sieh mal, wie das runterkommt!
   Freundin der Cordini (off): Aldina! Komm, sieh dir das
an!
   Die Cordini (off): O ja! Schön!

Corso des Ortes vor dem Kino. Außen. Tag. Winter.

Tittas Freunde, die sich im Kinoeingang drängen, blicken in
die Luft, während sie ihre Mäntel anziehen. Naso und Ovo
verschwinden plötzlich auf der Straße. Aldina Cordini befindet
sich in Begleitung einer Freundin. Sie blicken hinaus und lächeln staunend.

Freundin der Cordini: Sieh nur! Wie wundervoll!

Conte Poltavo mit der von ihm nicht wegzudenkenden Zigarette zwischen den Lippen drückt sich den Hut auf den Kopf
und vollführt mit dem Arm eine prophetische Geste, während
er in gehobener Stimmung ruft:

Conte Poltavo: Professor Fighetta, da!

Dann begibt er sich zu seinen Freunden zurück.

Die Luft ist erfüllt von einem dichten, leichten Flockenwirbel.
Auf der Schwelle des Kinos haben sich nun auch andere Zuschauer angesammelt, die ihre Neugier nicht länger bezähmen
konnten.

Vor dem Kino versuchen die Buben schon, die ersten Schneebälle zu machen.

Die Cordini: Fangt bloß nicht an, mit Schneebällen zu
schmeißen, ja!

Conte Poltavo: Wenn es so weiterschneit, gehen wir drei
Tage lang nicht zur Schule!

Ciccio: Seht nur die Berge da drüben, sie sind ganz weiß!

Naso: Kinder kommt, gehen wir uns den Schnee über dem
Meer ansehen.

Corso des Orts. Café ›Commercio‹. Außen. Tag. Winter.

Unter der Tür des Café ›Commercio‹ stehen die beiden Kellner,
Gigino Penna Bianca, mit dem Billardqueue in der Hand, und
Pataca. Alle beobachten schweigend das Fallen des Schnees. Pataca erhascht eine Schneeflocke im Fluge, zerreibt sie und kommentiert mit dem Pessimismus des Kenners.

Pataca: Was denn, das ist ja Matsch! Der bleibt nicht liegen!

Piazza del Comune. Außen. Tag. Winter.

Auf der Piazza del Comune, die schon mit weißen Flecken
übersät ist, stehen zwei Kutschen. Die beiden Kutscher kommen
schwatzend im Schnee daher. Madonna zieht seinem Pferd eine
Wachstuchkapuze über.

Madonna: Sag ihm, er soll uns mit seinem Dreck in Ruhe lassen!

Hof Palazzo Lovignano. Außen. Tag. Winter.

Der Conte di Lovignano streut Weizenkörner auf ein schwarzes Tuch, das mitten auf dem Hof ausgebreitet ist. Der Schnee hat bereits eine ziemlich dicke Decke gebildet.
Neben ihm steht ein Zimmermädchen mit einer Schürze voller Körner. Nachdem er seine Vorbereitungen getroffen hat, geht der Conte zum Hauseingang und schickt das Zimmermädchen und einen Diener fort, der, einen Sack über den Kopf gestülpt, am Rande des Hofes steht.
     Conte di Lovignano: Geh! Verschwindet, ihr Trottel!
Der Conte verbirgt sich hinter einer Säule des Eingangs. Hinter dem Pilaster kommt der Kopf des edlen Herrn zum Vorschein, der aufmerksam umherspäht. Dann zieht er den Kopf wieder zurück, und es erscheinen seine Hände, die mehrmals eine Lockpfeife für Spatzen betätigen.
Von einer Tür aus, die in den Hausflur führt, lugt das Zimmermädchen lächelnd herüber. Die gebrechliche Nonne steigt langsam die letzten Stufen der Freitreppe herunter. Sie hält den Arm mit der Schüttellähmung gegen die Brust gedrückt.
Das Zimmermädchen gibt ihr durch ein Zeichen zu verstehen, daß sie keinen Lärm machen und stehenbleiben soll.
     Zimmermädchen: Psst! Bleiben Sie stehen. Die Spatzen!...
Auf dem Hofe nähern sich ein paar kleine Spatzen hüpfend dem schwarzen Tuch, das der Schnee schon fast ganz mit einem weißen Überzug versehen hat.
An einem Fenster stehend, blickt die Contessina einen Augenblick hinunter in den Hof, starrt aber dann in den Schnee hinaus, während sie nervös mit undurchdringlicher Miene raucht.

Corso des Orts. Piazza delle Erbe. Außen. Gegen Abend. Winter.

Die Laternen auf dem Corso und der Piazza delle Erbe flammen auf und beleuchten den wirbelnden Schnee.

Das Profil der Fassade und der Dächer der Kirche bildet einen
dicken weißen Strich.

Corso des Orts. Café ›Commercio‹. Außen/Innen. Nacht. Winter.

Hinter der etwas beschlagenen Fensterscheibe entdecken wir
die Stammkunden des Café ›Commercio‹. An einem Tischchen
sitzend, beobachtet der Stutzer schweigend den Tanz der
Schneeflocken. Einer der Vitelloni tritt dicht ans Fenster und
blickt hinaus, während er das Billardqueue mit Kreide einreibt.

Piazza del Comune. Außen. Nacht. Winter.

Ein paar Schneeschipper mit Sackkapuzen sind an der Arbeit.
Die Piazza del Comune liegt unter dem Schneefall verlassen da.

Piazza delle Erbe. Außen. Nacht. Winter.

Es schneit noch immer. Das Licht kommt von unten und erhellt
schwach die Häuser der Piazza.
Unter den Arkaden verabschiedet sich der junge Kellner der
›Bar 2000‹ vom Padrone, der gerade den Rolladen herunter-
läßt.
 Junger Kellner: Gute Nacht!
Dann macht er sich auf den Weg und überquert den Platz mit
aufgespanntem Regenschirm. Giudizio ruft ihn von den Arka-
den her an:
 Giudizio: Warte! Ich komme mit!
 Junger Barkellner: Los, beeil dich!
Der heruntergekommene Nachtschwärmer schließt sich eilig
dem jungen Burschen unter dem Regenschirm an. Die beiden
entfernen sich.

Tittas Haus. Schlafzimmer. Innen/Außen. Nacht. Winter.

Im Nachthemd schaut Oliva aus dem Fenster. Er dreht sich zu
seinem Bruder um und ruft ihn.

Oliva: Titta! Titta! Sieh nur, was da runterkommt!
Öffnet auch noch den anderen Fensterladen. Titta schlägt die
Decken zurück, steigt aus dem Bett und stellt sich neben Oliva.
   Titta (von hinten): Machen wir auf! . . .
Die beiden Buben machen das Fenster weit auf und beobachten
das Wirbeln der Flocken, die einen Schleiervorhang bilden.
   . . . Schön! (lacht)
Titta lehnt sich hinaus, um so ein weißes Wattebäuschchen zu er-
haschen.
   Oliva: Ich auch! Ich auch!
Er reckt sich auf die Zehenspitzen, streckt den Arm aus, um
einige Flocken zu fangen.

Garten vor Tittas Haus. Außen. Morgengrauen. Winter.

Die geschlossenen Läden eines Fensters, vom Schnee verweht.
Sie öffnen sich. Tittas Vater klappt sie an die Wand. Der
Mann, im Wollpullover und mit dem Hut auf dem Kopf,
beobachtet den fallenden Schnee, schüttelt dann ärgerlich den
Kopf und schlägt mit der Faust auf das Fensterbrett.
   Tittas Vater: Immer noch kommt das Zeug herunter, mein
   Gott! Seit vier Tagen geht einem das jetzt auf die Ner-
   ven! So eine Schweinerei! . . .
Zieht sich zurück und schließt weiter brummend das Fenster.

*Platz mit dem Monument der Victoria. Außen. Morgengrauen.
Winter.*

Auf dem bronzenen Hinterteil der Victoria auf dem Gefalle-
nendenkmal hat sich ein kleines Schneepolster gebildet.

Piazza delle Erbe. Außen. Tag. Winter.

Die Sonne scheint. Es schneit nicht mehr.
Der Kopf des Advokaten ragt ein wenig über das Labyrinth
der Fußwege hinaus, die sich quer über die mit fast zwei Meter
hohem Schnee bedeckte Piazza delle Erbe ziehen.

Der Advokat winkt uns mit der Hand zu, glücklich, sich über diesen ungewöhnlichen Schneefall äußern zu können.

> *Advokat:* Dieses Jahr wird als das Jahr des großen Schneefalls in die Annalen eingehen. Wenn wir von der Eiszeit absehen . . .

Er hält einen Augenblick mit Reden inne und blickt nach rechts und nach links, argwöhnisch, als fürchte er die ungezogene Einmischung seines Gegners.

> . . . ist es das erste Mal, daß es in unserem Städtchen in solchem Übermaß geschneit hat: ein Meter fünfundneunzig . . .

Ein Schneeball fliegt durch die Luft und klatscht auf den Hut des Advokaten, der sich schleunigst etwas duckt.

Er zeigt sich wieder, jetzt ohne Hut und belächelt den harmlosen Scherz.

> . . . Das muß irgendeiner von den Buben gewesen sein, der da wars nicht . . .

Setzt den Hut wieder auf.

> . . . Wie ich also sagte, waren folgende Jahre außergewöhnlich schneereich: 1541, 1694, 1728, 1888, wo es – was nicht nur selten, sondern einzigartig ist – am 13. Juli geschneit hat!

Ein weiterer Schneeball klatscht dem Advokaten vorn aufs Gesicht und zerstiebt.

Der Advokat verschwindet von neuem.

Ein wütender Ansturm von Schneebällen erfolgt nun von allen Seiten.

Man sieht nur den Kopf der Gradisca mit dem roten Mützchen. Sie schreitet hinter der Schneemauer auf einem der Fußpfade entlang und begrüßt jemanden mit schelmisch lächelnder Miene.

> *Gradisca* (kleiner Seufzer)

Nun taucht sie an der Kreuzung zweier Pfade auf, und wir sehen sie in voller Gestalt.

Sie bleibt einen Augenblick stehen, um den Schnee von dem Absatz ihres einen Schuhs abzuschütteln, während aus dem Hintergrund Titta auftaucht. Er sieht sie.

Erregt und verwirrt bleibt er stehen, dann schlägt er eilig den parallel zu dem von der Gradisca verlaufenden Pfad ein, der die Piazza in vertikaler Richtung durchschneidet.

Die Gradisca geht hüftschwenkend und mit langen geschmeidigen Schritten auf die Piazza zu.

Titta erscheint an der Einmündung eines Weges, der den Platz horizontal durchschneidet, und folgt ihm bis dorthin, wo die Frau eben noch gewesen ist. Aber nun ist die Gradisca schon weitergegangen.

Bei dem Geräusch eines näher kommenden Motors drückt sich Titta dicht an die Schneewand.

Es ist Scurèza di Corpolò, der über die Lenkstange seines Motorrads gebeugt wie ein Irrer den engen Gehweg entlangrast und wieder verschwindet.

Titta macht eine verärgerte Bewegung.

Titta: Ach geh doch zum Teufel, du Arschloch!

Dann wendet er sich um und sucht die Gradisca mit seinem Blick.

Die rote Gestalt befindet sich hinten im weißen Laufgraben, biegt ab und verschwindet.

Unentschieden und ungeduldig springt Titta hierhin und dorthin. Er weiß nicht, welchen Weg er einschlagen soll. Inzwischen kommt pünktlich der scheppernde Zentaur zurück.

Titta wirft sich auf einen Schneehaufen. Scurèza di Corpolò rast mit Höchstgeschwindigkeit vorbei.

Titta steht wieder auf, bewegt sich planlos laufend, aber aufmerksam um sich schauend weiter, ist jedoch bereits etwas enttäuscht.

Platz vor der Kirche. Er kommt auf dem Vorplatz an, wo zwei große Gehwege sich vereinen.

Titta (von hinten): Wo ist denn . . .

Er dreht sich um und reckt sich auf die Zehenspitzen, um nach allen Seiten zu spähen, aber die Gradisca scheint sich in Luft aufgelöst zu haben. Im Laufschritt betritt er den Weg zur Rechten, bleibt aber plötzlich von neuem zögernd stehen, während seine Augen rings umherspähen.

Don Balosa ist auf den Vorplatz getreten, um ein wenig von dem Schnee wegzufegen. Er sieht den Buben, hört auf zu kehren und fragt ihn:

Don Balosa: Wie geht es deiner Mama?

Neben Don Balosa steht der kleine dicke Bettler des Orts. Titta dreht sich um, zieht seine Mütze und antwortet.

Titta: Es geht ihr jetzt besser . . .

(off) ... Sie ist noch im Spital, aber der Doktor hat gesagt, sie ist außer Gefahr.
Don Balosa drückt den Besen dem Bettler in die Hand, der mit dem Schneekehren fortfährt, nimmt den Hut ab und fährt sich mit dem Taschentuch über Kopf und Hals. Titta kommt ein paar Schritte näher heran.

Don Balosa: Das freut mich. Die Arme! Denk daran, sie von mir zu grüßen, wenn du sie besuchen gehst, ja?

Immer noch den Schweiß abtrocknend, geht Don Balosa in die Kirche zurück.

Titta (von hinten): Jawohl, danke schön.

Ohne mit dem Schneekehren aufzuhören, fügt der Bettler hinzu:

Bettler: Sie ist gut, deine Mama! Sie hat mir immer eine Suppe gegeben ...

Titta lächelt dem Bettler zu, wendet sich wieder zum Platz um, sieht sich noch einen Augenblick lang im Kreise um und macht sich dann in normalem Schritt, nachdem er seine Mütze wieder aufgesetzt hat, auf den Weg, begleitet von den Worten des Bettlers.

Bettler (off): ... oder ein Glas Wein ... Sie ist gütig ...

Die Piazza delle Erbe mit dem weißen Labyrinth der Gehwege.

Die Hände in die Manteltaschen vergraben, biegt Titta resignierten Schritts in den Pfad zur Linken ein.

Im gleichen Augenblick kommt die Gradisca in entgegengesetzter Richtung auf dem Parallelpfad daher. Sie ist nur wenige Schritte von ihm entfernt, doch Titta kann sie nicht sehen.

Korridor im Spital. Innen. Tag. Winter.

Eine geschlossene Tür mit der Nummer 12.
Titta und sein Vater bleiben vor der Tür stehen. Der Vater klopft zweimal kurz an.
Ein langgestreckter Korridor, in dem man ein paar Patienten in Krankenhauskleidung und in einem Winkel eine große Statue der heiligen Jungfrau sieht.
Der Vater und Titta stehen wartend vor der Tür.

Krankenzimmer im Spital. Innen. Tag. Winter.

Tittas Vater öffnet vorsichtig die Tür.

    Tittas Vater: Ists erlaubt?

Er tritt behutsam ein, als fürchte er zu stören, macht ein paar Schritte durch das Zimmer und grüßt zwei weitere Kranke in ihren Betten.

    Guten Tag.

Man hört das schwache Wimmern einer Patientin.

Der Mann bleibt mit dem Hut in der Hand stehen. Titta hält, noch unter der Tür, einen Nelkenstrauß fest mit der Hand umklammert.

Tittas Mutter schaut gerade aus dem Fenster, mit dem Morgenrock über dem Nachthemd, und hat den Besuch noch nicht bemerkt.

Titta ruft sie von der Tür aus an . . .

    Titta: Mama!

Kommt dann linkisch und aufgeregt angelaufen, bleibt jedoch neben dem Vater stehen.

    Tittas Vater: Ciao, Miranda!

    Titta (off): Wie geht es dir?

Miranda wendet den Blick vom Fenster weg, dreht sich um: sie ist blaß und sieht müde aus. Sie lächelt Titta leicht entgegen, er kommt näher an sie heran, küßt sie und gibt ihr die Nelken.

    Titta (von hinten): Ich hab dir Nelken mitgebracht.

    Tittas Mutter: Danke schön! Und wie geht es dir?

Die Frau tritt ein wenig vom Fenster zurück, um ihren näher kommenden Gatten zu begrüßen.

    . . . Ciao, Aurelio!

Sie betrachtet die Nelken.

    Oh, sind die schön! . . . Ich habe mich ein bißchen ans Fenster gestellt, aber jetzt geh ich wieder ins Bett, ach ja!

    Es geht mir heute ganz gut . . . Was für schöne Farben . . .

Sie spricht leise und nähert sich langsam dem Bett, von ihren Angehörigen gefolgt.

    Titta: Ist dir darin zu warm, Mama?

    Tittas Mutter: Danke . . .

    Titta: Ich lege ihn hierher, ja?

Titta nimmt der Mutter den Mantel von den Schultern und legt ihn auf einen Stuhl.

Tittas Mutter (von hinten): Habt ihr schon was gegessen?

Titta: Ja, o ja.

Tittas Vater (von hinten): Wir haben gegessen, ja.

Tittas Mutter setzt sich auf das Bett.

Sie schiebt unaufhörlich den Trauring, der ihr zu weit geworden ist, am Finger hin und her. Das tut sie mehrmals, ohne ein Wort zu sagen, den Blick nur auf ihre Hände gerichtet.

Titta steht vor ihr.

Der Vater betrachtet sie mit gerührten Blicken, dann schaut er den Sohn an.

Auf dem Bett sitzend, spielt die Mutter weiter mit dem Trauring.

Am Kopfende des Bettes, ihr gegenüber, stehen ihr Mann und ihr Sohn in traurigem, verlegenem Schweigen. Sie hebt den Kopf, sieht Titta an und fragt:

Tittas Mutter: Und du ärgerst den Vater immer noch, wie?

Titta: Der gibt mir immer Kopfnüsse, Mama! . . .

(off): Er macht noch so lange, bis ich verblöde! (lacht)

Der Vater versucht zu lächeln, wie um sich zu entschuldigen, fühlt sich aber unbehaglich und etwas ergriffen . . .

Patientin (off, jammert)

Er wirft einen kurzen Blick auf die beiden anderen Betten: eine Frau liegt unbeweglich unter den Decken und hält einen Napf vor ihren Mund. Eine schwarz gekleidete Besucherin sitzt neben dem zweiten Bett, aber die Kranke hat sich zur Wand gekehrt.

Der Mann sieht wieder weg und steht mit gesenktem Blick und einem Ausdruck nachdenklicher Betrübnis da. Dann wendet er sich um und tritt ans Fenster.

Tittas Vater (von hinten): Hier hinten ist ja ein hübsches Gärtchen, nicht wahr? Das habe ich gar nicht gewußt . . .

Er hebt einen Vorhang etwas.

. . . Bei dem Schnee sieht er aus wie mit Blüten bedeckt . . .

Titta und die Mutter sehen zum Fenster hin. Der Junge ruft freudig:

Titta: Mama, es schneit immer noch!

Tittas Vater (off): Ja, in gewissem Sinn hast du es gut, Miranda . . . Weil dies wirklich ein Wetter ist, bei dem man am besten im Bett bleibt.

Die Frau heißt ihren Sohn sich ihr gegenüber auf den Stuhl setzen, dann streichelt sie ihm liebevoll das Gesicht.

Der Vater läßt den Vorhang wieder fallen, wendet sich um und betrachtet Frau und Sohn.

> *Tittas Mutter* (off): Denn er ist müde, der Arme, wenn er am Abend nach Hause kommt ...

Die Mutter redet weiter liebevoll auf Titta ein:

> (on) ... er hat dann den ganzen Tag gearbeitet, da mußt du nett zu ihm sein, dir keine Widerreden erlauben, du bist doch jetzt auch schon ein junger Mann ...
>
> *Titta* (überlappend): Ja, ja, Mama, immer ... Du kannst ganz beruhigt sein, Mama.

Corso des Orts und Piazza del Comune. Außen. Tag. Winter.

Es schneit in großen Flocken, die von Böen aufgewirbelt werden. Auf der Piazza del Comune, neben dem von Eiszapfen eingefaßten Brunnen, beginnen ein paar Buben eine wütende Schneeballschlacht. Hier sind auch Titta und seine Freunde.

Aus dem Café ›Commercio‹ tritt die Gradisca, sie hat ihren weißen Friseur-Kittel an und ihre rote Mütze schief auf dem Kopf.

Ohne Eile überquert sie die Straße, als mache es ihr Vergnügen, sich in diesem weichen Flockenwirbel zu bewegen. Sie hat schon fast ihr Geschäft erreicht, als ein Schneeball sie trifft.

> *Stimme Patacas:* Kommt ein ...

Sie dreht sich lächelnd um ...

> *Gradisca:* Oh!

... und sieht Pataca an, der gerade ein zweites Geschoß vorbereitet und es nach ihr wirft.

> *Gradisca* (off): Du Blödian! Hör auf!
>
> *Pataca:* Kommt ein Vogel geflogen ...

Die Gradisca bückt sich, rafft etwas Schnee auf, preßt ihn mit den Händen zusammen und wirft einen Schneeball auf den Vitellone und schimpft lachend.

> *Gradisca* (lacht): Na, was für ein Dummkopf!

Pataca hebt den Arm, um sich zu schützen, dann bückt er sich und wirft mit aller Macht einen neuen Schneeball ...

Gradisca (off): Jetzt hör aber auf!

Pataca (lacht): Ein schwieriger Ball, Exzellenz! (lacht nochmals)

... der die Gradisca, die sich gerade bückt, um mehr Schnee aufzuheben, mitten auf den Hintern trifft.

Gradisca (von hinten): Oh!

Auf dem Platz wird die Schneeballschlacht mit erbittertem Eifer fortgesetzt.

Gradisca: Jetzt hab ich dich aber erwischt!

Ovo sieht die Gradisca und stößt eine Art von Kriegsruf aus.

Ovo: Die Gradisca!

Sofort lösen die Fronten sich auf.

Jetzt werfen die Buben mit aller Kraft Schneebälle auf das neue Ziel. Die schöne Friseuse dreht sich gebückt um sich selbst, um sich zu schützen.

Gradisca (von hinten): Und jetzt ... Nein! Nicht!

Titta trennt sich von Ciccio und Candela und eilt flehend herbei.

Titta: Nein! Nicht die Gradisca! Nein!

Der schöne Hintern der Gradisca wird gerade von einem mächtigen Schneeball getroffen.

Gradisca (von hinten): Was sind das für Dummheiten! Kunststück!

Die Frau richtet sich wieder auf, dreht sich um und rächt sich mit einem ebenso heftigen Wurf.

Gradisca (lacht)

Titta (off): Laß sie in Ruhe!

Die Gradisca ...

Der Schneeball klatscht auf Tittas Gesicht. Wieder und wieder von dem Geschoßregen getroffen, flüchtet die Gradisca sich lachend in das Friseurgeschäft.

Gradisca: Genug! Genug! Ich ergebe mich!

Aber deswegen geben die Buben nicht auf. Sie bücken sich wieder und bombardieren jetzt die Glastür des Friseursalons mit ihren Schneebällen. Der schnurrbärtige Friseur kommt schimpfend heraus.

Der schnurrbärtige Friseur: Wollt ihr, daß ich euch allen den Hals umdrehe? Wenn ihr mir eine Scheibe kaputt macht, dann aber ...

Gleich weicht er vor dem Geschoßhagel zurück.

Stimme: Du halbe Portion!

Pataca will gerade werfen, wird aber durch einen unerwarteten, seltsamen Schrei davon abgehalten, der oben aus der Luft kommt. Den Schneeball in der Hand, starrt er mit offenem Mund zum Himmel empor.

Pataca: Wer ist das?

Stimme: Ich hab ihn mitten ins Gesicht getroffen.

Da, jetzt hört man es wieder. Ovo richtet sich auf und schaut in die Luft. Auch Gigliozzi sucht den Himmel ab. Die Friseure erscheinen in der Tür ihres Geschäfts.

Ovo hat sich zu einem Buben in Wollmütze mit Ohrenklappen gestellt und fragt ihn, während er unentwegt weiter nach oben blickt, in etwas besorgtem Ton:

Ovo: Was kann das sein?

Junge mit Wollmütze: Weiß ich doch nicht!

Der Himmel ist voller weißer Pünktchen, die in der Luft um eine Straßenlaterne wirbeln.

Titta dreht sich rundherum, den Blick stets nach oben gewandt. Hinter ihm tun Ciccio und Candela das gleiche.

In diesem Augenblick kommt der Bettler vom Corso her: klein, rundlich und ganz schwarz; in all diesem blendenden Weiß wirkt er tatsächlich wie der geheimnisvolle Bote seltsamer Ereignisse. Mit seinem Stöckchen weist er auf einen Punkt in der Höhe.

Bettler: Schaut, schaut! Der Pfau des Conte! (im Dialekt)

Tatsächlich ist ein Vogel in der Luft erschienen, der mit ausgebreiteten Flügeln langsam auf die Mitte des Platzes zu fliegt. Pataca zeigt mit dem Arm nach oben.

Pataca: Da ist er! Da ist er ja!

Titta tut einen Schritt nach vorn, lächelt verzaubert und schiebt sich langsam die Mütze in die Stirn, um seine Augen vor den Schneeflocken zu schützen.

Der düstere Gigliozzi und ein rotgesichtiger Bursche starren zum Himmel empor.

Der schnurrbärtige Friseur spannt einen Schirm auf und tritt heraus auf die Piazza.

Pataca (off): Er kommt runter!

Die Gradisca verschwindet vom Fenster, läuft unter die Tür des Friseursalons und schaut mit unsicherer, faszinierter Scheu hinaus.

241

Man sieht lauter freudig erregte Gestalten im Schneetreiben versammelt, die alle unbeweglich beobachtend dastehen.

Pataca: Wollen wir ihn fangen, Kinder?

Auf dem Rand des Brunnens sitzend, öffnet ein prachtvoller Pfau den Fächer seines großen Rades.

Titta lächelt verwundert. Hinter ihm klatscht Pataca in einer Gebärde grenzenloser Bewunderung in die Hände.

Pataca: Donnerwetter, was für ein toller Bursche!

Hinter Pataca der kleine schwarze Gnom.

Der Pfau, sein mit blaugoldenen Augen bestirntes Rad, wie er erstaunt inmitten des Schnees steht, der unaufhörlich weiter niederfällt.

Tittas Haus. Schlafzimmer. Außen. Morgengrauen. Frühling.

Die Hausglocke schrillt. In dem dunklen, von einem durchs Fenster dringenden Lichtschein kaum erhellten Zimmer fährt Titta aus dem Schlaf hoch und lauscht.

Man hört eilige Schritte und ein Wispern an der Eingangstür. Titta setzt sich im Bett auf.

Garten und Straße vor Tittas Haus. Außen. Morgengrauen. Frühling.

Verschlafen und argwöhnisch läßt sich der Großvater von einem Verwandten zu einem Auto führen, das vor dem Hause steht. In dem Wagen erkennen wir die Umrisse einer anderen Person, die neben dem Fahrer sitzt.

Großvater: Aber ich verstehe überhaupt nichts ... Was ist passiert?

Verwandter: Ich erkläre es dir jetzt im Wagen, Onkel. Ist es recht?

Großvater: Aber warum im Wagen? Wohin fahren wir denn?

Verwandter: Ganz hier in der Nähe, Onkel. Auf das Gut der Zaira. Da ist ein Verwandter aus Amerika gekommen, der dich sehen will ...

Großvater: Aber wenn er mich sehen will ... weshalb ist

er dann nicht hierher gekommen? Und wer ist denn dieser
Verwandte?
Der Mann bemüht sich, dem Alten ins Auto zu helfen.
Dann steigt er selber ein.
Das Auto fährt ab.

*Garten und Straße vor Tittas Haus. Außen. Morgengrauen.
Frühling.*

Straße und Vorgarten von Tittas Haus im kalten Morgenlicht.
Die Gartentür steht halb offen. In einem Zimmer im ersten
Stock ist Licht.

Tittas Haus. Innen. Morgengrauen. Frühling.

Titta erscheint am Ende des Korridors in der Tür zu seinem
Zimmer: er ist im Nachthemd und trägt ein Netz über dem
Haar.
Überrascht erblickt er eine große dicke Bäuerin, die ganz in
Schwarz gehüllt an der Wand lehnt: er hat sie noch nie zuvor
gesehen. Verwirrt eilt er durch den Korridor und bleibt vor
der offenen Salontür stehen.
Auch hier sind unbekannte Personen: eine junge Frau – eine
Kusine – mit einem schwarzen Schleier trinkt ein Täßchen
Kaffee. Bei Tittas Erscheinen dreht sie sich um und wirft ihm
einen langen, mitleidigen Blick zu, worauf sie ihn begrüßt.
    Kusine: Ciao!
Eine ältere Frau, die ihre Nase in ein Taschentuch steckt, und
ein kleines Mädchen, das Plätzchen ißt, sitzen auf den Stühlen.
Wortlos blicken sie zu dem Jungen hin.
Titta grüßt mit einem zögernden Kopfnicken. Er ist verwirrt,
und es gelingt ihm nicht, sich darüber klarzuwerden, was wohl
geschehen ist.
Er wendet sich um und wirft einen Blick in die Küche.
Eine Frau mittleren Alters in Trauerkleidung sitzt mit kummer-
voller Miene am Tisch.

Gina weint, halb verborgen zwischen Anrichte und Herd. Ein kleiner Bub von sechs oder sieben Jahren spielt mit dem einen Flügel der Glastür. Dann dreht er sich um, stellt sich unmittelbar vor Titta auf und verkündet ihm aufgeregt:

Kleiner Bub: Die Tante ist gestorben.

Männerstimme: Titta!

Titta nähert sich einem korpulenten Mann von etwa fünfzig Jahren, der ihm auf dem Korridor entgegenkommt: es ist der Maurer, den wir schon mit Tittas Vater zusammen gesehen haben, ein Verwandter der Familie.

Der Junge sieht ihn mit einem erschreckten fragenden Ausdruck der Bestürzung an.

(Man hört leises Schluchzen)

Der Maurer legt seine kräftige Hand auf Tittas Schulter.

Maurer (von hinten): Kopf hoch! Nur Mut!

Er klopft ihm zweimal männlich-tröstend auf die Schulter.

Titta wendet den Kopf zur Seite und fängt zu weinen an.

Dann flüchtet er sich in das Schlafzimmer der Eltern und schließt die Tür hinter sich zu.

Maurer (off): Titta, nicht! . . .

Der Maurer geht zur Tür und rüttelt an der Klinke.

. . . Nicht so! Titta, mach auf! . . .

(off) . . . Mach auf!

Im Schlafzimmer der Eltern lehnt sich Titta mit Tränen in den Augen gegen die Tür. Er blickt zu Boden und schüttelt den Kopf. Dann stampft er mit dem Fuß auf den Boden und schreit, außer sich:

Titta: Nein! Nein! Ich mache nicht auf!

Er hebt den Kopf und sieht das leere, gemachte Bett. In der Mitte die Puppe im Spitzenkleid mit ausgestreckten Armen.

Chiesa dei Servi. Innen. Tag. Frühling.

Don Balosa schwenkt das Weihrauchfaß über den blumenbedeckten Sarg von Tittas Mutter. Zu Seiten des Katafalks flackern vier hohe Kerzen. Durch die Glasfenster sickert Tageslicht.

Ringsum steht alles schweigend da. Jetzt tritt der Priester vor die Bahre und beginnt mit dem De Profundis.

Titta, der Vater und zwei Verwandte neben der Bahre. Mit betrübtem, abwesendem Ausdruck sieht Titta jemanden an, der ihm gegenübersteht.

Der Vater, blaß und mit geröteten Augen, starrt auf den Sarg. Eine der beiden Frauen neben ihnen – es sind Schwestern der armen Miranda – weint mit schmerzlich verzogenem Gesicht. Auf der anderen Seite der Bahre, neben der dicken Bäuerin, wirft die junge Kusine Titta einen verschleierten, mitfühlenden Blick zu.

Titta, der Vater und zwei Verwandte.

Der Maurer mit dem gutmütigen Gesicht. Neben ihm andere Leute. Plötzlich stürzt im Halbdunkel ein Mann ohnmächtig zu Boden. Es ist Pataca.

Pataca (stöhnt)

Sofort beugen sich seine Freunde helfend über ihn. Es herrscht eine gewisse Verwirrung.

Erster Freund Patacas: Lallo!

Zweiter Freund Patacas: Lallo! Er ist in Ohnmacht gefallen! ...

Titta flüstert dem Vater ins Ohr:

Titta: Papa, sieh mal, dem Onkel ist nicht wohl!

Vater und Sohn drehen sich um und sehen hin.

Erster Freund Patacas: Luft, Luft, ins Freie! Helft mir, nimm du ihn bei den Beinen!

Dann murmelt der Maurermeister zwischen den Zähnen:

Tittas Vater: Tragt ihn doch gleich in die Hölle!

Vor der Bahre beschließt Don Balosa das Totengebet.

Don Balosa (off): In nomine Patris, et Filii, et Spiritus Sancti ...

Ministranten (off): Amen!

Titta und die beiden Tanten machen das Zeichen des Kreuzes. Der Junge wendet sich zu dem Vater, der es noch nicht gemacht hat.

Titta: Du mußt dich bekreuzigen, Papa.

Nach kurzem Zögern macht auch der Vater das Kreuzzeichen. Eine der Tanten hält mit unveränderter Trauermiene das Taschentuch vor den Mund.

Tante (weint)

Die Kirche. Im Hintergrund der in Weihrauchwolken gehüllte Katafalk. Die Leute in den beiden Bankreihen.

Flüchtig erkennen wir die lohende Mähne des Direktors Zeus, der sich umdreht und Tittas Freunde beobachtet. Auf den Boden fällt breit das Lichtrechteck der sich öffnenden Kirchentür. Das traurige Läuten der Totenglocke.
Der korpulente Maurer erhebt sich von der Bank, macht ein Zeichen und tritt dann, von drei Männern gefolgt, an die Bahre.

Chiesa dei Servi. Außen. Tag. Frühling.

Pataca sitzt bleich, mit geöffnetem Hemdkragen und verstörter Miene draußen vor der Kirche. Liebevoll betreuen ihn ein paar Freunde und Gigino Penna Bianca.
   Zweiter Freund Patacas: Wie geht es dir? . . . Lallo?
   Pataca: Besser!
Pataca sieht an der Mauer hinter sich die Todesanzeige mit dem in großer schwarzer Schrift lesbaren Namen: Miranda. Zärtlich streicht er mit dem Handrücken, in einer Geste etwas gesuchter Verzweiflung, darüber hin, dann fängt er wieder zu weinen an.
   Pataca: Mirandina! . . . (weint)
   Zweiter Freund Patacas: Komm, laß das, Kopf hoch!
Um ihn zu trösten, beugt sich einer der Vitelloni zu ihm herab und küßt ihn.
   Vitellone: (überlappend): Mut, Lallo! Nein, laß gut sein!
Pataca erhebt sich behutsam. Die Freunde drehen sich nach ihm um und sehen ihn an.
Der Sarg wird von vier Männern aus der Kirche getragen. Blumenkränze lehnen neben der Kirchentür an der Wand.
   (Die Totenglocke läutet.)
Von seinen Freunden umgeben, grüßt Pataca die Bahre mit einem kindlichen, hoffnungslosen Winken der Hand, dann läßt er von Schluchzen geschüttelt den Kopf auf die Schulter des Gefährten sinken.

Chiesa dei Servi. Innen/Außen. Tag. Frühling.

Tittas Vater begibt sich allein, den Hut zwischen beiden Händen haltend, auf den Kirchenausgang zu. In einer gewissen Entfernung folgt ihm die Gruppe der Verwandten. Neben den

beiden Bankreihen sieht man den Schuldirektor und Tittas
Kameraden.
Das schwarze Tuch hängt ausgebreitet wie ein Theatervorhang
vor der Tür. Im Gegenlicht stellen sich die schwarzen Gestalten
der Verwandten auf, um die Kirche zu verlassen.
Auf dem Kirchenvorplatz laden die Träger den Sarg auf den
Leichenwagen.

Chiesa dei Servi. Außen. Tag. Frühling.

Mit ungeduldigen kleinen Winken fordert Don Balosa den alten Geistlichen und die kreuztragenden Ministranten auf, vor
den Pferden des Leichenwagens, die schwarz und mit Federbüschen auf dem Kopf von einem Kutscher in Gehrock und
Zylinder gelenkt werden, Aufstellung zu nehmen.
> *Don Balosa:* Olindo, bring sie an ihren Platz. Wo sind die
> Waisenkinder?
Hinter der Seitenmauer der Kirche erscheint eine geordnete,
von Schwestern angeführte und geschlossene Zweierkolonne von
Waisenkindern.
Tittas Vater tritt hinter den Leichenwagen. Neben ihm ordnen
sich die Verwandten mit geröteten, hinter Taschentüchern ver-
borgenen Gesichtern ein.
Etwas abseits hält der Wagen des Kutschers Madonna. Unsicher nähert sich Titta der jungen Kusine, die in den Wagen
steigt. Er folgt ihr.
Die Kapelle beginnt zu spielen.
Don Balosa, der alte Geistliche und die Ministranten schreiten
hinter den Musikanten her, die sich in Richtung des Corsos bewegen.
> *Kapelle* (spielt): ›Una lacrima sulla tomba.‹ (Eine Träne
> auf dem Grab.)
Auch der Leichenwagen, hinter dem Tittas Vater, die Verwandten, das Dienstmädchen Gina, Tittas Freunde und die übrigen
hergehen, setzt sich in Bewegung.
Die geordnete Schar der Waisenkinder beschließt den Zug, der
in den Corso eingebogen ist.
Der Wagen des Kutschers Madonna wendet auf der Piazza.
Durch das Fenster erkennen wir Titta.

Von Titta durch das Wagenfenster gesehen, erkennen wir die Inhaber der Devotionalienhandlung: sie macht das Zeichen des Kreuzes, er nimmt die Mütze ab.

Ein Mann bleibt unbeweglich stehen.

Eine Frau begleitet ein Stück weit den Leichenzug. Ein Junge, der mit seinem Fahrrad angehalten hat, lüftet leicht den Hut. Giudizio erweist den römischen Gruß. Ein Mann, der sein Rad an der Hand führt, nimmt den Hut ab. Zwei Bäuerinnen bekreuzigen sich.

Im Innern des Wagens sieht Titta die ihm gegenübersitzende Kusine an mit einem Ausdruck, in dem Müdigkeit und traurige Verlassenheit sich mischen. Mit ihnen zusammen sind im Wagen noch drei kleine Vettern. Der Jüngste amüsiert sich damit, den anderen die Zunge herauszustrecken, und schubst das größere Mädchen.

Kusine: Hör auf damit. Blödian!

Titta beobachtet ihn einen Augenblick und lächelt dann ein bißchen. Darauf starrt er zu der jungen Kusine hinüber, die in stummer Versunkenheit vor sich hinblickt.

Friedhof des Ortes mit Bahnübergang. Außen. Tag. Frühling.

Alles hält vor der heruntergelassenen Schranke des Bahnübergangs. Jenseits der Eisenbahnlinie liegt der Friedhof. In der Luft hängt noch der Rauch des soeben entschwundenen Zuges.

Pfeifen der Lokomotive.

Die Schranke geht hoch, der Leichenzug setzt sich von neuem in Bewegung. Der Leichenwagen, an dessen Seiten die Kränze hängen, überquert die Geleise und fährt dicht an der Umfassungsmauer des Friedhofs entlang. Alle folgen ihm.

Tittas Haus. Innen. Tag. Frühling.

Das Haus liegt schweigend da. Im Korridor Titta und sein Bruder. Oliva lehnt mit gesenktem Kopf an der Mauer und tändelt mit dem einen Fuß. Titta kommt langsam näher, die Hände in den Taschen seiner Knickerbocker. Er bleibt an der Küchentür stehen und schaut hinein.

In der Küche sitzt der Vater auf seinem gewohnten Platz am leeren Tisch. Er sitzt schweigend und unbeweglich da und nimmt nur mit der Hand ein paar Brotkrümel auf, die er dann wieder verstreut. Unmerklich wendet er den Kopf, als habe er den Blick seines Sohnes gespürt.
Titta betrachtet schmerzlich berührt den betrübt dasitzenden Vater. Dann geht er an die Garderobe, nimmt seinen Mantel vom Kleiderhaken und verläßt das Haus.

Lungomare. Außen. Tag. Frühling.

Der Lungomare liegt verlassen da. Titta sitzt auf dem Mäuerchen und starrt aufs Meer.

Mole. Außen. Tag. Frühling.

Jetzt geht er an der Mole entlang. Er bleibt unbeweglich stehen und beobachtet die unendliche blaue Weite. Eine Wolke von Manine weht heran. Titta folgt mit den Blicken ihrem weichen Flug, dann wendet er sich zu uns, fängt eines dieser kleinen weißen wolligen Flöckchen und betrachtet es. Er blickt nach oben in das leuchtende Gestöber.
Es ist wieder Frühling.

Trattoria auf dem Land. Außen. Tag. Frühling.

Eine kahle Ebene, eine endlose Weite von Gestrüpp und Sand, die am Horizont mit der Leere eins zu werden scheint.
Das Meer sieht man nicht, aber der Wind und das Rauschen der Brandung lassen seine Nähe ahnen.
Ein Haufen Fahrräder lehnt an einem Pfahl. Etwas weiter entfernt sieht man zwei Automobile.
Neben einem großen Schild mit dem Bild einer Sirene und dem Namen des Gasthauses – AL PARADISO – der Tisch, an dem Titta und seine Freunde sitzen.
Außer dem der Buben ist noch ein zweiter Tisch unter einem Dach aus Rohrmatten hergerichtet.

Conte Poltavo: Reich mir den Arm, Naso!

Am Arm von Conte Poltavo, der seinen weichen Hut auf dem Kopf hat, mimt Naso mit seinem Freund einen grotesken Hochzeitszug: er selber ist, mit einer Serviette als Brautschleier auf dem Kopf, zwei ausgestopften Brüsten, einer Blume in der Hand und einem Tischtuch als Schleppe, als Braut verkleidet. Ovo trägt die Schleppe.

> *Naso:* Gestatten Sie! Gestatten Sie! Mir wird vor Aufregung schon die Milch sauer.
>
> *Ciccio* (lacht)

Die drei Buben begeben sich zu einem dritten Mitteltisch, der ebenfalls unter dem Dach aus Rohrmatten aufgestellt ist.

Auf einer kleinen Bank liegt ausgestreckt ein betrunkener Gast. Die Frau fächelt ihm mit seinem Hut Luft zu.

Ciccio steht auf und läuft zu seinen Freunden.

> *Stadtschreiber* (im Hintergrund): Ich erhebe mein Glas auf das Brautpaar ... mit Heu und Stroh[1] sage ich ...

Auf der langen Tafel stehen viele Flaschen und Gläser. Im Mittelpunkt der Hochzeitskuchen mit dem Brautpaar aus Zucker. Es ist das Hochzeitsmahl der Gradisca.

Umgeben von Verwandten und Bekannten – Leuten aus dem Ort, die auch wir schon kennen – sitzt die Gradisca in langem, weißem Kleid neben dem Bräutigam, einem Carabiniere mit schwammigem weichem Gesicht.

Der Augenblick für die Trinksprüche ist gekommen. Der Stadtschreiber, sein Gesicht röter glühend und grinsender denn je, steht mit dem erhobenen Glas in der Hand da und schließt:

> ... seid glücklich in Battipaglia (lacht) ...

Alle klatschen Beifall. Die Gradisca ist gerührt, sie wischt sich eine Träne ab. Der Stadtschreiber nähert sich ihr, um ihr einen Kuß zu geben.

> ... Komm Gradisca, du kriegst ein Küßchen ...

Dann küßt er den Bräutigam:

> ... und du auch!

Sie stoßen miteinander an.

Nun naht das närrisch verkleidete Hochzeitspaar. Naso schwänzelt am Arm des Conte Poltavo hin und her, Ovo trägt die Schleppe.

---

[1] ›con fieno e con la paglia‹, unübersetzbare Anspielung auf die Stadt ›Battipaglia‹ (Strohdreschen), den neuen Wohnort der Gradisca.

250

Sie ziehen vor der Hochzeitstafel vorbei und wiederholen mehrmals...

>   *Naso und Conte Poltavo:* Die Gradisca heiratet und geht fort! Die Gradisca heiratet und geht fort! Die Gradisca heiratet und geht fort!

Die Gäste wenden sich zu den Buben um und applaudieren vergnügt.

>   *Naso* (off): Wir wollen dir sagen, wir haben dich zwar so manches Mal geärgert...

Die sich bereits auflösende Hochzeitsgesellschaft hat sich wieder zusammengefunden. Im Namen seiner Gefährten entbietet Naso der Gradisca einen liebevollen und von Wehmut erfüllten Gruß.

>   *Naso:* ... Jetzt aber, wo du fortgehst, tut es uns sehr leid, weißt du!
>
>   *Ovo:* Es ist wahr, Gradisca! Es stimmt!

Die Tischgenossen klatschen von neuem Beifall.

Naso, mit der Blume in der Hand, streckt sein enormes ausgestopftes Hinterteil vor und schließt, den Hintern auf Gradisca-Art hin und her schwenkend, mit den Worten:

>   *Naso:* Du wirst uns sehr fehlen!

Die Gradisca, der Bräutigam, Don Balosa und auf der anderen Seite des Tisches die jüngere Schwester mit Ronald Colman applaudieren zustimmend.

Die Gradisca wirft den Buben mit beiden Händen schmatzend eine Kußhand zu.

>   (Beifall)
>
>   *Makler:* Reden ist Silber, Schweigen ist Gold; hundert Jahre sei das Eheglück euch hold!

Ein Kellner hilft dem Blinden von Cantarel, sich auf einen Stuhl auf der großen freien Fläche vor dem Tisch zu setzen. Auf den Fersen hockend beobachtet Ciccio den Vorgang.

>   *Kellner:* Setzen Sie sich hierher! Bleiben Sie ruhig hier, hinterher bringe ich Ihnen von dem Fleisch! ... So!
>
>   *Der Blinde von Cantarel:* Wo ist die Braut?

Der Kellner zeigt mit dem Arm hin, vor allem aber erklärt er:

>   *Kellner:* Da vor Ihnen.

Man hört den traurigen Klang der Ziehharmonika. Jetzt ist es an dem Besitzer des ›Fulgor‹, den Trinkspruch auszubringen. Stehend, das Glas zur Braut erhoben, sagt er:

Kinobesitzer: Unsere Gradisca verläßt uns, sie geht fort, weil sie ihren Gary Cooper gefunden hat. Mein Gott, Gary Cooper ist zwar ein Cowboy, und Matteo ein Carabiniere, aber Liebe bleibt Liebe. Viel Glück, Gradisca! Good luck!...

Die Gradisca ist von neuem – vielleicht im Gedanken an Gary Cooper – gerührt. Ihr Bräutigam tröstet sie hingebungsvoll. Händeklatschen, Lachen, vergnügte Zurufe antworten auf die Ansprache Ronald Colmans.

(off): ... Es lebe das Brautpaar!

Don Balosa (off): Mein liebes Brautpaar, ihr habt heute euren schönen Liebestraum gekrönt, aber ihr habt auch eine freudvolle Pflicht zu erfüllen, nämlich viele Kinder zu zeugen!

Immer noch als Braut verkleidet, nähert Naso sich dem Blinden von Cantarel, der wie gewöhnlich den Oberkörper wild im Takt der Musik bewegt. Er kitzelt ihn im Gesicht mit der Blume. Der Blinde teilt in ohnmächtiger hysterischer Wut Fußtritte aus. Naso macht einen Sprung rückwärts, und Ciccio lacht.

Der Blinde von Cantarel: Verdammter Scheißhaufen! Ich schlag dich zu Brei!

Naso: Schau mal, wie der in die Luft geht!

Am Tisch beendet jetzt Don Balosa möglichst schnell seine Rede:

Don Balosa: ... für eure Familie, für die Kirche und für das Vaterland!

(Beifall.)

Dann stößt er mit dem Bräutigam an, hebt sein Glas in Richtung aller Gäste und setzt sich.

(Weiterer freudiger Beifall.)

Die Gradisca weint in ihre Serviette hinein, ihr Ehemann tröstet sie.

Jetzt ist die Reihe an der Tabaccaia, die sich erhebt, um einen weiteren Trinkspruch auszubringen.

Tabaccaia: Jetzt, wo wir alle zusammen sind, stoßen wir noch einmal an, bevor wir auseinandergehen. Die Gradisca soll leben!

Unter Gläsergeklirr und Hochrufen nimmt die busengewaltige Dame wieder Platz.

Die Tafel im Schatten der Rohrmatten, die unordentlich von den Stützen herabhängen und nur noch kümmerlichen Schutz bieten.

Der Blinde von Cantarel spielt weiter. Der Photograph kommt gelaufen und stellt sein Stativ neben dem Hochzeitstisch auf.

> *Photograph:* Hier bin ich! Aufnahme! Jetzt machen wir eine Photographie, die alles in den Schatten stellt!
>
> (off) Alle dorthin! Alle hinter die Braut! . . .

Gradiscas kleinere Schwester, Ronald Colman und die andere Schwester stehen auf, um sich in Pose zu stellen.

Die Gradisca macht sich sofort Sorgen über ihr Aussehen, läßt sich von der kleinen Schwester die Handtasche reichen, um sich im Spiegel prüfend zu betrachten.

> *Gradisca:* Den Spiegel, Marina! Gib schon!

Die Gäste gehen um den Tisch herum, um sich neben dem Brautpaar zu gruppieren.

> *Photograph* (off): Donnerwetter, jetzt machen wir eine tolle Photographie! Wie schön unsere Ninola ist! Aber was machst du denn? Du weinst? Spinnst du?
>
> *Gradisca:* Nein! Ich weine nicht mehr!

Der Photograph kontrolliert den Bildausschnitt mit dem Kopf unter dem schwarzen Tuch. Hinter ihm spielt Naso den Clown: er winkt mit der Hand und schiebt seinen gewaltigen künstlichen Busen zurecht. Der Photograph kommt unter dem Tuch hervor und gibt Anweisungen.

> *Photograph:* Ja, so, aber enger zusammen. Der Carabiniere da, ein bißchen mehr nach hinten.

Ovo nimmt seinen Platz beim Objektiv ein.

> *Ovo:* Gradisca! Gradisca! Schau, das Vögelchen!
>
> *Photograph:* Verschwindet! (Zu den Buben gewendet) Du da, du stehst im Licht!

Alle posieren für die Photographie. Das Brautpaar und Don Balosa sitzen am Tisch. Hinter ihnen die Gruppe der Familienangehörigen und Freunde.

> *Photograph:* So bleiben! Keine Gesichter schneiden! . . .
>
> *Kinobesitzer:* He, es regnet! Mach schnell!

Der Photograph beugt sich mit dem Auslöser in der Hand hinunter, um auf den richtigen Moment zu warten.

Die Buben äffen ihn nach.

Photograph: Lächeln! Asabasiv! Asabasiv!

Er knipst.

So!

Kinobesitzer (off): Bravo!

Photograph: Wir machen noch eine.

Unter ihrem Schleier verborgen schluchzt die Gradisca auf, während die anderen klatschen. Alle trösten sie.

Gradiscas Mann: Ninola, mein Frauchen, hör doch auf zu weinen, ja?

Kinobesitzer: Komm, laß dich umarmen!

Der Besitzer des Café ›Commercio‹, der schon betrunken ist, will sich von der Braut verabschieden: er bahnt sich einen Weg durch die Gruppe, fällt auf den Tisch und landet schließlich auf ihren Knien. Ronald Colman versucht, ihn an einem Arm fortzuziehen, aber der Mann will keine Vernunft annehmen und umarmt und küßt die Gradisca hitzig.

Café-Inhaber: Gestatten! Gestatten! Ich will sie auch umarmen! Oh!

Kinobesitzer: Was machst denn du da? Du fällst ihr ja noch in den Schoß, du Saufbruder! Hau bloß ab, verschwinde!

Gradisca: Danke! Danke!

Alle lachen und klatschen in die Hände.

Der Blinde von Cantarel spielt weiter auf seiner Ziehharmonika, hin und her geworfen von der Macht der Inspiration.

Photograph: Hier drunter ist es zu dunkel! Gehen wir in die Sonne! Kommt alle hier raus! Mir nach! Stellen wir uns dorthin! Bildet eine schöne Gruppe! ... Die Braut in der Mitte und der Carabiniere dort ...

Das Brautpaar und die Gäste verlassen die Tafel, um eine Photographie in der Düne zu machen.

... (off) Wie heißt er gleich, warum vergeß ich das immer! ... Aha ja, Matteo ... Matteo, leg deinen Arm um die Gradisca ...

Der Tisch ist jetzt halbleer. Don Balosa plaudert noch mit dem Makler.

Don Balosa: ... er kann transportiert werden, aber dann muß er drei Tage Ruhe haben – jeder Wein, auch der Sangiovese!

Makler: Ist er denn ganz trüb geworden?

Eine der Eingeladenen zieht ihre Schuhe wieder an. Calcinaccio, der dichtende Maurer, steht auf, nimmt die Melone vom Kopf, das Glas in die Hand und sagt:

Calcinaccio (überlappend): Ich habe wieder ein Gedicht gemacht, es geht so: Auch wenn die Welt voll schöner Dinge ist ... auch wenn die Welt voll schöner Dinge ist ... Unds viele Orte gibt, die schöner dich bedünken als das Städtchen ...

Wenn die Sonne sinkt und der Abend kommt, sitzt du auf einem Stuhle wer weiß wo ... Dann wird ganz sacht in deinem Kopf das Städtchen hier zum schönsten Ort der Welt ...

Etwas weiter im Gestrüpp spielen Kinder Fangen.

Der Photograph bereitet das Gruppenbild mit dem Brautpaar vor. An den Tischen wird angestoßen.

Stimmen der Gäste: Hoch das Brautpaar! Sie sollen leben!

Es fängt zu regnen an. Das plötzliche Prasseln zerstreut die Gruppe.

Stimmen der Gäste: Es fängt zu regnen an! Es regnet! Es regnet!

Photograph: Bleibt alle so stehen! Still stehen! Das geht gleich vorbei! Es ist nur ein kleiner Schauer, der gleich vorbei ist!

Alle flüchten sich unter das Rohrmattendach.

Madonna: Hoch das Brautpaar! Hoch! Duilio, ich fahr nach Hause!

Der Blinde von Cantarel sitzt verlassen im Regen. Er beugt sich über seine Ziehharmonika, um sie vor dem Regen zu schützen. Wütend stampft er immer wieder mit den Füßen auf und brüllt.

Der Blinde von Cantarel: Oh! Oh! Oh! Es regnet! Es regnet! Es regnet! ...

Naso, noch immer mit dem wehenden Schleier und dem künstlichen Busen, geht zum Blinden.

Naso: Ein bißchen Wasser tut dir schon gut, auf diese Weise wirst du mal gewaschen!

Der Blinde von Cantarel: Du Hurensohn, du!

Er faßt ihn bei einem Arm und zieht ihn hoch.

Naso: Steh auf! ...

Es hört so plötzlich auf zu regnen, wie es angefangen hat.

Naso stößt den Blinden derb auf seinen Stuhl zurück, als sei er ein zappelnder Kasper.

> ... Es regnet nicht mehr! Es ist schön, der Regen ist schon vorbei. Los, stellt euch auf! Gradisca, stell dich an deinen Platz!

Unter dem zerzausten Dach feiern Verwandte und Freunde weiter und jubeln der Gradisca zu.

> *Kinobesitzer:* Braut im Regen bringt ihr Segen.
>
> *Ein Gast:* Es ist aber das gleiche Meer, Ninola, das sich da streckt, sozusagen ...
>
> (off) ... von hier bis Battipaglia, und deshalb: ›Viva l'Italia!‹

Der Bräutigam in seiner Uniform, die Handschuhe und den federgeschmückten Hut an die Brust gedrückt, steht stramm. Unendliche Befriedigung liegt auf seinem großen Kindergesicht. Er wirft der Braut eine Kußhand zu und ruft:

> *Gradiscas Mann:* Viva l'Italia!
>
> *Alle:* Viva l'Italia!

Abseits das breite Lächeln Ronald Colmans und das selbstvergessene Taumeln des Café-Inhabers.

Mit Tränen im Gesicht lacht, weint und bedankt sich die Gradisca.

> *Gradisca:* Danke! Danke!

Der Inhaber des Café ›Commercio‹ starrt beharrlich die eine Schulter Ronald Colmans an, der immer noch lächelt.

Der halbleere Tisch. Don Balosa und der Makler unterhalten sich noch und gießen sich zu trinken ein. Die Tochter des Stadtschreibers, eine schwarz gekleidete Bohnenstange, verabschiedet sich vom Vater und verläßt die Gesellschaft.

> *Stadtschreiberstochter:* Auf Wiedersehen, Vater! Auf Wiedersehen!

Calcinaccio beendet den Vortrag seines der Braut gewidmeten Gedichts.

> *Calcinaccio:* ... wie hältst dus aus, wie hältst dus aus vom Städtchen fern zu sein!

Auch am anderen Tisch beginnen die Gäste aufzubrechen. Biscein, über dem schmierigen Wollpullover eine Schürze, die er hinter dem Hals festgebunden hat, kommt mit der Mütze auf dem Kopf auf uns zu.

Er winkt zum Abschied mit beiden Händen und kehrt dann

betrunken schwankend und immer noch winkend unter das Dach
zurück. Manine wirbeln im Wind.

>*Biscein:* Ich grüße euch! Geht nach Hause. Ich grüße euch!
>Biscein verabschiedet sich! Auf Wiedersehen! Addio!
>Bleibt gesund!

Am Tisch sitzend, vertraut Giudizio uns an:

>*Giudizio:* Ich habe vier Suppen, zwei Hühner, drei Meter
>Wurst und eine Kerze verdrückt!

Zwei Frauen fangen miteinander zu tanzen an.
Der Stadtschreiber fordert eine Dame zum Tanz auf.

>*Stadtschreiber:* Rina, komm her! Ich tanze Walzer besser
>als Ginger Rogers!

>*Madonna* (off): Duilio, du Rindvieh, bist du taub?

Am Tisch sitzt unter dem offenen Regenschirm ein exzentri-
scher Typ und deklamiert irgend etwas.
Titta hat einen Schwips, lacht, breitet die Arme aus und ruft
laut den Freunden zu:

>*Titta:* Naso! Naso, ich geh nach Hause!

Ein paar Kutschen wenden auf der sandigen Wiese und entfernen sich. Titta läuft laut rufend hinter ihnen her.

>*Titta:* Wart auf mich! ... Wart auf mich! Ich fahr mit
>dir! ... Wart doch auf mich, du Arschloch! ...

Der Blinde von Cantarel windet sich auf seinem Stuhl und
quetscht aus der Ziehharmonika schrille Mißtöne.
Nur ein am Boden ausgestreckt liegender Hund hört ihm träg
und unbeweglich zu.
Zwei Männer entfernen sich auf der Landstraße, der eine von
ihnen dreht sich um und schwenkt zum Abschied den Hut.
Der Carabiniere läuft auf ein Auto zu, die Gradisca mit wehen-
dem Schleier und Kleid an der Hand führend.

>*Gradisca* (lacht)

Der Fahrer empfängt das Paar begeistert klatschend. Der
Gatte öffnet die Wagentür und legt Hut und Handschuhe hin-
ein.
Die Gradisca dreht sich um, macht ein paar Schritte und wirft
den andern eine Kußhand zu.
Der Bräutigam faßt seine Frau bei der Hand und steigt in den
Wagen, indem er sie hinter sich herzieht.
Die Gradisca befreit sich von dem festen Griff, wirft den Blu-
menstrauß in die Wiese und verabschiedet sich weinend.

Gradisca: Die Blumen! Warte, die Blumen! ... Addio!
Ich habe euch alle so gern! (weint)
Der Carabiniere bemächtigt sich wieder der Hand Gradiscas,
die sich widerstrebend in den Wagen zerren läßt.
Ein paar Nachzügler hocken noch immer am Tisch. Die
Freunde Tittas sitzen auf der Wiese.

Ovo: Die Gradisca geht fort!
Der schnurrbärtige Friseur und eine Frau hören auf zu tanzen.

Frau: Sie fährt ab! Addio! Addio!
Der Friseur nimmt den Hut ab und schwenkt ihn in der Luft.

Schnurrbärtiger Friseur: Gradisca, auf Wiedersehen!
Tittas Freunde laufen zum Wagen.

Männerstimme: Addio, Gradisca! Addio!
Der Wagen des Paars fährt ab und rollt über den Feldweg davon. Aus dem Fenster winkt der Arm der Gradisca noch lange
mit einem Taschentuch.
Tittas Freunde und zwei andere Gäste folgen dem Wagen noch
ein Stück auf der Straße und winken.

Ovo: Addio Gradisca! Addio! Addio Gradisca!

Ciccio: Gradisca! Addio Gradisca! Addio!
Ein kleines Mädchen hebt das Bukett auf, das die Gradisca
weggeworfen hat, und läuft auf eine Freundin zu.

Mädchen: Iole, sieh mal!
Der Wagen ist nicht mehr zu sehen. Die Buben winken zögernd ein letztes Mal, dann laufen sie scherzend und lachend
zurück.

Ovo: Die Manine!

Naso: Das Zeug gehört mir!

Ciccio (lacht)
Auch die beiden Gäste kommen plaudernd auf der Straße zurück. Einer bückt sich, um sich den Schuh zu binden. Der andere gibt einem dicken Mann, der in Begleitung einer Frau mit
dem Rad nach Hause fährt, einen scherzhaften Klaps auf den
Hut.

Radfahrer: Schuft!
Tittas Freunde kehren auf die Wiese zurück.

Naso: Titta! Wohin ist Titta denn gegangen?

Ciccio: Titta ist fortgegangen. Er ist schon eine ganze
Weile fort.

Gigliozzi: Naso, wie spät ist es denn?

Naso: Zeit, daß du einen reinkriegst!

Ein Junge: Naso! Naso! Gehen wir im Hafen fischen?

Ciccio setzt sich ermüdet auf eine Bank.

Ciccio: Wer bringt mich nach Hause? Mein Fahrrad hat einen Platten!

Naso fängt noch einmal an, den Blinden von Cantarel zu ärgern, der, ohne zu spielen aufzuhören, sich mit wütenden Fußtritten verteidigt.

Der Blinde von Cantarel (im Dialekt): Wer ist denn dieses feige Aas?! Hundsfott! Den Hals umdrehn sollte man dir!

Dann vergnügt Naso sich damit, Manine einzufangen.

Ein Betrunkener sitzt auf einer kleinen Bank und dirigiert mit steifen, langsamen Bewegungen ein imaginäres Orchester.

Ein Paar tanzt immer noch.

In trübem, grauem Licht sitzen noch die letzten Gäste unter den windzerfetzten Rohrmattendächern.

Die Luft ist erfüllt vom Wehen des Windes, dem Rauschen der Brandung und den Klängen der Ziehharmonika.

Es wird Abend.

Der Film in 62 Bildern

Amarcord
1973

Produzent:	Franco Cristaldi (P.I.C. S.p.A.)
Verleih:	Dear International/Warner Brothers
Regie:	Federico Fellini
Idee und Drehbuch:	Federico Fellini, Tonino Guerra
Bildregie:	Giuseppe Rotunno
Kamera:	Giuseppe Maccari
	Massimo di Venanzo, Roberto Aristarco
Regieassistenz:	Maurizio Mein
	Liliana Betti, Gerald Morin
Script girl:	Norma Giacchero
Dekor und Kostüme:	Danilo Donati
Musik:	Nino Rota
Schnitt:	Ruggero Mastroianni
Produktionsleiter:	Lamberto Pippia
Produktionssekretär:	Nestore Baratella
Special effects:	Adriano Pischiutta
Masken:	Rino Carboni
Frisuren:	Amalia Paoletti

Darsteller:

Tittas Mutter	Pupella Maggio
Tittas Vater	Armando Brancia
Titta	Bruno Zanin
Oliva	Stefano Proietti
Großvater	Peppino Ianigro
Pataca	Nando Orfei
Dienstmädchen	Carla Mora
Der verrückte Onkel	Ciccio Ingrassia
Gradisca	Magali Noël
Advokat	Luigi Rossi
Tabaccaia	Maria Antonietta Beluzzi
Volpina	Josiane Tanzilli
Biscein	Gennaro Ombra
Don Balosa	Gianfilippo Carcano
Giudizio	Aristide Caporale
Gerarca	Ferruccio Brembilla
Conte di Lovignano	Antonino Faa' di Bruno
Conte Poltavo	Gianfranco Marrocco
Naso	Alvaro Vitali
Ovo	Bruno Scagnetti

Gigliozzi	Bruno Lenzi
Ciccio	Fernando de Felice
Candela	Francesco Vona
Aldina Cordini	Donatella Gambini
Direktor Zeus	Franco Magno
Philosophieprofessor	Mauro Misul
Professor Fighetta	Armando Villella
Mathematikprofessorin	Dina Adorni
Physikprofessor	Francesco Maselli
Italienischprofessor	Mario Silvestri
Professorin für	
Kunstgeschichte	Fides Stagni
Turnlehrer	Marcello Bonini Olas
Der Blinde von	
Cantarel	Domenico Pertica
Kutscher Madonna	Fausto Signoretti
Colonia	Fredo Pistoni
Stadtschreiber	Mario Nebolini
Bettler	Vincenzo Caldarola
Fulgor-Besitzer	Mario Liberati
Gradiscaschwester	Fiorella Magalotti
Kleine	
Gradiscaschwester	Marina Trovalusci
Photograph	Milo Mario
Federale	Antonio Spaccatini
Bräutigam von	
Gradisca	Bruno Bartocci
Schwerbeschädigter	Marco Laurentino
Heiratsvermittler	Riccardo Satta
Contessina Lovignano	Carmela Eusepi
Besitzer Café	
Commercio	Clemente Baccherini
Prinz	Marcello di Falco
Scurèza di Corpolò	Mario del Vago

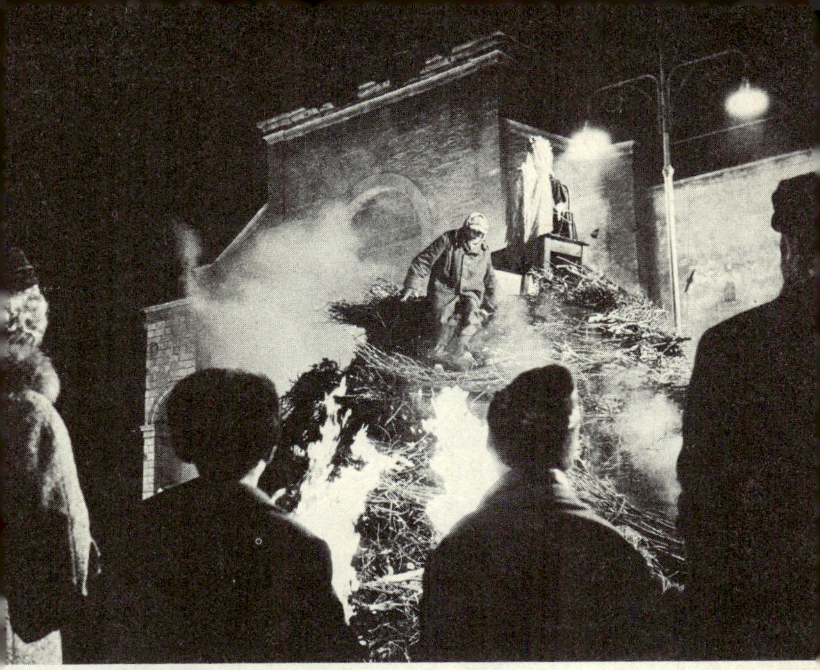

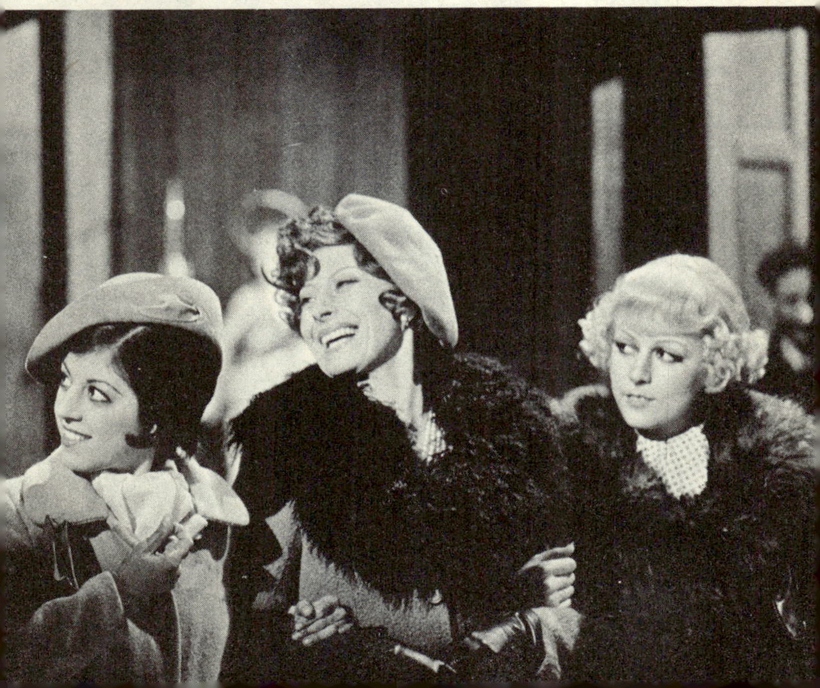

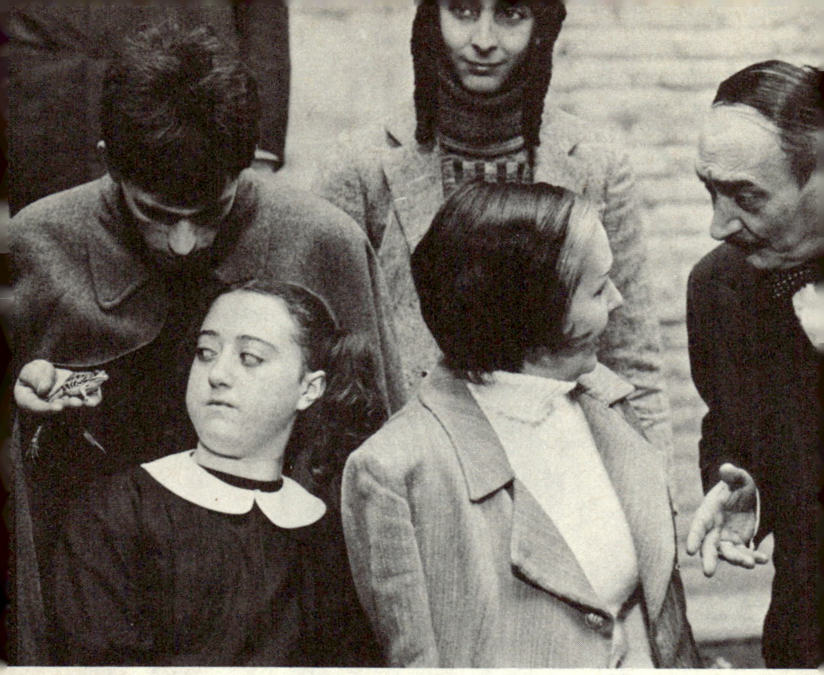

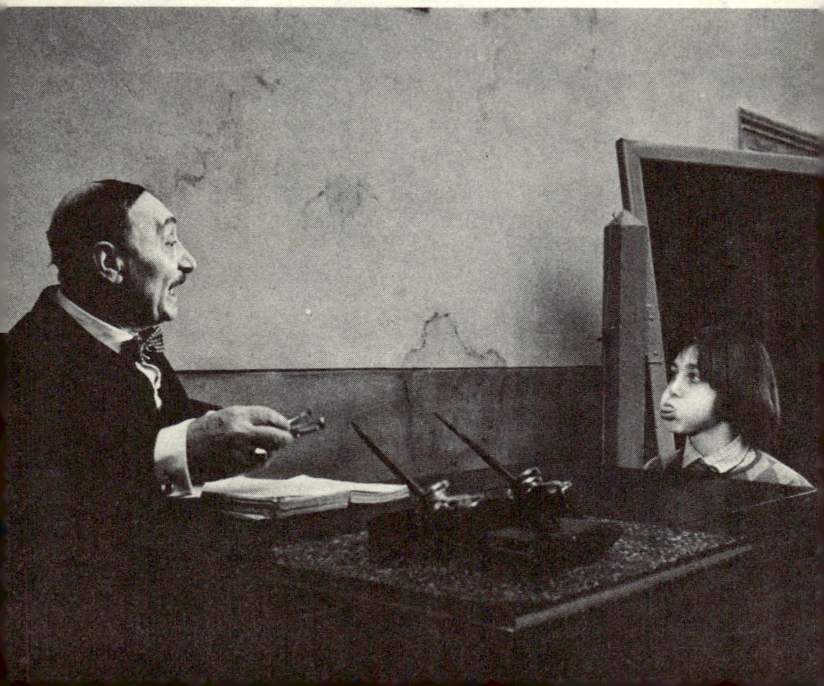

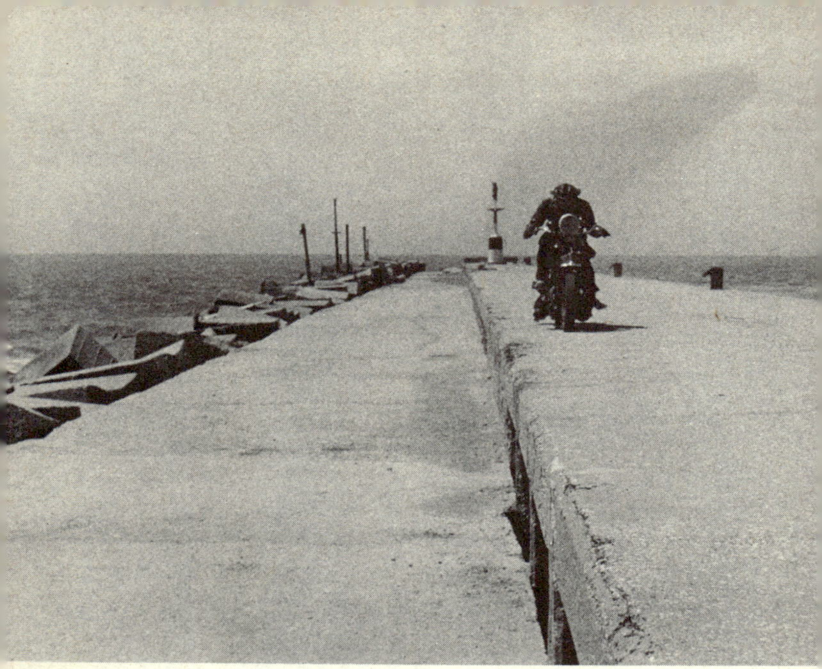

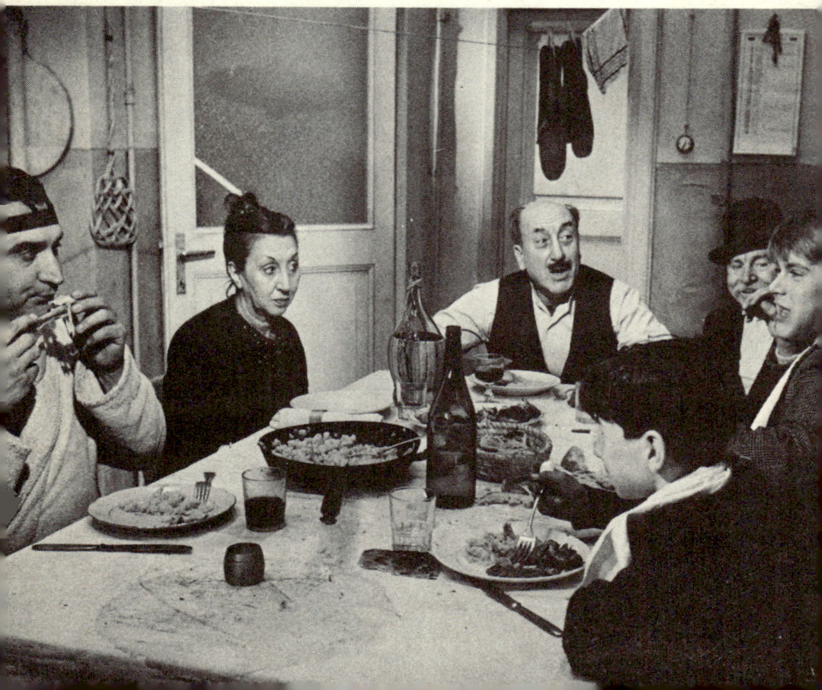

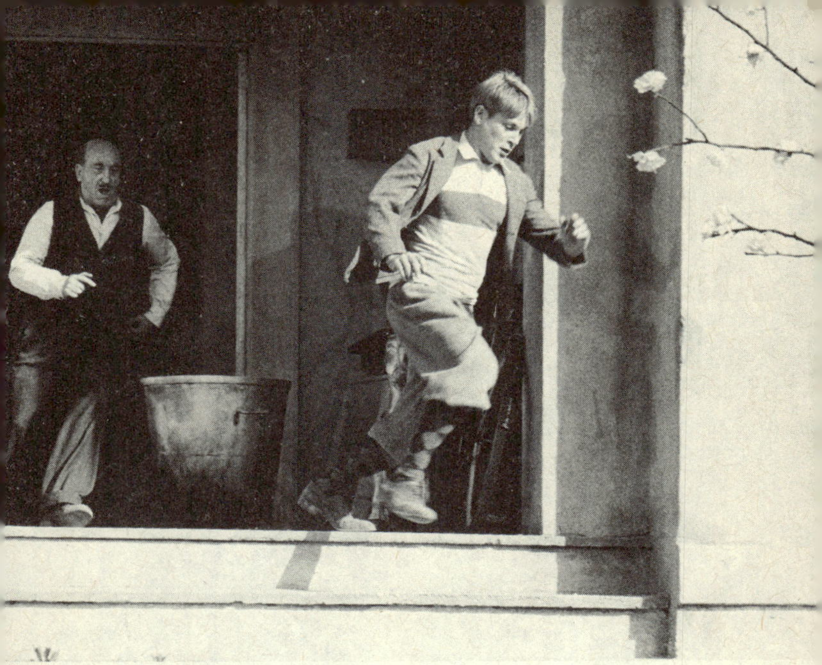

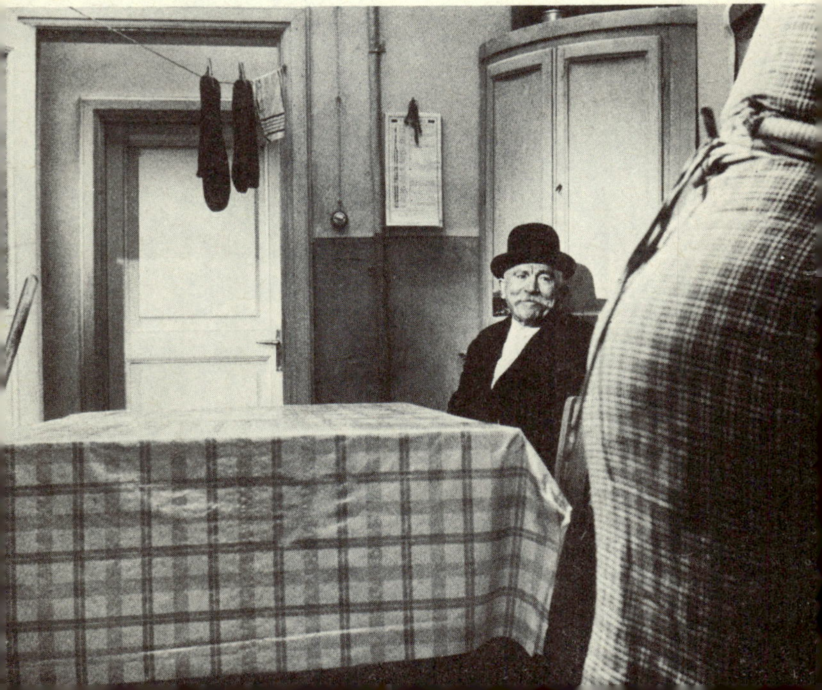

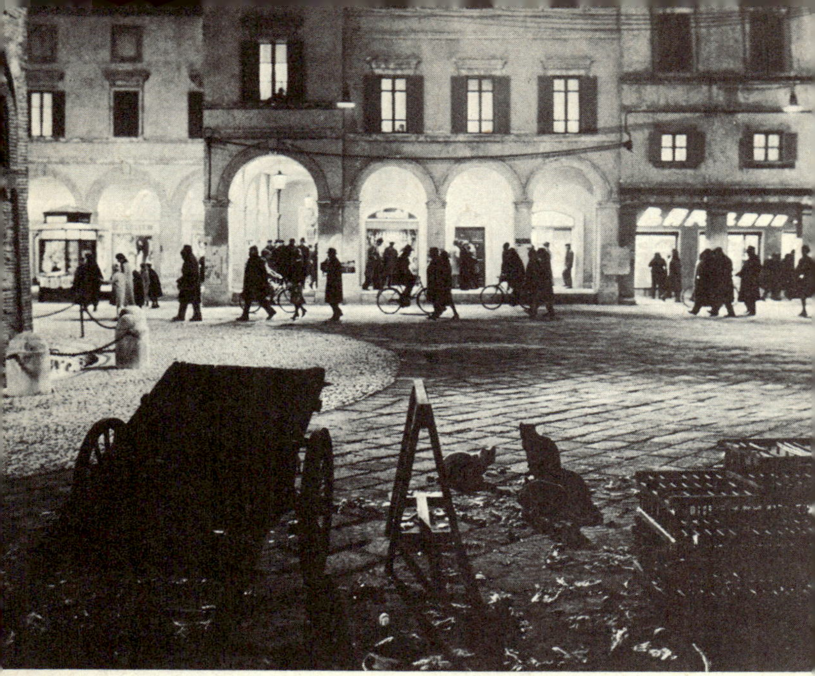

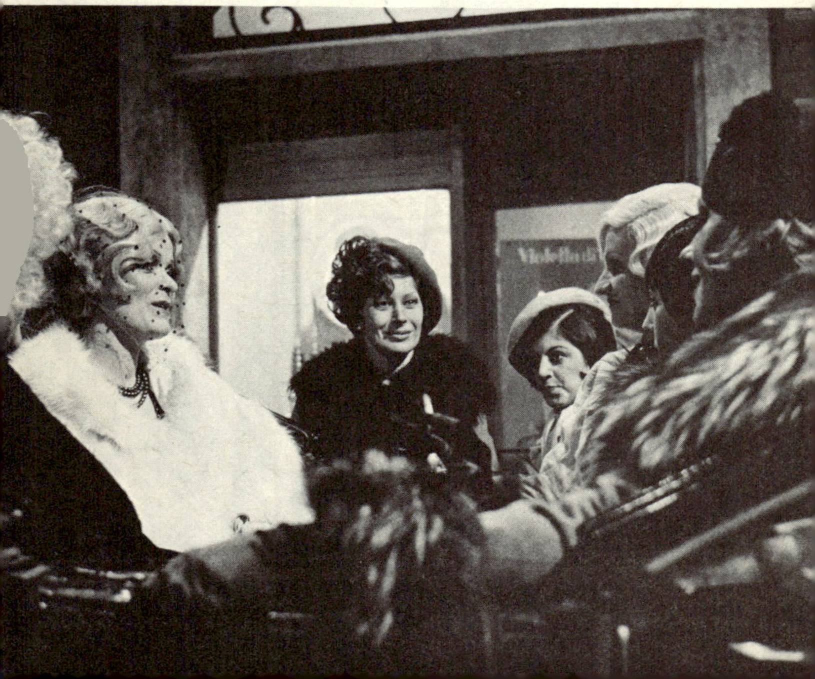

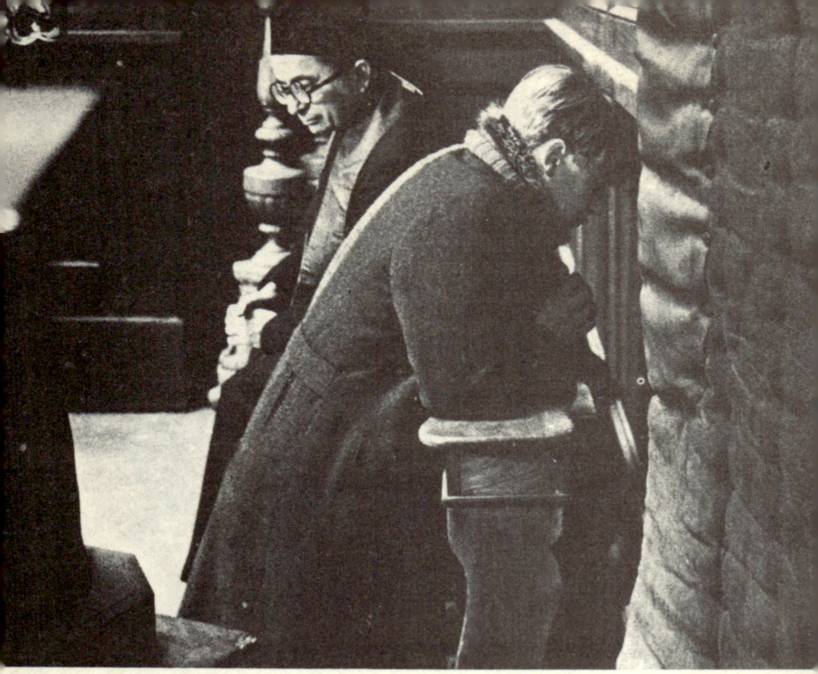

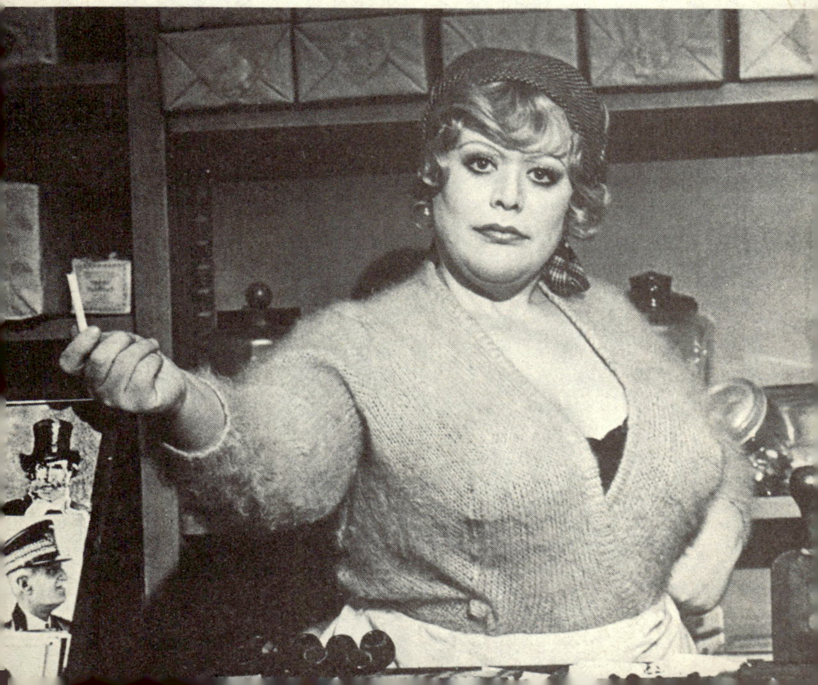

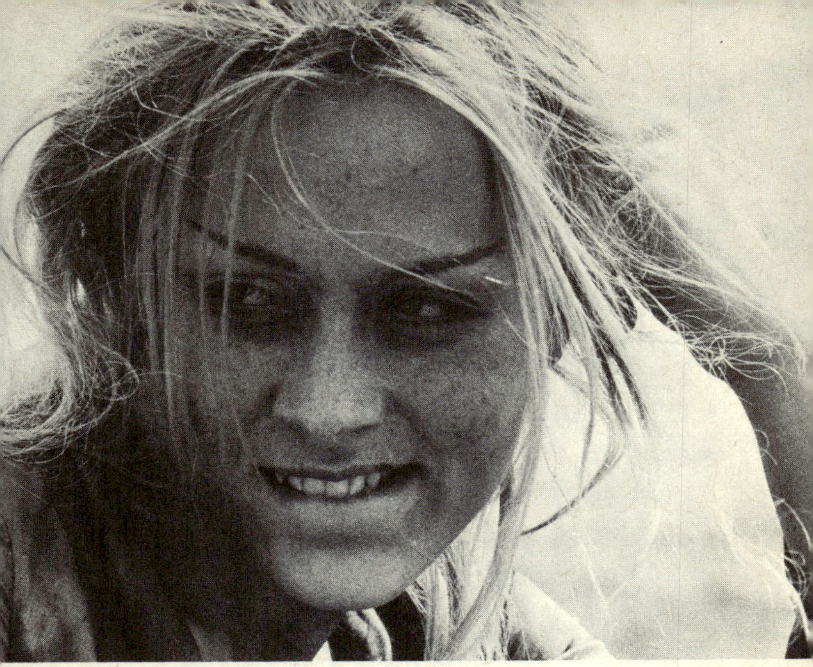

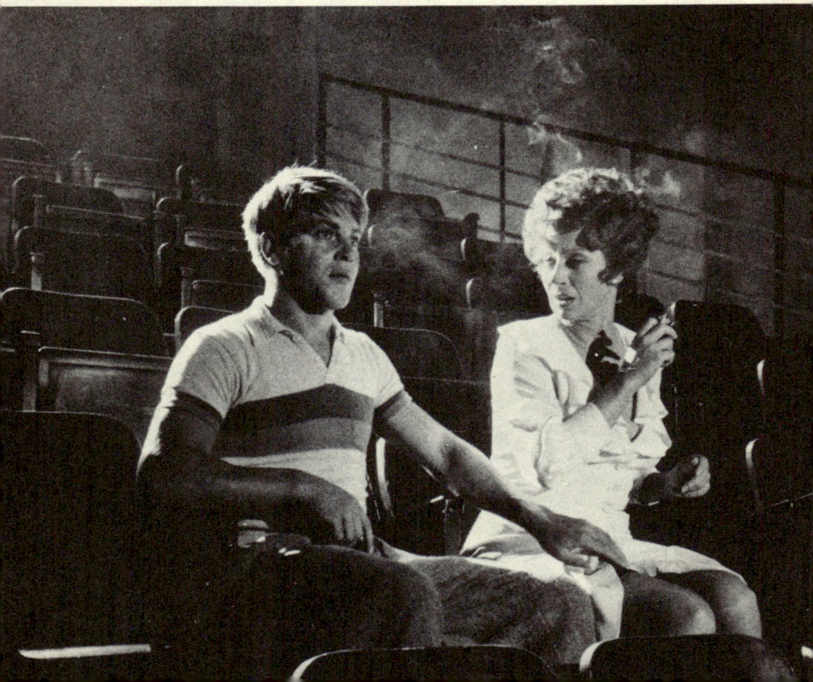

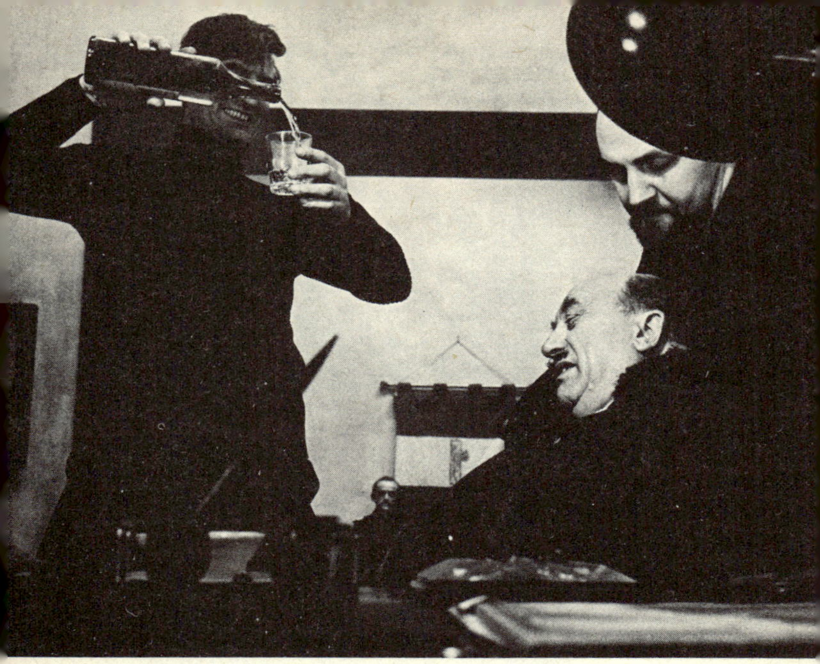

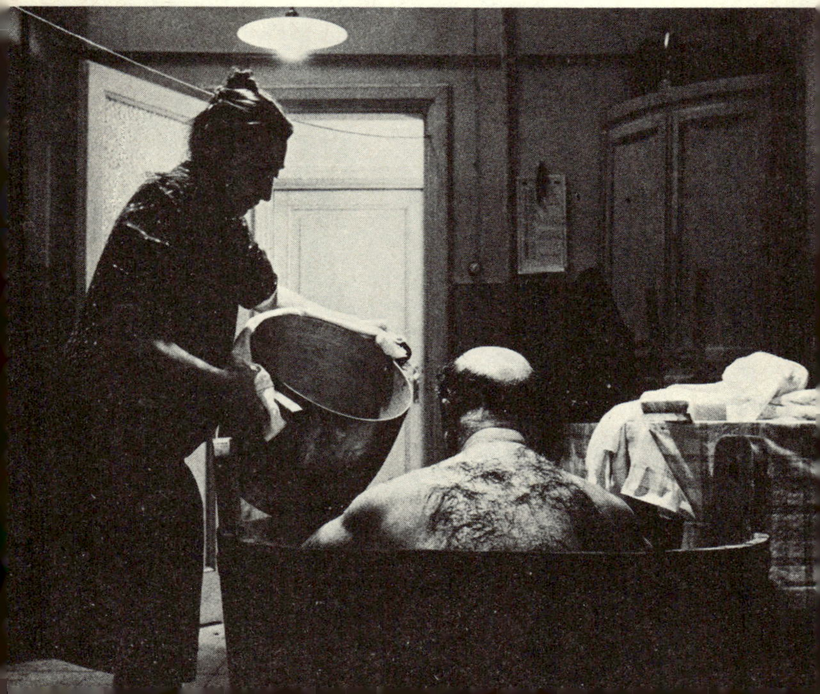

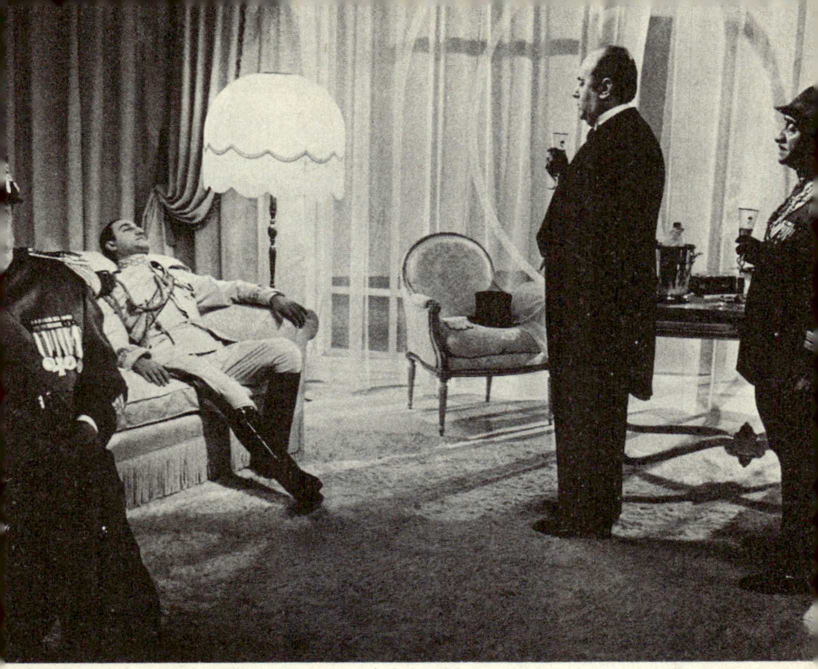

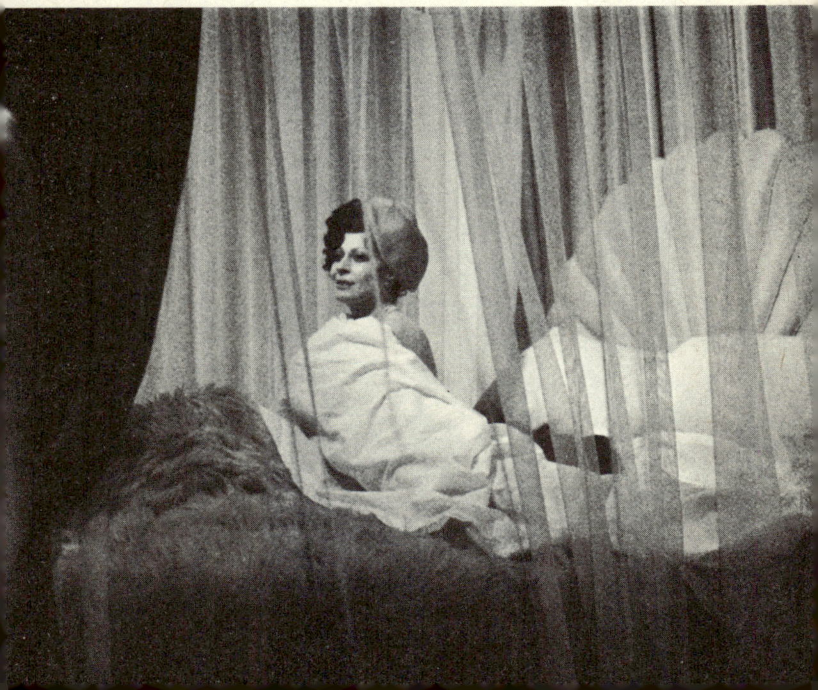

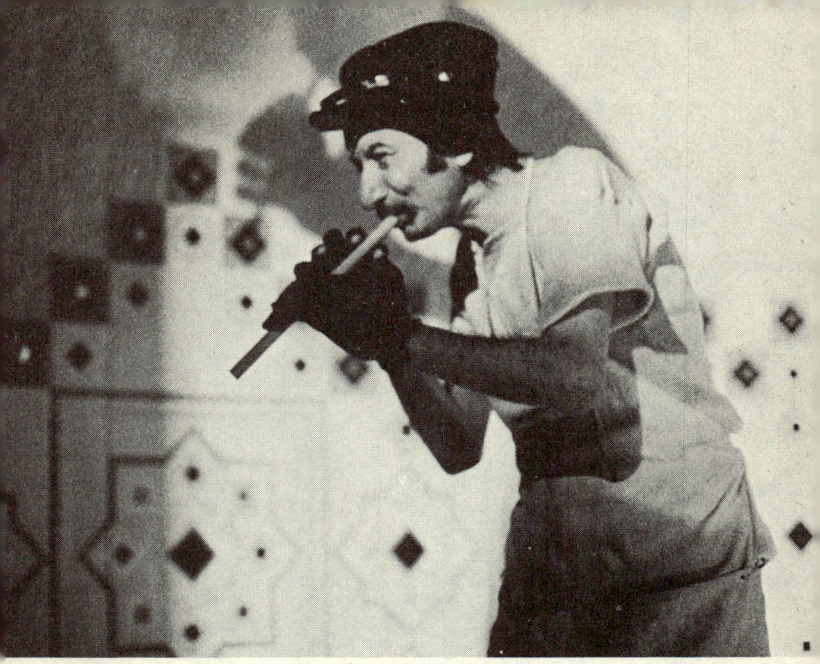

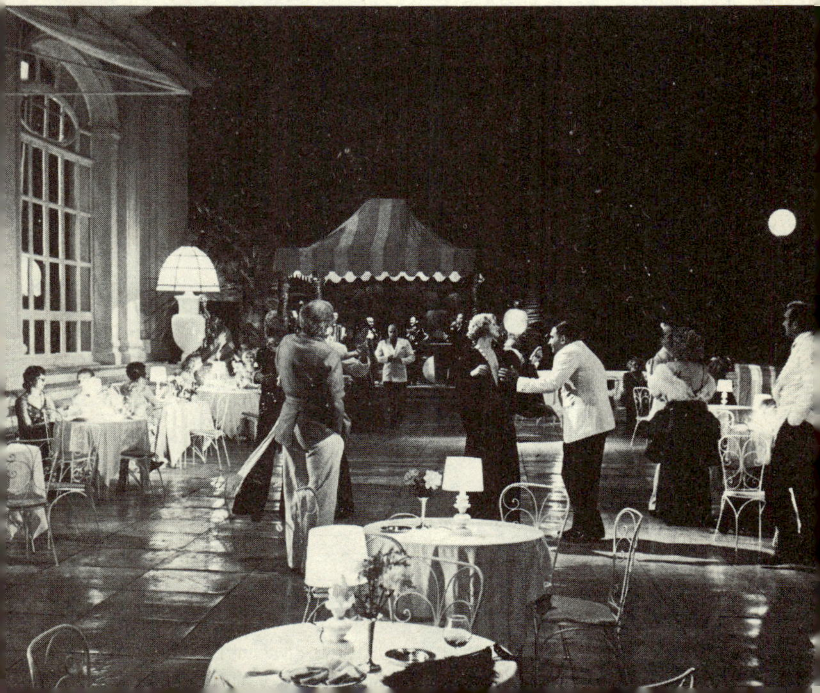

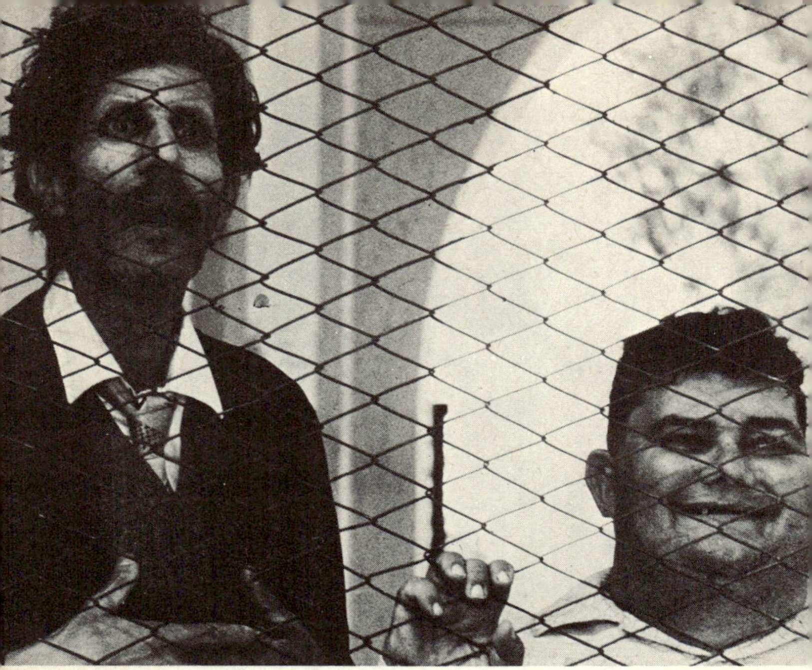

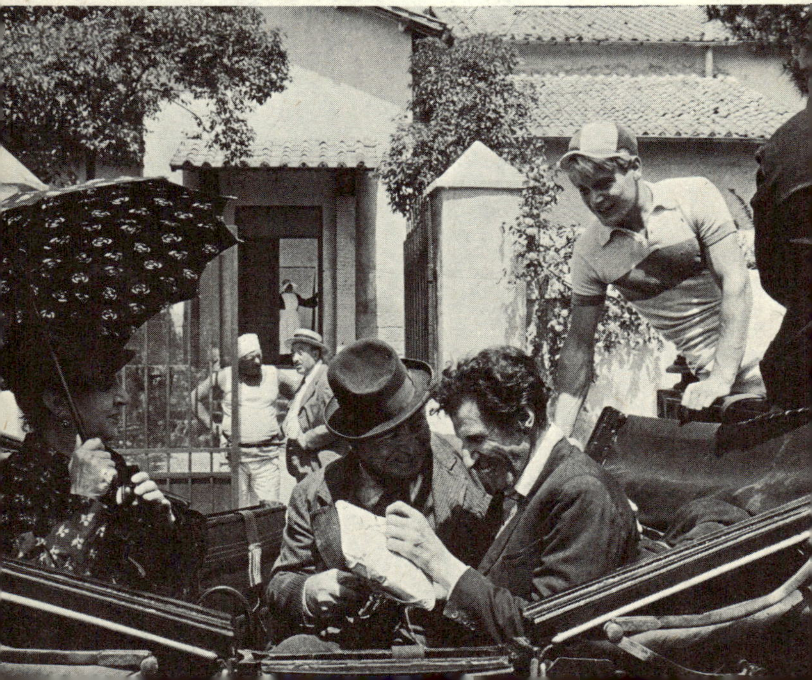

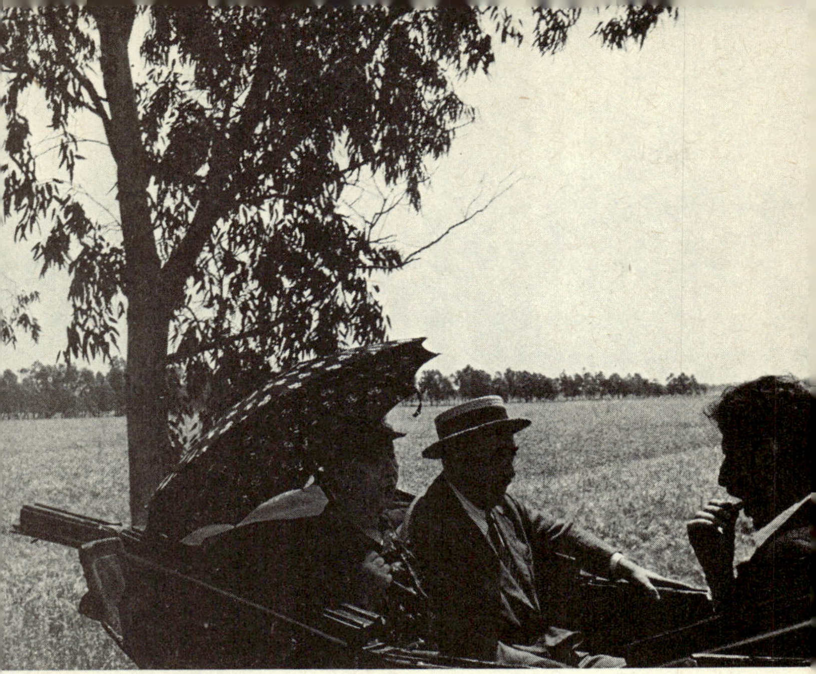

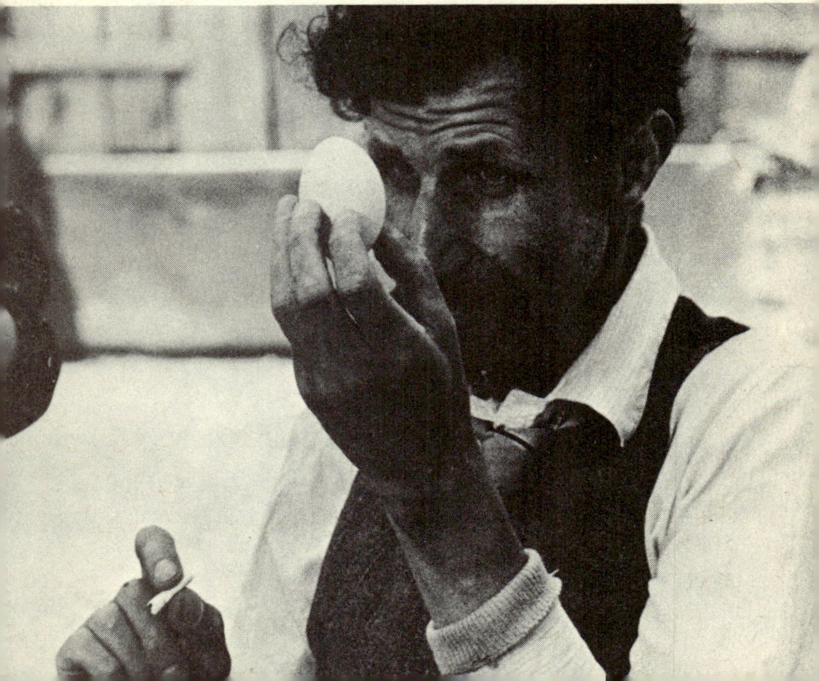

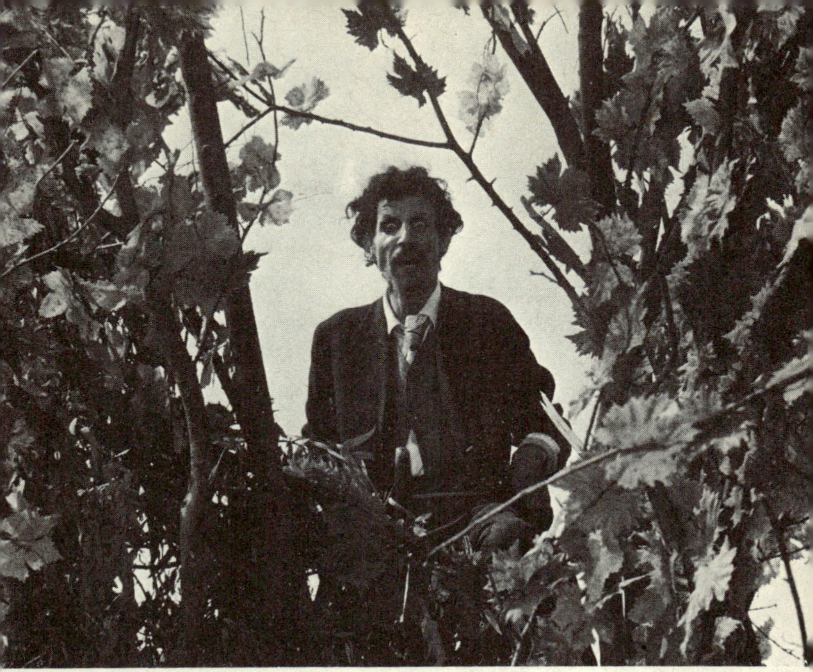

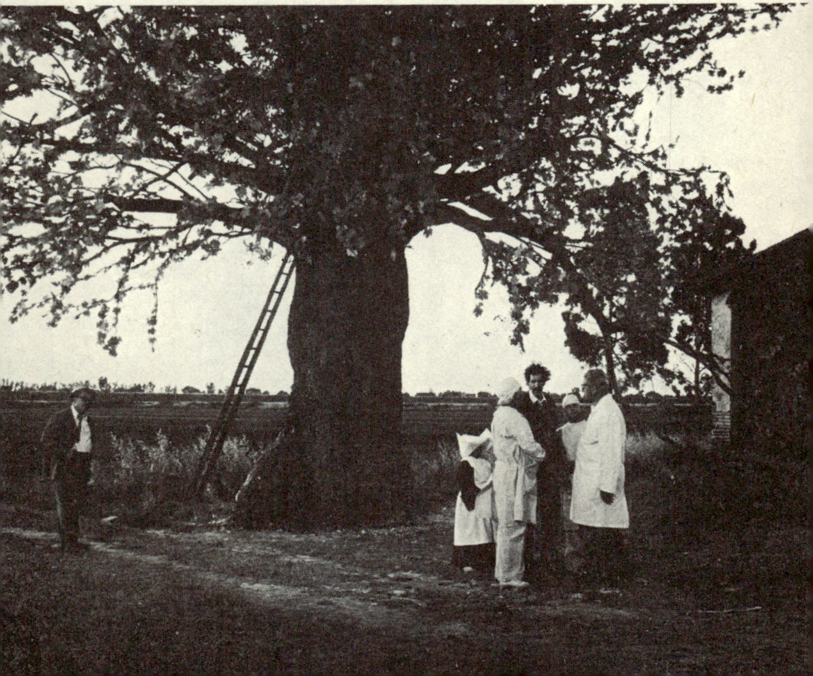

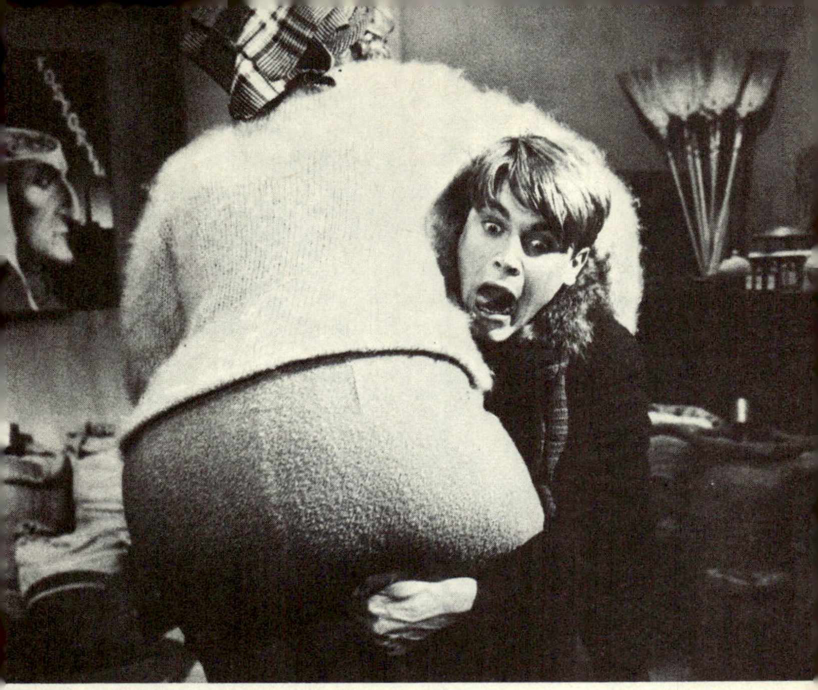

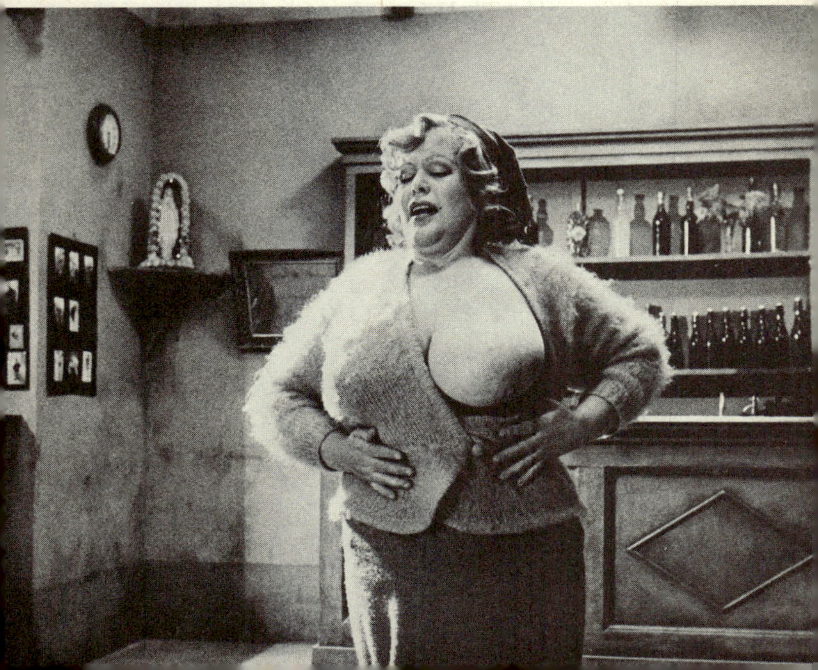

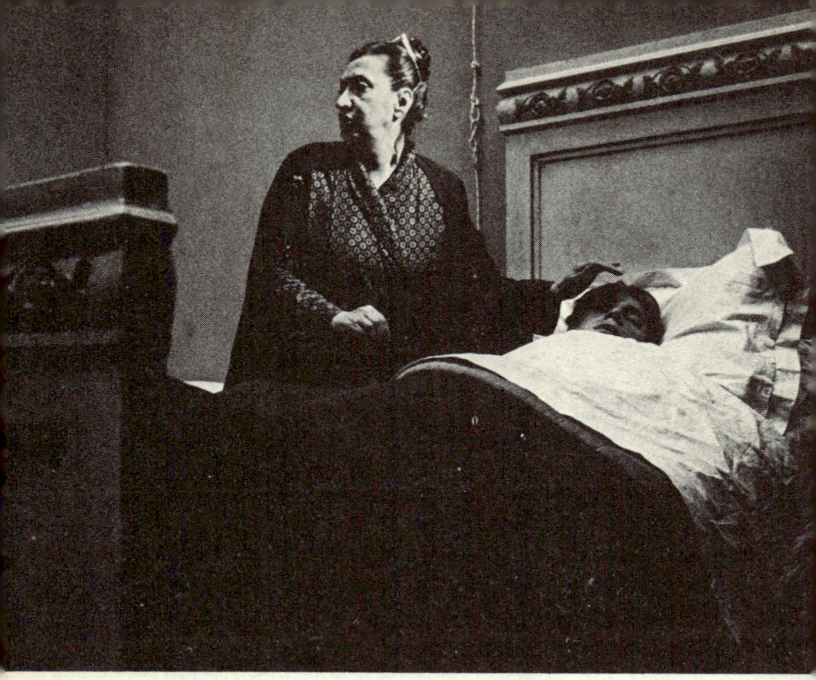

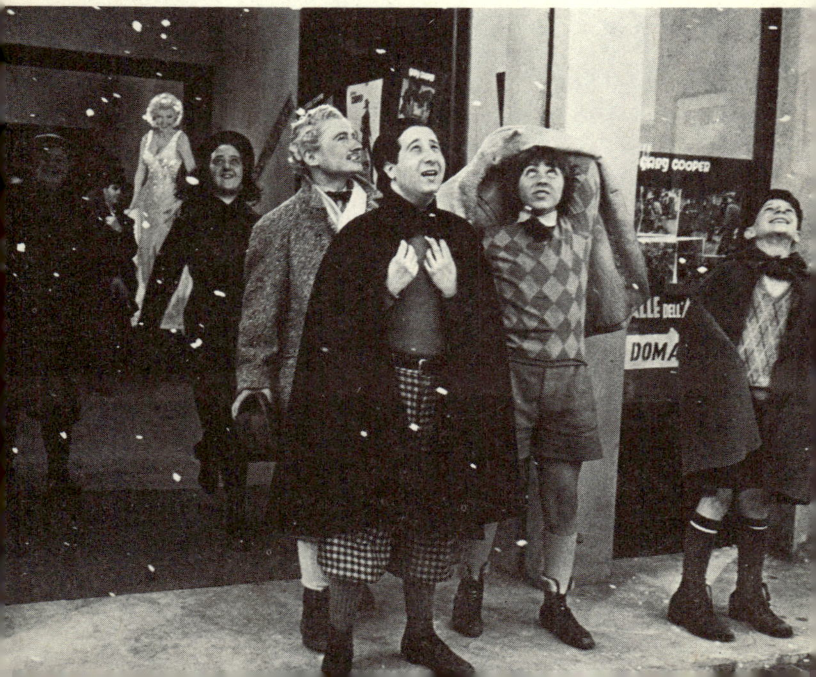
GARY COOPER
DOMA

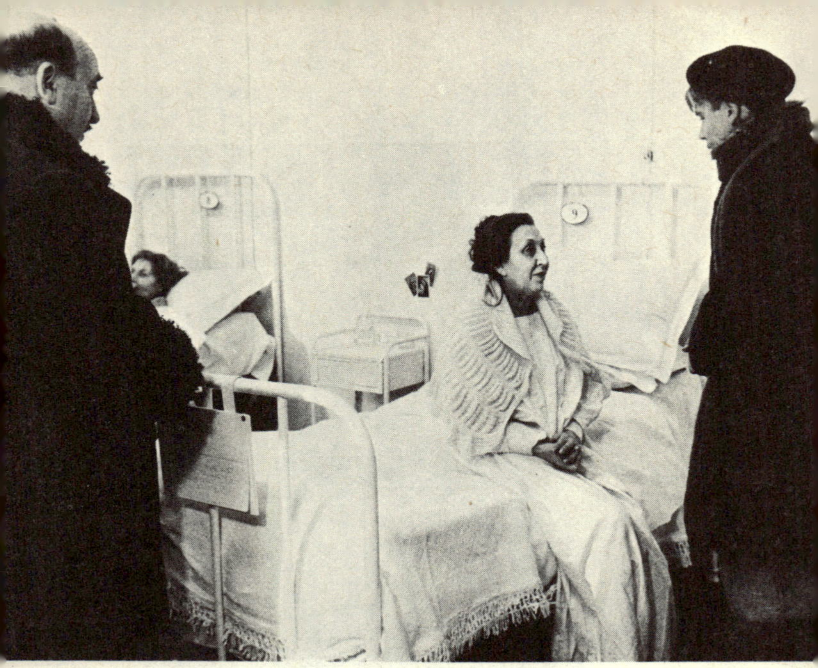

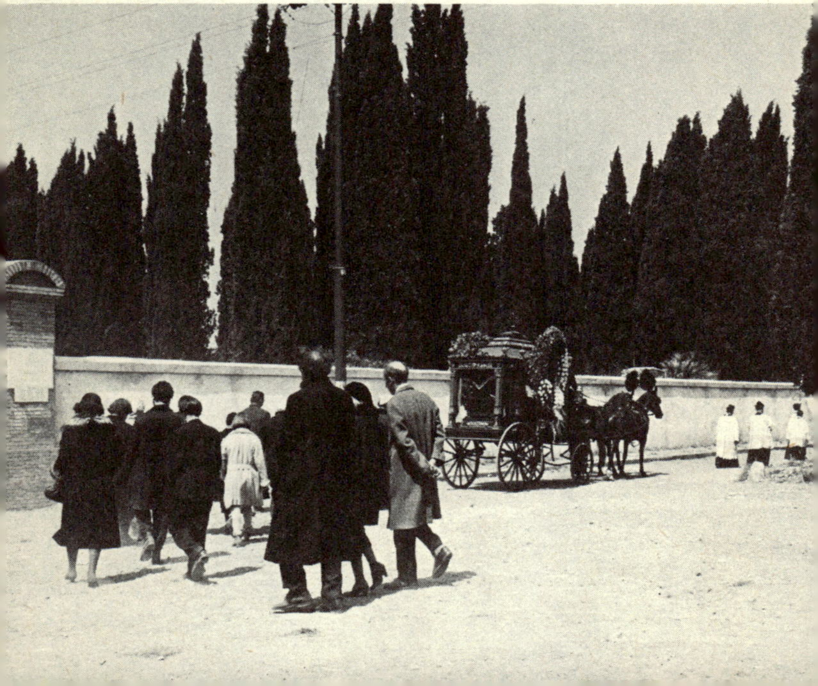

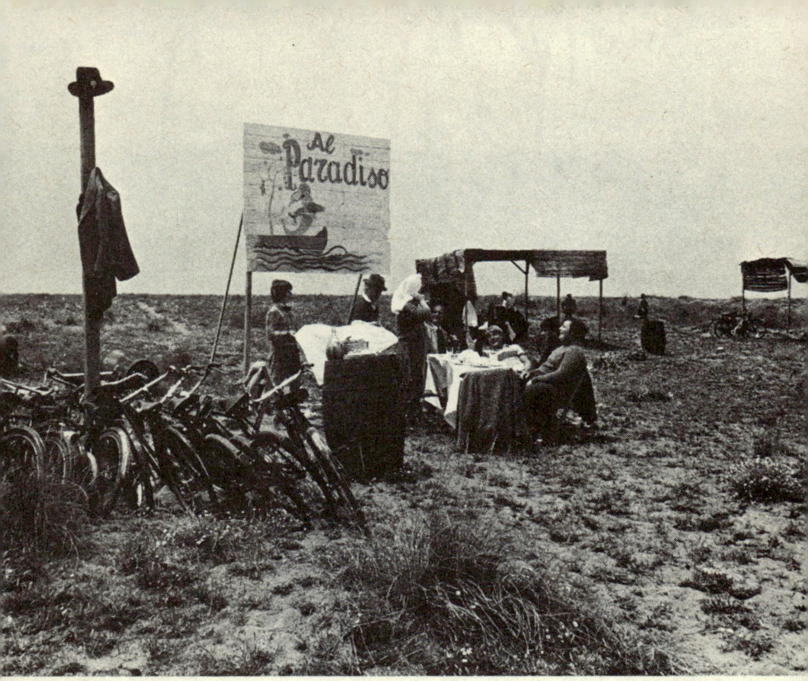
Al
Paradiso

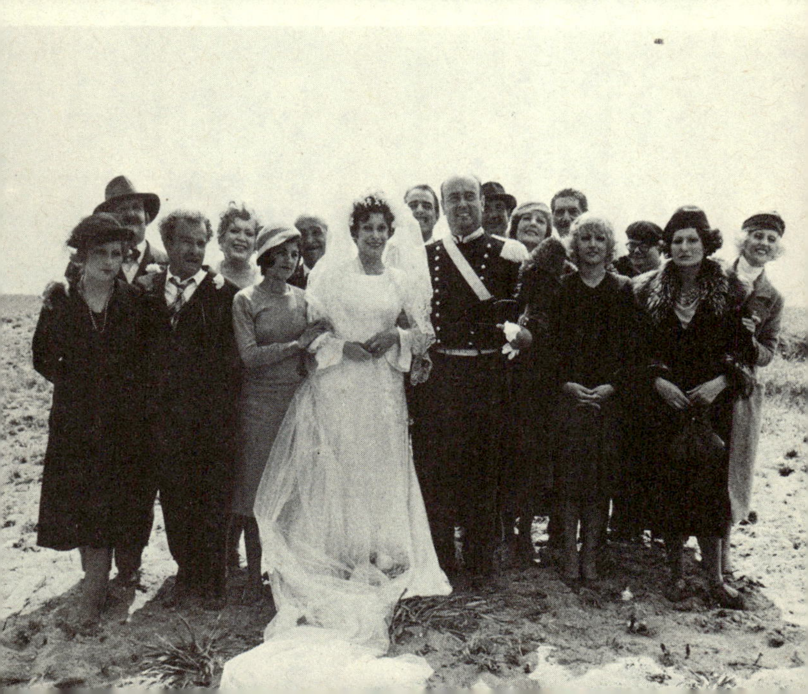

Fellini über ›Amarcord‹

Der vergewaltigte Mensch

Der Mensch hat seinen Orientierungspunkt verloren, das Gefühl für seine wirklichen Werte. Bei den vorbereitenden Arbeiten zu diesem Film kam ich nach Ancona, als sich dort das Erdbeben ereignete. Es hat mich sehr beeindruckt, mit welcher Leichtigkeit sich der Mensch an jede Situation anzupassen vermag, auch an die furchtbarsten und katastrophalsten Umstände. Der Mensch verliert die Fähigkeit zu reagieren, Widerstand zu leisten; ich sehe einen Menschen, der ganz und gar unauthentisch ist und in einem krassen Widerspruch zu seinen biologischen und physiologischen Gegebenheiten steht. Die Wissenschaft hat von unserer Kultur als einer ›Bilderkultur‹ gesprochen. Aber was soll das für eine ›Bilderkultur‹ sein! Das Bild existiert nicht mehr; der Mensch ist gar nicht mehr imstande, es zu erfassen. Wir werden nicht von Bildern bombardiert, sondern von einem unaufhörlichen chaotischen Durcheinander von entstellten und falschen Formen; wir verfügen nicht mehr frei über unsere Augen und Ohren, und wir verlieren unseren Geschmack, unseren Tast- und Geruchsinn.

Aus einem Interview mit Costanzo Costantini, ›Il Messaggero‹, 3. 12. 1972, deutsch von Herbert Schlüter

Der Film wird wie ein Album werden, wie wenn man in einem alten Photoalbum blättert. Bilder, Augenblicke. Kein Held. Der Held ist ein Schatten, ist eine Hand, die Notizen macht, ein Finger, der auf den Auslöser der Kamera drückt, ein machtloser Zeuge, der, ohne selbst helfen zu können, der Auflösung einer Epoche beiwohnt.

Nicht ›Geschichten‹ im traditionellen Sinn zu erzählen, ist eine Geste des Vertrauens gegenüber dem Film. Was nun die ›Fantasie romagnole‹ betrifft, wenn wir sie so nennen wollen, so haben sie eine Bedeutung, solange es hier oder in den USA oder in Japan Menschen gibt, die sich in ihnen wiedererkennen. Man muß wirklich nicht nach Kalifornien oder China reisen, um etwas Neues zu entdecken. Ich habe meine Filme immer zwischen Rom und Ostia gedreht, allenfalls einmal in Viterbo. Provinzialismus? Vielleicht. Aber vielleicht ist Provinzialismus nur, sich einzubilden, alles wirklich Wichtige passiere nur an

Orten von New York an aufwärts. ›Amarcord‹ wird ein wenig die Bedeutung einer Flaschenpost haben, etwas wie die letzten Herzschläge der Vernunft, einer freundlichen Vernunft, bevor die Katastrophe eintritt. Und Katastrophe ist ein Wort, das heute in der ganzen Welt verstanden wird.

Aus einem Interview mit Corrado Augias, ›L'Espresso‹, 11. 2. 1973, deutsch von Herbert Schlüter

Wenn ich nicht Filmmacher ›spielen‹ würde, hätte ich gern Zauberer ›spielen‹ wollen. Zwei Berufe, ein und dasselbe Ziel: Gelegenheiten zu bieten zum ungezwungenen Träumen. Arme Menschen von 1973, bombardiert von den Ideologen mit Schemata, mit fix und fertigen Ideen! Letztlich erfahren sie das Leben nur durch Mittelspersonen; sie haben nie direkt mit dem Ereignis zu tun und entdecken es erst in der Interpretation von Marxisten, Katholiken, Märtyrern, von Mama oder Papa. Ich habe keine Botschaft zu übermitteln und halte es für unredlich, vorzugeben, man wolle eine Doktrin verbreiten oder eine Hoffnung erwecken. Ich lehne es ab, einem Clan anzugehören: Etiketten sollte man nur auf Koffer kleben.

Also, werden Sie sagen, dreht Fellini seine Filme für das Publikum und macht kommerzielles Kino. Das wäre falsch. Es gilt ebenso wenig für mich wie für alle anderen. Was man kommerzielles Kino nennt, ist in Wirklichkeit das Werk von Regisseuren, die ihre eigene Vulgarität auf die Leinwand projizieren. Das schöne Alibi: ein Film fürs Publikum! ... Der Kuß für den Aussätzigen. Einen derartigen Altruismus könnte nur der heilige Franz von Assisi aufbringen.

Nein, ich bin nicht der heilige Franz, und ich denke auch nie an meine zukünftigen Zuschauer. In Wirklichkeit greife ich zur Kamera, wenn mir der Sinn danach steht, eine Geschichte zu erzählen. Und in meinen Anekdoten gibt es immer einen autobiographischen Teil. Jeder meiner Filme bezieht sich auf einen Abschnitt meines Lebens.

Mein Titel erscheint Ihnen rätselhaft. Es handelt sich nicht um die Marke eines Aperitifs, sondern um einen Ausdruck, der sich im Dialekt der Romagna ›A m'arcord‹ schreibt und ›Ich erinnere mich‹ bedeutet. Wieder ein Film der Erinnerungen, aber der meinen vermengt mit den Erinnerungen anderer; das Ganze meinem Instinkt entsprechend angeordnet. Denn ich bin kein aristokratischer Regisseur, der sich darauf beschränkt, den Anweisungen seines Drehbuchs zu folgen. Ich dichte je nachdem etwas dazu. In ›Roma‹ zum Beispiel nahm die Bildfolge der Autobahn nur zwei Zeilen Text ein. Daraus ist ein Kernpunkt des Werks geworden. Ich kann Ihnen daher nicht die Peripetien von ›Amarcord‹ schildern, ehe der Film fertig ist. Was kann ich darüber sagen? Zuerst habe ich daran gedacht, den Film ›L'Uomo invaso‹ (Der vergewaltigte Mensch) zu nennen, was auf Englisch noch expliziter gewesen wäre: ›The profaned man‹. Kurz, ein Porträt des durch übermäßige Information total konditionierten Menschen.

Dann hat sich die Lage geändert. Es handelt sich nicht mehr darum, einen Plot zu entwickeln, sondern eine Anzahl von Episoden aneinanderzureihen, etwa wie in ›Roma‹. Um Abstand zu unserem Jahrhundert zu gewinnen, wodurch mein Vorhaben mehr Objektivität erhält, stelle ich mir vor, daß sich im Jahr 2000 ein Überlebender aus unserer Epoche bemüht, einem Gesprächspartner, der vielleicht nicht einmal zuhört, seine Zeit zu erklären. Er blättert in seinen Notizen und versucht sich zu erinnern, wie es in den 30er Jahren in einer kleinen italienischen Stadt zuging. Das ist also, wenn Sie wollen, eine Reflexion darüber, was die Welt verlieren wird, wenn sie so weitermacht wie bisher. Sie wird im Guten und im Bösen nachlassen.

Worauf es dabei ankommt, ist der Beobachtungsposten, von dem aus ich das Problem betrachte. Keinerlei reaktionäre oder konservative Haltung meinerseits. Ich beharre auf einem menschlichen und poetischen Standpunkt.

Ich stelle die Dinge so dar, wie sie sind oder gewesen sind. Genauer gesagt, ich berichte sie so, wie ich sie sehe.

Aus einem Interview mit Claude Baignères, ›Le Figaro Littéraire‹, 10. 3. 1973, deutsch von Margaret Carroux

Eine nostalgische Provinzgeschichte?

»Es handelt sich also um eine nostalgische Provinzgeschichte?« Provinz, ja; aber was die Nostalgie betrifft: ein klares Nein. Es war eine verfehlte, klägliche, schäbige, grausame Welt.

Rund um einen ›pater familias‹, der nicht viel Sympathien für den Faschismus hat, sich aber still verhält, weil er aus einem Maurermeister ein kleiner Unternehmer geworden ist und es zu einem gewissen Wohlstand gebracht hat. Es ist die sehr konkret werdende Welt einer Familie, die durch Pataca, den Bruder des Protagonisten, durcheinandergebracht wird. Pataca nennt man bei uns einen Nichtsnutz, einen Aufschneider, der am Rande lebt und von schwer zu erreichenden Dingen träumt, die außerhalb seiner Möglichkeiten liegen. Es wird eine ausgelassene, von Komik durchsetzte Geschichte werden, mit einem gelegentlichen pathetischen Einschlag, doch dies so wenig wie möglich. Sie spielt in einem geträumten Rimini, einem erinnerten und durch Zeichen heraufbeschworenen Rimini.

Aus einem Interview mit Pietro Bianchi, ›Il Giorno‹, 5. 4. 1973, deutsch von Herbert Schlüter

Der Film sollte eigentlich ›Il borgo‹ (Das Städtchen) heißen, aber wir mußten darauf verzichten, weil ein amerikanischer Verlag unter demselben Titel (The Hamlet) ein Buch von Faulkner herausgebracht hat. Schade, denn alles in allem genommen, interpretierte der Begriff des ›borgo‹, in der mittelalterlichen Bedeutung des Wortes genommen, den Geist, den ich dem Film geben will – den Geist einer geschlossenen, isolierten Gemeinde, ohne Kontakte mit der Außenwelt, ja sogar ohne innere Kontakte. Das heißt: gefangen, umstellt, wie in Erstickungsgefahr und infolge der Kompression immer gefährlicher und aggressiver werdend. Nachdem wir den ersten Titel aufgegeben hatten, stellte sich der Titel ›L'Uomo invaso‹ ein, der im Grunde die gleiche Wurzel hat.

Das Städtchen hat zwar etwas Erstickendes, andererseits ist es zugleich auch eine Arche Noah, Arche der Rettung, die dem schwierigen Wagnis entgegenkommt, zu beschützen, ohne zu ersticken, zu verteidigen, ohne zur rigorosen Unterwerfung unter gewisse Regeln, Gesetze, Ideologien und Mythen zu zwingen, die ihre Aufgabe erfüllt haben und längst so abgestorben wie welkes Laub sind. Das Bewußtsein hat sich heute erweitert, daher die Notwendigkeit, auch die Grenzen der Gemeinschaft, nicht anders als die des Individuums, weiter zu stecken. Aber wie soll das geschehen? Der Mensch von heute ist überwältigt von einander widersprechenden Realitäten, deren er sich vergebens zu bemächtigen, die er vergeblich zu begreifen sucht und dabei jeden Augenblick Gefahr läuft, seine Persönlichkeit zerstört zu sehen. Da muß er nun den verzweifelten Versuch unternehmen, die eigene Individualität zu retten. Dazu aber gibt es nur einen Weg: die Reise in die Dimension der Erinnerung. Und die wird notwendigerweise eine verrückte, lächerliche, komische und närrische Wiederbesichtigung: man bildet sich ein Urteil, um es alsbald wieder in Frage zu stellen, macht sich hier Illusionen, lehnt dort ab, verliebt sich, ist enttäuscht, ist voller Begierde, ist voller Widerwillen.

Zwei Geleise laufen hier parallel, die zwei Dimensionen bedeuten: die erste, schon verworfen und scheinbar unwiderruflich erledigt, aber noch nicht assimiliert oder verwandelt durch den Prozeß der Erinnerung, der bewirkt, daß wir uns voller Sympathie über unsere Kindheit neigen und von dort aus mühsam nach dem Punkt forschen, an dem der Irrtum begann und der Konflikt zwischen Erinnerung und Wirklichkeit einsetzt. In der zweiten wird die Gefahr gezeigt, daß es heute infolge von geistiger Blindheit und von fehlendem individuellem Verantwortungsbewußtsein zu Verhaltensweisen kommen könnte, die dann zu den gleichen Irrtümern führen müßten, die schon in der Vergangenheit aus einem Mangel an individueller Verantwortung entstanden.

Aus einem Interview mit Alberto Cereto, ›Il Corriere della Sera‹, 30. 5. 1973, deutsch von Herbert Schlüter

Die erste Idee zu ›Amarcord‹ kam mir am 8. März 1970, ein paar Minuten nach 15 Uhr. Ich weiß das so genau, weil ich ein kleines Tagebuch führe über alles, was meinen Körper betrifft. Ein Tagebuch, von meinem Körper geschrieben. Über Krankheiten, Haareschneiden und so weiter. Und an eben diesem Tage – ich glaube, es war ein Donnerstag – saß ich beim Friseur, mit gesenktem Kopf, um mir die Haare im Nacken schneiden zu lassen. Im allgemeinen schlafe ich ein, wenn ich beim Friseur sitze. An dem Tag aber nicht. Schläfrig sah ich zu, wie meine Haare zu Boden fielen. Und plötzlich hatte ich begonnen zu träumen, meine Phantasie war auf einem Weg, der mich reizte: es war der Anfang von ›Amarcord‹. Auf die Frage nach dem Grund wüßte ich nicht zu antworten. Sie sehen, ich folge nur meinem Vergnügen.

Der Name ›Gradisca‹ hat mir immer gefallen ebenso wie Podgora, Baobab und viele andere, mit deren Aufzählung ich Sie jetzt nicht langweilen will. Auch in dem Vorwort zu ›La mia Rimini‹ beschreibe ich mit dem Namen ›Gradisca‹ eine schöne Frau, Signora di Saludecio, eine entfernte Verwandte, die in Wirklichkeit Adelaide de Angelis hieß. Nun werden Sie verstehen, daß Adelaide kein geeigneter Name ist, um das Bild einer üppigen Provinzdame zu beschwören ... Ich weiß nicht, was ich zu jener Dame aus Rimini sagen soll, die versichert, den gleichen Beinamen zu tragen, den ich im Film meiner Figur gegeben habe. Übrigens ist mir das bei allen meinen Filmen so gegangen. Es gab immer jemanden, der sich mit einer meiner Figuren identifizierte, auch wenn es nur eine Nebenfigur war. Nach der Uraufführung von ›Roma‹ erhielt ich zweiundzwanzig Briefe von jemandem, der behauptete, er fühle sich in seiner Kleidung von einem der Motorradfahrer imitiert, die am Schluß des Films durch die Straßen Roms brausen.

Aus einem Interview mit Renato Barneschi, ›Oggi Illustrato‹, 21. 6. 1973, deutsch von Herbert Schlüter

Ich werde einen zugleich komischen und tragischen Film machen, der indirekt ein Porträt der italienischen Gesellschaft ist. Was ist ›Il Borgo‹ anderes als ein Resümee über das ärmste und rückständigste Italien? Die kleine Stadt, die ich erfunden habe, repräsentiert die ewige Provinz der Seele, den Ort, an dem die Abwesenheit der Kultur das Verbindende aller kollektiven Defekte ist. Der Provinzler glaubt an die Autorität und sucht sie; er wünscht sich eine Beschützerfigur, den Vater, die Kirche, die Partei, den Minister. Der Provinzler wird nie erwachsen, sein Ehrgeiz ist es, kindlich zu bleiben. Eine solche Haltung hat gewiß etwas Verführerisches, und es ist schwer, sie abzulegen. Mit Recht sagte ich, daß es zugleich ein komischer und wehmütig stimmender Film werden wird.

»Und die Symbole?«

Ich verwende sie nicht selten in meinen Filmen. Einige überlege ich mir bereits beim Schreiben des Drehbuchs, andere erfinde ich, während ich drehe. Um die Kritiker zufriedenzustellen, die so mehr Hilfsmittel zur Ausübung ihres Metiers haben.

»Wie ist das Verhältnis des Regisseurs zu seiner Kindheit?«

Es besteht gar nicht. Ich erinnere mich nicht an meine Kindheit, ich erfinde sie, wenn ich sie brauche. Vielleicht bin ich nie Kind gewesen. Ich glaube, ich bin mit 22 Jahren Fellini geworden; vorher war ich nichts, nur eine lange Inkubationszeit.

»Wie ist denn nun die Welt entstanden, die man die Welt Fellinis zu nennen pflegt?«

Aus der Phantasie, vom Hörensagen. Die ›Vitelloni‹, zum Beispiel, habe ich in der Wirklichkeit nie gesehen. Ich wußte nur, daß es in einer Bar jemanden gab, der den ganzen Tag Billard spielte und den Frauen den Hof machte.

Ein Film ist wie eine Reise. Sie kann nach einem Programm geplant werden, aber die Orte selbst entdeckt man erst während der Fahrt. Ich bereite einen Film im Zustand völliger Konfusion vor, stelle Material zusammen, das nicht zusammenpaßt, und habe Fieberschauer wie beim Ausbruch einer Krankheit. Zu einem gewissen Zeitpunkt weiß ich, daß ich anfangen muß, auch wenn noch nichts bereit ist. In ›Otto e mezzo‹ habe ich ein aufrichtiges Geständnis abgelegt: ich finde meine Figuren erst im letzten Augenblick.

Das Städtchen in ›Amarcord‹ hat nichts mit Rimini zu tun. Ich bin nur zufällig Romagnole und halte mich selbst für völlig römisch. Ich habe den Eindruck, zu einem Objekt des Tourismus geworden zu sein, dagegen lehne ich mich auf. Meine Provinz ist metaphysischer Art, sie kann auf jedem beliebigen Punkt der Landkarte liegen.

Aus einem Interview mit Stefano Reggiani, ›La Stampa‹, 24. 6. 1973, deutsch von Herbert Schlüter

Das Faschistische in uns

»Nimmt die Episode des Parteichefsbesuchs in ›Amarcord‹ eine besondere Stellung ein?«

Mir scheint, sie ist die zentrale, unersetzliche, unentbehrliche Episode. Der Film ist als das Porträt einer italienischen Provinz gedacht, nicht nur, wie sie einmal war, sondern wie sie auch heute noch ist. Daraus aber folgt, daß das Element, das am deutlichsten die Episode mit dem Federale charakterisiert, das heißt der Beigeschmack von derber Komik, von Theatralik, Infantilismus, Unterwürfigkeit einer Hanswurstiade der

Macht, einem lächerlichen Mythos gegenüber den eigentlichen Kern des Films, seinen Angelpunkt bildet. Der Faschismus ist eine Art und Weise geblieben, das Leben nicht von einem persönlichen, sondern einem kollektiven Standpunkt aus zu betrachten, und gerade als kollektives Motiv ist der Besuch des Parteichefs der Provinz, unabhängig von seinem anekdotischen und historischen Charakter, der wahre Hintergrund für die gesamte Fabel.

»Wie wird der Faschismus von Ihnen gesehen?«

Es handelt sich hier nicht darum, den Faschismus – wie in den meisten heute entstehenden politischen Filmen – mit einem gewissermaßen richterlichen Anspruch, das heißt, von außen her, zu sehen. Distanzierte Beurteilungen, aseptische Diagnosen, endgültige, zusammenfassende Formeln kommen mir (zum mindesten von seiten der Generation, der ich selbst angehöre) immer etwas unmenschlich vor. Die Provinz in ›Amarcord‹ ist eine, in der wir alle – der Autor an der Spitze – in der Unwissenheit, die uns umnebelt hat – einer großen Unwissenheit und Verwirrung der Begriffe – uns selber wiedererkennen müssen. Nicht, daß ich die wirtschaftlichen und sozialen Ursachen des Faschismus bagatellisieren wollte. Ich will nur sagen, daß noch heute das, was am meisten daran interessiert, die psychologische, die emotionale Eigenart des Bekenntnisses zum Faschismus ist. Worin besteht diese Eigenart? In einer gewissen Blockierung, einem Steckenbleiben in der frühen Jugend, und ich bin der Meinung, daß ein solches Stocken, ein solches Unterbinden der natürlichen Entwicklung eines Individuums notwendigerweise zu kompensatorischen Auswüchsen führen muß. Dadurch kann vielleicht, wenn das Wachstum sich nach einer Seite hin entwickelt, in der man sich enttäuscht und verraten fühlt, der Faschismus unter gewissen Aspekten für manche schließlich – als eine Alternative gegenüber der Einbuße aller Illusionen – zu etwas wie einem verlockenden, die Hemmungen durchbrechenden Gegenstoß werden.

»Wird diese Entwicklung auch weiterhin eine des Sichverratenfühlens und der Enttäuschung sein?«

Ich will nicht behaupten, daß wir Italiener noch nicht über unsere Jugend und den Faschismus hinausgelangt sind. Das wäre eine übertriebene, ungerechte Behauptung. Die Dinge haben sich natürlich seit damals sehr verändert. Schon die Tatsache,

daß wir uns hier über die Szene des Besuchs des Federale zum Fest des 21. April unterhalten und daß ich in meinem Film diese Szene habe drehen können und daß sie im Kino gezeigt werden wird, bedeutet, daß die Verhältnisse sich gewandelt haben. Immerhin, wenn man sich aus dem gewissen Kreis der hunderttausend Personen herausbegibt, die sich alle mehr oder weniger untereinander kennen, einen Zug nimmt, den man sonst nie benutzt, einen Wagen zweiter Klasse besteigt und die Reden anhört, die dort die Leute untereinander führen, und es einem gelingt, sie, wenn auch mit Mühe und Not, in ein gewisses Konzept zu bringen, so wird man immer den Eindruck haben, daß man nicht mehr recht weiß, ob man sich unter Zeitgenossen befindet oder ob man ein Marsmensch, ob man verrückt geworden ist (aber vielleicht kommen auch die Gespräche, die man selber führt, jedem einzelnen von diesen Fahrgästen der zweiten Klasse vollkommen sinnlos vor ...). Kurz und gut, im allgemeinen hat jemand, der das Land in dieser Weise bereist, den Eindruck, daß Italien in seiner Mentalität sich mehr oder weniger gleich geblieben ist. Oder, um es anders zu sagen: Ich habe den Eindruck, daß Faschismus und Jugend auch weiterhin in gewisser Weise historische Durchgangsstadien unseres Daseins sind, die Jugend unseres persönlichen, der Faschismus unseres nationalen Lebens. Ich meine damit die gewisse Art, immer ein Kind zu bleiben, die Verantwortung auf andere abzuwälzen, in dem tröstlichen Gefühl zu leben, daß immer jemand da ist, der für einen denkt, einmal ist es die Mama, einmal der Papa, bald der Bürgermeister, bald der Duce, die Madonna oder der Bischof – jedenfalls sind es immer die andern; man selbst hat inzwischen die zwar begrenzte, aber doch allen spielerischen Gedanken offenstehende Freiheit, dank der man lächerlichen Träumen nachhängen kann: dem Traum des amerikanischen Films oder dem orientalisch gefärbten Traum, was die Frauen betrifft, alles in allem jedenfalls den altgewohnten, auf groteske Weise unaktuellen Mythen, die, wie mir scheint, bis auf den heutigen Tag die hervorstechende Grundverfassung des Durchschnittsitalieners bestimmen. Und ich glaube, Schuld an diesem chronischen Entwicklungsfehler, diesem Steckenbleiben in einem kindlichen Stadium, hat mehr noch als der Faschismus die katholische Kirche. Dadurch, daß jeder unter dieser Art von Glocke lebt, bildet der einzelne nicht individuelle charakteristische Züge, sondern nur pathologische Anomalien in sich aus. Das aber gerade ist der Sinn des Besuchs des Parteichefs. Hier finden alle Gestalten des Films sich wieder zusammen: die Professoren, die Schüler, die Behörden, der Advokat, die Prostituierten, die Gradisca, der Schwager Pataca. Alle sind sie da mit ihrem Tick, mit ihrer Manie, die einem bis dahin als harmlose Ticks und Manien erschienen sind. Es genügt jedoch, daß die verschiedenen Personen bei einer Gelegenheit wie dieser zusammenströmen, damit auch schon die unschuldigen Absonderlichkeiten und Manien einen ganz anderen Sinn bekommen. Das Treffen am 21. April wie auch die Vorbeifahrt der ›Rex‹, das Entzünden des großen Freudenfeuers zu Beginn und dergleichen sind immer Anlässe totaler Dummheit.

Vorwand für das Sichzusammenscharen ist immer die Nivellierung. Die Leute bleiben nur zusammen, um Albernheiten zu treiben. Wenn sie allein sind, fühlen sie sich ratlos, verlassen oder geben sich lächerlichen Träumen hin, vom Orient, von Fred Astaire oder schwelgen in dem amerikanischen Mythos von Luxus und sagenhaftem Aufwand. Nur der Ritus hält sie alle zusammen. Da sie weder über eine eigene Persönlichkeit noch über ein persönliches Verantwortungsgefühl verfügen oder aber sich nur kindischen Träumen hingeben, haben sie nicht die Kraft, sich von dem Ritual zu befreien, zuhause, abseits zu bleiben. Der Sog des Rituals zieht sie in den großen Haufen hinein oder bringt sie dazu, im Laufschritt durch die Hauptstraße ihres Städtchens zu rennen oder stundenlang auf die Vorüberfahrt der ›Rex‹ zu warten oder in einer Art von mittelalterlichem Hexensabbat um die ›Fogarazza‹, das Freudenfeuer, zu tanzen oder der Vorbeifahrt des Wagens mit den neuen Dirnen beizuwohnen.

Ich möchte nur andeuten, was mir als der angemessene Gesichtspunkt erscheint, um auf die Frage zu antworten, wie der Faschismus in meinem Film dargestellt ist. ›Amarcord‹ ist eine Geschichte, die sich in einer italienischen Provinz abspielt, in irgend einer beliebigen Provinz, und der Film möchte ein genaues Bild dieser Provinz vermitteln. Die ewigen Voraussetzungen des Faschismus hat man meiner Meinung nach in deren provinziell bedingtem Charakter zu sehen, aus dem sich die mangelhafte Information, die mangelhafte Kenntnis der wahrhaft ernst zu nehmenden Probleme, die aus Trägheit, Vorurteilen, aus Bequemlichkeit und dummer Anmaßung resultierende Abneigung ergibt, das, was das Leben betrifft, gründlich zu durchdenken. Man rühmt sich sogar seiner Unwissenheit und sucht sich selbst oder die Gruppe, der man angehört, nicht mit Hilfe der Kraft zu bestätigen, die einem aus wirklicher Befähigung, aus Erfahrung, aus dem Segen der Kultur erwächst, sondern durch Prahlerei, durch Behauptungen, die ihren Zweck in sich selber haben, durch die Entfaltung vorgeblicher statt wirklicher Qualitäten. Faschismus ist zum Beispiel auch der Sex-Exhibitionismus. Es sollte sich dabei um etwas Emotionales handeln, statt dessen aber droht es eine bloße Zurschaustellung, etwas Possenhaftes, Zweckloses, eine Form von Roheit zu werden, etwas, was die Frauen passiv und fast mit Grauen über sich ergehen lassen. Man kann den Faschismus nicht bekämpfen, ohne ihn mit allem in uns zu identifizieren, was dumm, untergeordnet und willkürlich ist, mit einem Teil von uns, der keiner Partei zugehört, dessen wir uns aber schämen müssen und zu dessen Unterdrückung es nicht genügt zu sagen: Ich bin militantes Mitglied einer antifaschistischen Partei. Denn dieser Teil steckt in jedem einzelnen von uns, und ihm hat der Faschismus schon einmal Stimme, Ansehen und Kredit verschafft.

»Aber ›Amarcord‹ ist doch nicht nur eine Aufdeckung der dunkelsten Archetypen unserer kollektiven Psychologie. Mir scheint, der durchgehende Leitgedanke ist das Thema der Macht: die Familie der Adligen, die den Ring im Kot suchen läßt, der verrückte Onkel, der in das Irrenhaus zurückgebracht wird, auf Veranlassung der zwergenhaften Ordensschwester, von der man nicht einmal weiß, was sie ihm sagt, er jedoch ist plötzlich fest entschlossen, nicht nur nachzugeben, er geht sogar lächelnd weg und verzichtet bereitwillig auf die kurze Zwischenphase der Freiheit . . .«

Auf alle Fälle sind diese Ausführungen über die Macht in ›Amarcord‹ nichts anderes als eine Fortsetzung meiner früheren Ausführungen zum Thema. Auch in ›Roma‹ sollte die Jovinelliszene die Verzagtheit eines von der Macht im tiefsten versehrten Bewußtseins ausdrücken; und im gleichen Film war eine Auseinandersetzung mit der Macht auch die Szene, in der die Geistlichkeit mit ihrem ganzen Pomp vorbeizieht, der Adel seine Unterwerfung demonstriert, die verzückte Principessa von der Restauration Pius' XII. träumt, überhaupt das ganze

Szenenbild, der immer wieder wahrnehmbare Unterschied der Kasten. Und auch in ›Satyricon‹ scheint mir doch ausführlich von der Macht die Rede zu sein ... Vielleicht ist hier in ›Amarcord‹ diese Auseinandersetzung noch augenfälliger, weil sie persönlicher und damit besser wiedererkennbar wird; hier haben wir unser Italien vor uns, unsere Provinz, unsere Kindheit, unsere Schule, das hier sind unsere Lehrer gewesen, das war unser Pfarrer, unser Vater, der schlecht und recht auf unterschiedlichem Niveau der gleiche ängstliche Neurotiker geblieben ist, die ›Mamma‹, ein armes, ständig in Verzückung geratendes, bis ins Innerste ihres Nervensystems angegriffenes Wesen ... Auch die Dialekte, die im Film vorkommen, machen einem bewußt, daß es sich nicht nur um eine bloße Andeutung, um etwas Symbolisches handelt, sondern um etwas, das unmittelbar die noch ganz nahe und jedenfalls meiner Meinung nach noch überaus gegenwärtige Vergangenheit betrifft.

»Kommt es daher, daß einem ›Amarcord‹ nicht wie ein autobiographischer, sondern eher wie ein aus einer gewissen Distanz geschaffener, objektiver Film erscheint?«

Eigentlich kränkt es mich immer ein bißchen, wenn es von einem meiner Filme heißt, daß er ›autobiographisch‹ sei; mir scheint das als Definition immer eine gewisse Einschränkung zu bedeuten, vor allem dann, wenn, wie es häufig der Fall ist, autobiographisch in dem Sinn von anekdotisch aufgefaßt wird, so als ob einer Schulerinnerungen erzählt. Um nur soviel zu sagen: anfangs verspürte ich großen Widerwillen, davon zu sprechen. Ich habe immer wieder gesagt: gebt gut acht, ›Amarcord‹ soll in Wirklichkeit nicht bedeuten: ›Ich erinnere mich‹, es ist vielmehr eine Art von kabbalistischer Formel, ein Lockruf, eine Aperitifmarke: ›Amarcord‹ ... Ich spürte, daß es ein grober Fehler wäre, wenn ich zuließe, den Film als eine Art von autobiographischem Schlüsselroman zu verstehen. Das ging sogar so weit, daß ich zu einem gewissen Zeitpunkt als Titel geradezu ›Viva l'Italia‹ wählen wollte. Dann aber kam mir das doch entweder zu unklar oder zu lehrhaft vor. Ein anderer Titel, den ich ihm geben wollte, war ›Il Borgo‹, in dem Sinne, als es sich hier um eine mittelalterliche, von Mauern umgebene kleine Stadtgemeinde handelt, ohne Informationen, ohne Kontakte zu Unbekanntem, Neuem ... Dann endlich, als ich kleine Titelzeichnungen vor mich hinkritzelte, bin ich auf das Kennwort ›Amarcord‹ gekommen: diesen Ursprung jedoch sollte man vergessen. Denn bei allem Geheimnisvollen, das das Wort an sich hat, bezeichnet es doch nur das Gefühl, das den ganzen Film charakterisiert: ein Gefühl von Begrabensein, von Isolierung, von Traum, von Erstarrung, von Unwissenheit. Was den Eindruck betrifft, den viele von dem Film gehabt haben, daß er nämlich mit mehr Distanz zum Gegenstand gemacht sei als meine früheren, so leitet es sich vielleicht ursprünglich von meinem Bestreben her, nicht die bereits in anderen Filmen ausgebreiteten und bis zum Überdruß ausgeschöpften Motive zu wiederholen, ferner von der Tatsache, daß ich in diesen letzten Jahren Filme gemacht habe, als machte ich eine Krankheit durch, wie etwas, wovon ich mich schleunigst befreien und nicht mehr sprechen sollte und wobei wir beide, ich und der Film, von einer Art gegenseitiger Nichtachtung befallen waren. Im übrigen glaube ich, dieses Gefühl des Unbehagens ist ein wesensmäßiger Bestandteil des schöpferischen Vorgangs an sich: ein Einfall, selbst auf bescheidenem Niveau, ist immer eine Art von Heimsuchung, die nach Verwirklichung verlangt. Die Tatsache, erwählt zu sein und deutlich zu spüren, daß es kein Entrinnen gibt, hat etwas Autoritäres, dem man sich nur ungern fügt. Daher aber passiert es einem, daß man kindlich, ja kindisch einfach davonlaufen möchte, sich von einem bösen Feind besessen wähnt, von einem Wesen, das einen verderben, zugleich aber dargestellt, gestaltet, so weit wie nur irgend möglich zum Leben erweckt werden will.

»Dieser Abstand tritt wohl auch ein, weil ein Verhaftetsein auf verschiedenen Ebenen . . .«
Ja, aber je mehr diese Ebenen sich voneinander unterscheiden, desto intensiver wird der Widerstand, das Sichsträuben, das man bei sich konstatiert. Je stärker man davon besessen ist, desto weniger kann man sich davon befreien, desto weniger der totalen, verliebten Verstrickung sich entziehen, der man vielleicht am Anfang verfallen war. Was dann übrig bleibt, ist das Gefühl, sich völlig zu verausgaben, alle psychologischen Reserven in sich auszuschöpfen. Alles das hat vermutlich dem Stoff etwas mitgeteilt, was den Eindruck der Distanz hervorrufen kann. Psychologisch gesehen wäre es jedoch richtiger, von einer Art von schmerzlichem Verzicht auf etwas zu sprechen, was einem gehört, was einen gemacht hat und was man immer noch

ist. In dieser Ablehnung liegt jeweils etwas, was wehtut, was einen innerlich zerreißt – ja, etwas Herzzerreißendes. Man spricht von der ›gräßlichen Schule‹, man spricht von dem dummen stumpfen Zusammenhocken, von lächerlichen Träumen, von den Beulen, die man sich für alle Zeiten zugezogen hat, und lehnt dieses Leben vollkommen ab. Zugleich aber weiß man sehr wohl, daß man kein anderes als nur dieses eine gehabt hat. Bei den wenigen Projektionen, die ich – alle nur vor Freunden, auf die ich mich verlassen kann – gemacht habe, ist bei allem Amüsement auch immer viel Rührung aufgetaucht. Wieso aber Rührung, wenn der ganze Film doch eher zum Lachen ist? Weil man fühlt, daß dieses hier das Italien ist, zu dem man selber gehört, das man selber ist; weil man spürt, daß, wenn man auch heute in der Lage ist, mit erbarmungslosen Blicken diese Dinge zu betrachten, sie doch zugleich der Spiegel sind, in dem man sich selber sieht. Dann aber fühlt man trotz allem, daß einem keine Zeit mehr bleibt für ein anderes Leben und daß diese Sache, von der man sich distanzieren will und die man erbarmungslos aburteilt, die einzige ist, die man gehabt hat. Die aber, die die anderen haben werden, bedeutet einem ja in Wirklichkeit nichts, geben wir es uns doch einmal offen zu! Das ist es, was einen bewegt, einen zerquält und in tiefer Verwirrung zurückläßt, weil man, bei aller Ablehnung und bei aller Distanz zu dem, was lächerlich daran war, doch sehr wohl weiß, daß man damit sich selber den Kopf und die Beine abschneidet und in bedrohlichster Weise endgültig sich selber aufgibt.

Aus einem Interview mit Valerio Riva, ›L'Espresso‹, 7. 10. 1973, deutsch von Eva Rechel-Mertens

Sicher, es ist wahr, wirklich wahr, ich wiederhole mich, und ich werde nicht aufhören, mich zu wiederholen: Ich bleibe doch immer Regisseur, ich habe nie den Beruf gewechselt und habe es auch nicht vor. Es ist so, als wollte man einen Schmied oder einen Architekten anklagen, nur weil sie fortfahren, als Schmied bzw. als Architekt zu arbeiten. Oft wird man beschuldigt, man wiederhole sich, gerade wenn man sich ändert, wenn man wächst. Einen Schriftsteller, der den gleichen Stoff unter verschiedenen Aspekten behandelt, respektiert man, einen Regisseur nicht. Ich verstehe nicht, was ›Roma‹ mit ›Satyricon‹

und ›Amarcord‹ mit ›Julia und die Geister‹ gemein hat. Immer bin ich es; so unersättlich unsere Neugier auch sein mag, so sehr wir uns auch zu entfalten vermögen, eine Grenze muß immer gewahrt bleiben, wenn wir nicht riskieren wollen, uns zu verflüchtigen, uns in Dunst aufzulösen. Jeder bestellt seinen eigenen Garten, jeder bewegt sich immerfort in seiner eigenen Behausung, mit sich selbst. Wenn meine Möglichkeiten wirklich erschöpft sind, werde ich eben einen Film über die Erschöpfung drehen; auch dabei werde ich mich wiederholen.

Ich hätte sagen müssen im ›eigenen Bereich‹, nicht in der ›eigenen Behausung‹. Andrerseits macht sich die Katastrophe überall bemerkbar. Die Behausung hat keine unüberwindlichen Mauern. Man lebt immer in seiner Zeit. Und außerdem kann man einen politischen Aspekt des Lebens so oder so darstellen. Jeder macht es nach seinem Empfinden. Wenn ich, einem plötzlichen Einfall folgend, versuchen würde, die Katastrophe, die über uns hereinbricht, auf eine direkte, unmittelbare Weise darzustellen, wäre ich nicht ich selbst, denn ich würde mich nicht meiner eigenen Ausdrucksmöglichkeiten bedienen. Es ist leicht, großartige Gedanken zu haben; jedem können blendende Einfälle kommen; wer jedoch dazu berufen ist, anderen die Dinge darzustellen, kann sich nur der eigenen, wenn auch unzulänglichen Ausdrucksweise bedienen. Das ist die Frage des Stils . . .

Meine Erinnerungen sind nicht von Nostalgie, sondern von Ablehnung erfüllt. Bevor man ein Urteil fällt, muß man zu verstehen suchen: Bei der Betrachtung der Wirklichkeit sollte man nicht in Ekstase geraten, sondern man sollte sie kritisch betrachten. ›Amarcord‹ ist ein Film, der verwirrt. Wieviel Filme hat man schon gesehen, die das gleiche Bild des Faschismus, den gleichen Ausschnitt der italienischen Gesellschaft jener Zeit zeigen? Ich habe den Film Präsident Leone im Quirinal vorgeführt. Auch Fanfani, Pieraccini etc. waren da. Ich war fast verlegen und kam mir recht unerzogen vor, in einem Amtssitz, der von Kürassieren in Galauniform bewacht wird, ein so armes, erbärmliches, unwissendes Italien zu zeigen. Der Film hat einen direkten Bezug zur Gegenwart, da er nämlich auf die Gefahr aufmerksam zu machen sucht, daß sich auf weniger naive und plumpe, aber viel gefährlichere Weise die gleichen gesellschaftlichen Gegebenheiten wiederholen könnten. Der Faschismus ist gleichsam ein drohender Schatten, der nicht unbeweglich hinter unserem Rücken verharrt, sondern nicht selten über uns hinaus wächst und uns vorangeht. Der Faschismus lauert stets in uns. Immer besteht die Gefahr der Erziehung, einer katholischen Erziehung, die nur ein Ziel kennt: den Menschen in eine Lage geistiger Abhängigkeit zu bringen, seine Integrität zu schmälern, ihm jegliches Verantwortungsgefühl zu nehmen, um ihn in nicht endender Unreife zu halten. Indem ich das Leben in einem kleinen Ort schildere, stelle ich das Leben eines Landes dar und führe den jungen Menschen die Gesellschaft, der sie entstammen, vor. Ich zeige ihnen, was es an Fanatismus, Provinziellem, Infantilität, Plumpheit, an Ungeordnetem und Demütigendem im Faschismus und in jener Gesellschaft gegeben hat.

Aus einem Interview mit Costanzo Costantini, ›Il Messaggero‹, 23. 12. 1973, deutsch von Inez De Florio-Hansen